——第十輯

平實導師 述著

ISBN 978-986-99558-3-6

佛法是具體可證的，三乘菩提也都是可以親證的義學，並非不可證的思想、玄學或哲學。而三乘菩提的實證，都要依第八識如來藏的實存及常住不壞性，才能成立；否則二乘無學聖者所證的無餘涅槃即不免成爲斷滅空，而大乘菩薩所證的佛菩提道即成爲不可實證之戲論。如來藏心常住於一切有情五蘊之中，光明顯耀而不曾有絲毫遮隱；但因無明遮障的緣故，所以無法證得；只要親隨眞善知識建立正知正見，並且習得參禪功夫以及努力修集福德以後，親證如來藏而發起實相般若勝妙智慧，是指日可待的事。古來中國禪宗祖師的勝妙智慧，全都藉由參禪證得第八識如來藏而發起；佛世迴心大乘的阿羅漢們能成爲實義菩薩，也都是緣於實證如來藏才能發起實相般若勝妙智慧。如今這種勝妙智慧的實證法門，已經重現於臺灣寶地，有大心的學佛人，當思自身是否願意空來人間一世而學無所成？或應奮起求證而成爲實義菩薩，頓超二乘無學及大乘凡夫之位？然後行所當爲，亦不行於所不當爲，則不唐生一世也。

——平實導師

如聖教所言，成佛之道以親證阿賴耶識心體（如來藏）為因，《華嚴經》亦說**證得阿賴耶識者獲得本覺智**，則可證實：證得阿賴耶識者方是大乘宗門之開悟者，方是大乘佛菩提之眞見道者。經中、論中又說：證得阿賴耶識而轉依**識上所顯真實性、如如性**，能安忍而不退失者即是**證真如**，即是大乘賢聖，在二乘法解脫道中至少為初果聖人。由此聖教，當知親證阿賴耶識而確認不疑時即是開悟眞見道也；除此以外，別無大乘宗門之眞見道。若別以他法作為大乘見道者，或堅執**離念靈知**亦是實相心者（堅持意識覺知心離念時亦可作為明心見道者），則成為實相般若之見道內涵有多種，則成為實相有多種，則違**實相絕待**之聖教也！故知宗門之悟唯有一種：親證第八識如來藏而轉依如來藏所顯眞如性，除此別無悟處。此理正眞，放諸往世、後世亦皆準，無人能否定之，則堅持離念靈知意識心是眞心者，其言誠屬妄語也。

——平實導師

目次

自序

《佛藏經》之所以名為「佛藏」者，所說主旨即以諸佛之寶藏為要義。諸佛之寶藏即是萬法之本源——如來藏，《楞嚴經》中說之為「如來藏妙眞如心」，《入楞伽經》卷七〈佛性品〉則說：「大慧！阿梨耶識者名如來藏，而與無明七識共俱，如大海波常不斷絕，身俱生故；離無常過，離於我過，自性清淨。餘七識者心，意、意識等念念不住，是生滅法。」大略解釋其義如下：

【所謂阿梨耶識（通譯阿賴耶識）又名如來藏，含藏著無明種子與七轉識種子，並與所生之無明及七轉識同時同處，和合相共運行而成為一個五陰有情。七轉識與無明相應而從如來藏中出生，每日運行不斷；意根每天一早促使意識等六心生起之後相續運作，與意識等六心和合似一，看似常住而不斷之心，其實是從如來藏中種子流注才出現的心，就是一般凡夫大師說的「清清楚楚明明白白」的心，早上睡醒再次出生以後，就與處處作主的意根和合運作看似一心。這七識心的種子及其相應的無明種子，每天同時從如來藏中流注出來，猶如大海波一般「常不斷絕」，因爲是與色身共俱而出生的緣故。如來藏離於無常的過失，是常住法，不曾剎那間斷過；無始而有，盡未來際永無中斷或壞滅之時。如來藏亦離三界我等無常過失，迥無我見我執或我所執；其自性是本來清淨而無染污，無始以來恆自清淨，不與貪等六根本煩惱及其餘隨煩惱相應。其餘七轉識都是心，即是意根、意識與眼等五識，即是面對六塵境界時清楚明白的前六識，以及處處作主的意根；這七識心與無明種子都是念念不住的，因爲是從如來藏中流注這七識心等種子於身中才有的，當色身出生以後，意根同時和合運作，意識等六識也就跟著現行而與色身同在一起，所以是與色身同時出生而存在的。而種子是剎那剎那生滅的，以此緣故說意根與意識等七個心是生滅法。若是證阿羅漢果而入無餘涅槃時，由於我見、我執、我所執的煩惱已經斷除的緣故，這七識心的種子便不再從如來藏流注出來，死時就不會有中陰身，不會再受生，便永遠消滅了，亦因此故是生滅法。】

在三種譯本的《楞伽經》中，都不說此如來藏心是第八識（第八識是通俗的說法），而是將此心與七轉識區分成二類，說如來藏一心是常住的，是出生「意」與「意識等」六識者，也說是出生色身者，不同於七識等心。所援引的上開經文，亦已明說如來藏「離無常過，離於我過，自性清淨」；從如來藏中出生的「餘七識者心，意、意識等」，都是「念念不住，是生滅法」。這已經很明確將如來藏的主要體性與七轉識的主要體性區分開來：一是能生，一是所生，能生與所生之間互相繫屬；能生者是常住的如來藏心，沒有三界我的無常過失，沒有我見我執等過失，自性是清淨的；所生的七識心，是念念生滅的，也是可滅的，有無常的過失，也有三界我的我見與我執等過失，是不清淨的，也是生滅法。

今此《佛藏經》中所說主旨即是說明此心如來藏的自性，名之爲「無名相法」或「無分別法」，仍不說之爲第八識，而是從各方面來說明此心；並且希望後世仍有業障而無法實證佛法的四眾弟子們，未來世中都能滅除業障而證得解脫及實相智慧。以此緣故，先從「諸法實相」的本質來說明如來藏，兼及實證此心者於實證前必須留意避免的過失，才能有實證的因緣；若墮邪見或誤導眾生，並有犯戒不淨等事者，將成就業障；於其業障未滅之前，縱使未來歷經無量無邊不可思議阿僧祇劫，奉侍供養隨學九十九億諸佛以後，仍無實證之可能。以此緣故，釋迦如來大發悲心，首先於〈諸法實相品〉廣釋實相心如來藏之各種自性，隨即教導學人如何了知惡知識與善知識之區別。善於選擇善知識者，於解脫及諸法實相之求證方有可能，是故以〈念佛品〉、〈念法品〉、〈念僧品〉中的法義教導，令學人以此爲據，得以判知何人爲善知識、何人爲惡知識，從而得以修學正確的佛法，然後得證解脫果及證入諸法實相，發起本來自性清淨涅槃智，久修之後亦得兼及二乘涅槃之實證，再發十無盡願而起惑潤生乃得以入地。

若未愼擇善知識，誤隨惡知識者（惡知識表相上都很像善知識），不免追隨惡知識於無心之中所犯過失，則未來歷經無數阿僧祇劫奉侍九十九億佛之後，於解脫道及實相了義正法仍無順忍之可能，欲求佛法之見道即不可得，遑論入地。以此緣故，世尊隨後又說〈淨戒品〉、〈淨法品〉等法，教導四眾弟子們如何清淨所受戒與所修法。又爲杜絕心疑不信者，隨即演說〈往古品〉，舉出過往無量無邊不可思議阿僧祇劫前 大莊嚴佛座下，苦岸比丘等四人爲惡知識，執著邪見而誤導眾生，成爲不淨說法者；以此緣故與諸眾生相率流轉生死，於人間及三惡道中往復流轉至今，反復經歷阿鼻地獄等尤重純苦及餓鬼、畜生、人間諸苦，終而復始、受苦無量之後，終於來到 釋迦如來座下精進修行，然而竟連順忍亦不可得，求證初果仍遙遙無期；至於求證諸法實相而入大乘見道，則無論矣！思之令人悲憐，設欲助其見道終無可能，對彼諸人助益無門，只能待其未來甚多阿僧祇劫受業滅罪之後始能助之。

如是警覺邪見者之後，世尊繼以〈淨見品〉、〈了戒品〉而作補救，期望以此二品能轉變諸人的邪見，勸勉諸人清淨往昔熏習所得的邪見，並了知清淨戒之所以施設的緣由而能清淨持戒，未來方有實證解脫果與佛菩提果的可能。如是教導之後，於〈囑累品〉中囑累阿難尊者等諸大弟子，當來之世以善方便攝受諸多弟子，得能清淨知見與戒行，滅除往昔所造謗法破戒所成之業障，而後方有實證之世到來。由此可見 世尊大慈大悲之心，藉著舍利弗尊者之因緣，在與舍利弗對答之時演說此實相法等，期望後世遺法弟子得能滅除業障而得證法。普察如今末法時代眾多遺法弟子，精進修行仍難遠離邪見與邪戒，求證解脫果及佛菩提果仍將難能可得，令人不覺悲切不已，是故將此經之講述錄音整理成書，流通天下，欲以利益佛門四眾。

佛子 **平實** 謹誌

於公元二〇一九年 夏初

第十輯：

《佛藏經》卷上

〈念法品〉第三

《佛藏經》上週把十五頁第一段倒數第二行「**於聖法中拔斷一切諸見根本**」講了。本來這句是上上週講了，但上週一提起來又講了兩個鐘頭，今天不要再講「**諸見根本**」，因爲再講下去又沒完沒了，就好像在講《法華經》，那就好像效法 文殊菩薩在龍宮講《法華》一樣講個沒完沒了。因爲這個「**諸見**」眞要講起來，六十二種外道見、九十六種外道見細說起來，沒兩個鐘頭還眞講不完。但是我們就不要再講這個部分，因爲這部分列在我們將來的書目裡面，將來可能會有親教師寫這個部分，這裡就省略。

那麼這裡談的就是諸見的根本，諸見究竟以什麼爲根本？一切見都緣於覺觀，如果不是覺觀就不會有所見，沒有所見就沒有各種說法的出現。所以一切諸見不離覺觀，而覺觀正好是眾生無法斷除我見、我執以及我所執的根本所在。假使有人說他很喜歡出離三界生死，很喜歡證阿羅漢果，想要入涅槃，但是不論誰這麼說時，咱們都不能聽信他的話，因爲那是他的一種錯誤妄想，所以當他講出所謂無餘涅槃的境界時，你就可以立即判斷他說的是邪見。

也許有人懷疑這話，但也有很多人不懷疑；例如我們十幾年前出版了《邪見與佛法》，談到無餘涅槃裡面是五蘊十八界永滅，無復後有，因此阿羅漢入無餘涅槃時並沒有證得無餘涅槃。但是當時有好多的大法師，率領著徒眾蒐集《邪見與佛法》公開焚燒，斥罵這本書是邪書邪說。但同樣是焚書，有兩個不同的現象或結果；例如以前汐止的慈航老法師，刻意去買了印順的《華雨集》、《妙雲集》公開焚燒，斥爲邪說，那是大功德。可是十幾年前那一些大法師們蒐集了《邪見與佛法》去公開焚燒示眾，那是破壞佛法的大惡行。所以同樣是焚書，受用各自不同。試想我們那《邪見與佛法》流通也十幾年了，至今有什麼人、什麼道場肯承認說意識是虛妄的？到現在沒看見一個有名有姓的法師或大居士，或是大道場出來承認：入涅槃時意識永滅。到現在找不到一個，也許有半個吧？有沒有？沒有啊？我猜是有，例如他本來想找碴，找來找去找不到碴，只好喚了侍者來，叫侍者倒了杯茶來喝了，心裡面接受了，但是嘴上不能接受，因爲怕名聞利養眷屬都會流失。他心裡接受了，能不能算半個？可以吧？所以半個是有的。

也就是說，他們所謂的喜歡涅槃、將來想要入涅槃的說法，只是誤會一場後的看法；但他們不是眞的喜歡涅槃，而是喜歡誤會以後的假涅槃。他們認爲的涅槃就是打坐時一念不生，說就是無餘涅槃，就以這個一念不生的境界來宣稱他們證得阿羅漢果。在咱們正覺弘法之前，不是有很多的阿羅漢嗎？在我們弘法之後有一段時間，臺南還有一位法師認爲自己是三果人，所以也在電視上教導人家：三果實證捷徑解脫。是有這麼一位法師，名字我就不講，但我知道他後來讀了我的書，因爲他後來也公開講：證得三果的人一定要有初禪。然後他就開始講初禪的境界，但是看來初禪不是他的境界，他只是希望讓人家以爲他有初禪，這樣可以證明他眞的得三果，這還算是有救的人。

所以當那些大法師們說「喜歡證涅槃、喜歡入涅槃，所以死後一定要入涅槃」時，他們入不了眞正的涅槃，只是誤以爲可以入眞正的涅槃。其實他們所謂的涅槃，只是外道五現涅槃中的第一種；因爲他們希望在現前色聲香味觸的領受之中、在現前財色名食睡之中一念不生稱爲涅槃，這就是外道五現涅槃的第一種。所以末法時代，那些大法師、大居士們說的那一些話，應該像臺北柯市長講的：聽聽就好。如果他們有寫書，也是隨柯市長的話：看看就好。應該這樣。也就是說他們都不離覺觀，不離覺觀就表示住在五塵中，有五塵在時會是寂靜的嗎？對了！三法印不是講「涅槃寂靜」？那他們都還在五塵境界中，哪裡談得上涅槃？

莫說在五塵境界中，就算他們證得第二禪，住在定境法塵中沒有五塵，夠寂靜了吧？不！從涅槃來講也還是不寂靜，因爲那還有定境中的法塵，依舊是有定境中的覺觀，只是離五塵、滅了五識而已，依舊是識陰的境界。換句話說，眾生最執著的就是覺觀，如果告訴他說：「你修學佛法、修學禪定想要證悟，就得滅除覺觀。」他一時弄不清楚還答應你說：「好！我接受。」等你告訴他說：「想滅除覺觀，先要瞭解六塵的內涵。」然後把六塵告訴他了，說：「這六塵全部都滅掉，然後六識就中斷了，那你要不要？」這時他很猶豫了，他會想：「六塵都滅掉了，那我不就是死人一個嗎？不然就是植物人了。」他又不接受了！

你問來問去問了很多人，終於問到一個肯接受的，你想：「這個人好，這個人可度了。」於是你進一步告訴他：「入無餘涅槃後，滅除覺觀是永滅，不是滅一個早上、或者滅一天兩天，你要不要？」他又想：「那有什麼意思？我活著沒意義了。」他又不要了！於是你又南奔北走到處去找人，看看有沒有一個肯接受這個境界的人，可能你花了十年終於才找到這麼一個願意接受的人，然後你又告訴他：「不只如此，入無餘涅槃是連這個覺知心也是永滅，還要你的意根永滅，你的五蘊十八界全部都滅盡，再也沒有未來世的你了，那你要不要？」這時他又退縮了！所以，當你們聽到人家說他喜歡涅槃，說他死後要入涅槃時，千萬別信！因爲他們是誤會涅槃以後，以爲那就是涅槃，所以喜歡那個涅槃；但那不是眞的涅槃！

因此，你繼續尋找可度之人，這樣子十來年之後，會發覺這一些人的見解一大堆，有的類似，有的雷同，有的相同，但更多的是不同。同樣一個涅槃，一個人說一個樣，莫衷一是，所以他們都不想離開覺觀。不想永滅覺觀的人不可能證得無餘涅槃，那麼在世時要證的有餘涅槃就別提了。既然不能證得涅槃，「一切諸見」也就拔除不了。所以說，「一切諸見」的根本在於覺觀，覺觀主要在於我執和我見，我所的執著還談不上。落在我所執著的人，不用跟他談佛法，還早著！落在我所是什麼人？譬如宗喀巴那一類人——蓮花生、阿底峽，最早是佛護論師，然後是清辨，近代近一點就是寂天。還有個誰？陳健民已經是末流了。

寂天寫了《入菩薩行論》，怎麼看都不是入菩薩行，怎麼看都是入外道行、入三塗行，所以那一些人不足道哉！因爲他們與宗喀巴一樣都落在我所中。怎麼說是我所？當他們修樂空雙運時，從初喜到第四喜，那不都是識陰與色陰的我我所嗎？正是五陰的我所，連五陰自體都還談不上。所以對那種人，用不著跟他們談什麼佛法，因爲他們連覺觀的本質都還不懂，他們是觸不到我見與我執的內涵的，至於眞如實相就別提了。

由此可見，「一切諸見」的根本就是覺觀，覺觀不斷的緣由則是我見與我執。由於我執而有許多的我見，這些我見衍生出來就分成兩邊：常見與斷見，而斷見也是在我見中衍生出來的。所有的斷見論者對自我都非常執著，釋印順是近代的例子；而他們的戒禁取見以及見取見都非常嚴重，遠比常見外道更嚴重，這就是落在「我」之中，口說斷見，心存常見；並且他們跟人家論法時，明明沒有道理也要爭到有道理，你不接受還不行，還得要接受他的沒道理，成爲他的同路人了，然後他會說你有道理，就這樣子搞。你看那些所謂「性空唯名」的緣起論者——那些六識論者——都是這樣，不許別人評論。

不過他們也還可以，因爲還允許我評論，可見還有一分自知之明。但他們不懂自己都因爲覺觀的緣故，所以有了「一切諸見」，就不斷與人諍論。那麼講到這裡，也許有人想：「眞的嗎？我看釋印順不像是執著覺觀的人，因爲他說一切都是緣起性空。」好像講得有道理，咱家卻說沒道理。怎麼說呢？因爲當他建立了六識論，知道無餘涅槃是要滅盡五陰十八界全部，他這時候怕落入斷滅空，（因爲把意根和第八識如來藏都否定了，那麼六識全部滅盡入涅槃時豈不是斷滅空了？）於是他回頭又把意識給切了一小塊下來，說這細意識是常住的，所以他主張細意識常住；而他所謂的細意識，本質究竟是什麼？（有人答話，聽不清楚）對了！還是意識，只是粗細差別而已。

但是，他心中所講的細意識，很簡單，其實就只是直覺，不是眞的細意識，因爲直覺其實很粗。他認爲直覺就是細意識，這個直覺是常住的，所以大地震來時地動山搖，這直覺就會讓人醒過來，所以直覺是常住的；他是這樣想的。那直覺到底是什麼？就只是意識的內我所。意識是心，祂能夠直接的覺察，那就是意識的內我所，是意識的功能，也是依意根的作意才能從如來藏中生起及了知，才會有直覺。所以他越建立就離無餘涅槃越遠，他如果不建立，落在意識中倒也還好。意識是我見、我執所最執著的，但是當他講到直覺時，那已經是意識的功能了，正是意識心的我所，還不如落在意識自體的好。所以，這也證明他正好落在自己所評論的「佛法流傳的演變」之中。人家認爲意識常住，還比他好，因爲是體；他卻變成把心體產生的用當作眞實，已是枝末了。

那直覺還談不上意根，所以一樣離不開覺觀。那你看，同樣一個常見，他把它演變成爲斷見，再從斷見演變回來常見裡面，落到意識的內我所裡面；這樣看來，他也離不開覺觀；因爲離不開覺觀，所以他才有那麼多的邪見誤導眾生。因此，凡是落在覺觀裡面的人，他所得的法都不是「**聖法**」，都叫作凡夫法。

你如果證得「**無名相法**」如來藏，依於如來藏這個眞如心，來觀察祂的眞實性與如如性，再去對照三界一切法，你會發覺沒有一法是眞、是如。這時發覺一切諸法都從這個眞如心而起，所以一切諸法都是有生之法，有生則必有滅，都是生滅法。然而這個「**無名相法**」眞如心的境界迥無覺觀，既然沒有覺觀就表示沒有六塵，沒有六塵就無任何一法可得，沒有任何一法可得而純然無我時，還能產生什麼見解、什麼看法嗎？都不可得了！所以證得這一種勝妙法的人，才能夠「**拔斷一切諸見根本**」；因爲我見不但斷除了，而且還親見實相法界。從實相法界看到無一法可得，無一法可得時就沒有任何一見可以生起；這時諸見根本也就砍斷並且拔除了，所以說「**於聖法中拔斷一切諸見根本**」。

這時依於眞如的境界，「**悉斷一切諸言語道**」。一切言語之道，只能夠在五蘊的境界中存在，離開五蘊時沒有任何一法可得，何況能有言語。所悟內容或境界中若仍有言語之道，就表示他沒有證得「**聖法**」。也許這時有人想：「**那人家坐禪坐到一念不生，不就沒有言語之道了嗎？**」說的也是，其實不然！諸位可以觀察看看，言語之道是如何生起的？是不是在一念不生之中生起的？是否與離念靈知心相應？是不是？不是嗎？譬如早上剛剛醒來，如果你功夫不錯，是不是一念不生的？如果是喇嘛們，那可能是紅色的春夢無邊，談不上一念不生，他們是完全沒有定力的；且不談他們，就說諸位好了，你至少有看話頭或是無相念佛功夫，總是一念不生的，但後來爲什麼有語言生起？於是心中喃喃自語：「**今天我該作什麼事情。**」有沒有？有啊！這很平常，這表示語言就是從覺觀之中生起的。

再不然往前推，如果你今年八十歲，也許對著我自稱說：「**老生癡長老師您七、八歲了。**」行！推到八十年前好不好？剛出生時是不是一念不生？因爲剛出生時連話都聽不懂，更不用說是會講話；所有的人剛出生時都是一念不生的，依照他們的說法，應該每一個人出生時都是阿羅漢了，對吧？對啊！因爲他們認爲一念不生就是無餘涅槃，那他們出生時應該是阿羅漢，爲什麼現在長大倒反而變成凡夫了？沒道理啊！我們回到剛才的話題，推到八十年前剛出生時有沒有覺觀？有！他的覺觀是一念不生的，沒有妄想，因爲他連語言都不懂，怎麼可能打妄想。他一定不會想說：「**今天媽媽這麼久還不來餵我吃奶。**」他不會，他只會哇哇大哭，心中還是一念不生的；他也不會想說「**我肚子餓了**」，根本就沒有語言文字。他那時肚子餓是直覺，因爲沒有語言文字當然是直覺，這時他不就是等於擁有釋印順說的直覺境界了嗎？釋印順說禪宗的開悟就是悟得直覺。

他後來聽著父母親說話，或者假使有哥哥姊姊說話，然後接著去做什麼，他漸漸學習終於懂了這個聲音是表示什麼；他漸漸懂得人家表示的意思了。後來也許一歲半、兩歲時，他開始學講話，叫作牙牙學語；到三歲時嘰哩呱啦很會講了，一大串的長句也能講了，再也不是單字或者一個名詞，是完整的一句話又一句話。他這個言語之道怎麼來的？從覺觀來。就是從一念不生之中去體會，所以一念不生時產生了言語；換句話說，言語是從覺觀之中出生的，所以只要一念不生，那也是言語。

言語有很多種模式，軍艦在海上航行打燈號，燈號是不是言語？也是一種言語；童子軍比劃著童軍旗，也是言語；那麼啞巴呢？手語也叫作言語。也許有人說：「除了這一些，還有沒有言語？」有啦！有的動物就用牠的聲音高調、低調、中調變來變去，顯示出牠的言語，因爲牠的意思表達出來了。又譬如二禪光音天天主，他用色身顯示出來的身光、定光作出很多種變化，當他所統領的那一些無量光天、少光天，看見他顯示那些光明時就知道要幹什麼了；雖然他沒有開口講話，但這也是言語；而這種藉光明而產生的言語，也是來自覺觀。

除此之外還有一種言語，譬如有時兩個人出去辦一件事情，私下有約定，不能讓對方知道什麼，於是這兩個人私下眨眨眼、撇撇嘴或其他什麼的，就這樣子作一些奇怪的動作；這時自己人一看就知道：「**原來如此。**」這也是言語啊！乃至禪師打人也是言語，如果打人不是言語，爲什麼有的人挨打時就悟了？有時臨濟不用棒而用喝，大喝也是言語，因爲人家聽見時就會了。所以言語之道範圍很廣，不是單單用嘴巴說話才叫言語。有沒有看見螞蟻通常都沿著同一個路線行進？又沒有畫線、而且螞蟻眼光如豆，爲什麼不會走錯，因爲有一個氣味沿路上畫著；除了氣味，對面來了同類，遇到了便接觸一下，這是不是言語？因爲牠把意思表達了。如果有一隻很驚嚇，當牠遇到另一隻時這一觸，另一隻也跟著跑了，這也是言語。但是諸位可以去檢查，不管哪一類的言語都出自覺觀，所以只要有覺觀就有言語之道。

那麼當你證得「**無名相法**」這個眞如心，現前看見祂的境界才是眞實的、才是如如的、才是值得轉依的，而自己從來都在祂的境界裡面，不曾外於眞如；無始劫來每一世都生、長、活，然後死在自心眞如的境界裡面，都不出於這「無名相法」之外，所以祂才是眞實的，五陰的自己是虛妄的。這時現前照見祂的境界中「五蘊皆空」，正因爲這樣才能「度一切苦厄」。可是「度一切苦厄」時，是「心」度一切苦厄，而這五陰還是在苦厄之中；但是看見祂的境界才是眞實自己的境界，而這個眞實自己的境界沒有覺觀，迥無六塵，這時就沒有言語之道可說了。

也許有人說：「我聽人家說正覺的法很勝妙，所以我今晚特地來聽您講經，沒想到您講的涅槃眞如的境界是這回事，那我還不如流轉生死的好。」但是我要說菩薩一樣可以流轉生死，而同時轉依於無我的離語言之道的涅槃境界。阿羅漢所入的無餘涅槃，菩薩們不用進入無餘涅槃就能看清楚了；但阿羅漢入了無餘涅槃，卻不知道無餘涅槃裡面到底怎麼回事。菩薩這時有般若實相智慧，所證境界是離語言之道，卻又無妨運用無量無邊的語言，爲眾生宣說這個離語言道的眞如境界，可以幫助眾生同證眞如，這就是菩薩所證的不可思議解脫。

二乘聖者所證的涅槃，在末法時代雖然也已經不可思議了，但在菩薩眼中不但可思而且可議。「可議」這兩個字有兩個意涵，第一就是菩薩能議論它的不究竟，第二是說這是菩薩們可以議論的。所以十幾年前，我在桃園演講，直接說阿羅漢入無餘涅槃其實沒有入涅槃。近代佛教界沒有人講過這種開示，都沒聽過，但我就直接講了；當時佛教界大師與信眾很不服氣，但能推翻嗎？不能！所以我們講了以後，大家只能指責我是邪魔外道，竟然敢罵阿羅漢沒入涅槃。但我卻要請問，那阿羅漢入無餘涅槃是把五陰十八界全部滅盡，這樣叫作入無餘涅槃，那他入了無餘涅槃時他還在嗎？一絲一毫都無了，還能有阿羅漢入無餘涅槃？所以他們也不敢講話。

但是菩薩可以入無餘涅槃，卻不入無餘涅槃；甚至於剛悟時不能入無餘涅槃，卻可以宣說「我住在無餘涅槃裡面」。行不行？行！所以諸位敢這樣隨口就答，因爲現前看著如來藏不生不死的境界，那就是阿羅漢所入的無餘涅槃境界；把自己這個五陰暫時撇在一邊，單看如來藏時，那就是無餘涅槃；可是自己這個五陰都生活在如來藏裡面，那不是住在無餘涅槃中嗎？對啊！所以我常常說，假使南洋眞的有阿羅漢，來到正覺講堂，管叫他不能開口。因爲你問他：「你入了無餘涅槃，那請問無餘涅槃裡面是什麼？」管教他張口結舌答不得話。那他問你：「你能入無餘涅槃嗎？」你說：「我的我執還沒有斷盡，入不了。」也許他就說：「你都還沒有辦法入無餘涅槃，跟我談無餘涅槃未免太早吧！」你說：「不早，我還不能入無餘涅槃，但我現在就已經入無餘涅槃了，你懂不懂？」他要怎麼會？他怎麼想也想不通。

這就表示說，入無餘涅槃中是沒有語言之道的，但阿羅漢的境界是有語言之道的，因爲離語言道的無餘涅槃中的境界不是他所能知；他只知道把自己滅了，說這樣叫作到達涅槃，再也沒有來世的生死苦了。我們打個比方說，譬如有一個人從臺北出發去到臺中，也許他走了好幾天終於到臺中；但是一進入臺中城，他就消失了。請問他有沒有到臺中？有沒有進入臺中？沒有！可是明明看見他進入臺中，一進入臺中的城門就消失了，他不存在了。原來他是要把自己捨了，才說是進入臺中，那他當然沒有到達臺中。

另外有一個人發覺：「自己繞了一大圈才到臺中，但我其實是從臺中把視線往外追尋之後才找到臺中，卻發覺自己本來就住在臺中；我現在還沒有辦法把自己滅掉，但已經住在臺中城裡面。」那他算不算已到臺中？算！阿羅漢是繞了一大圈，其實是在臺中往外繞，然後又繞了回來，結果回到臺中時他就死了，他不知道自己本來就在臺中；繞了一大圈也還是在臺中裡面，他並不知道。笨不笨？可千萬不要想說：「你這蕭平實好膽大，竟然敢罵阿羅漢笨。」我就說他們笨，不是這一世才說他們笨，往世就講過了，往世寫的論都還在，說他們眞的笨。

你如果看見自己五陰的一切言語之道，全都來自這個離言語之道的如來藏妙心——都從這個「無名相法」來，而你自己沒有離開過祂的境界中；但是你在沒有語言之道的「無名相法」境界中，無妨用無量無邊的言語之道來利樂有情、來度化眾生，又何必一天到晚閉嘴不語：東面牆也寫著禁語，西面牆也寫著禁語，晚上睡覺時也看見天花板上寫著禁語。那弟子來問：「師父！今天要不要除草？」師父指示時弟子都弄不懂了。師父的意思是說，今天除草時某一個部分不要除，但是有一些還得要除。可是因爲禁語，怎麼指示呢？那用寫的好不好？寫了還是說話；比劃的行吧？但比劃了也是說話。

你如果現前看見自己的本際無始劫來就是離言語之道，那無妨爲眾生不斷地開示，講出無量無邊的言語都無妨礙。那阿羅漢也許忍不住來問：「你都在教人家要如何證得離言語之道，可是你一天到晚有那麼多的言語，這是怎麼回事？」你就告訴他：「你什麼時候看見『我』講話了？」阿羅漢對你還有一點恭敬，一時間不敢問，思索了一個晚上以後，隔天早上又來問：「不對啊！明明你昨天跟我講話時就是有言語，怎麼說我沒看見過你講話？」你就告訴他：「原來你看錯了。」對啊！他是看錯了。這等於說，他把我這個五蘊當作蕭平實，可是眞正的蕭平實平平實實就不是這個五蘊；這個五蘊可以說法，講得天花亂墜，但眞正的蕭平實不會講話，所以說阿羅漢是看錯人了，就說：「眞人不見、見假人，去！」就把他趕出門。因此阿羅漢永遠弄不懂，他只能聽你的，那他來到正覺講堂時敢說話嗎？即使他在座聽經，心裡面都猶豫說：「搞不好我前面這個人是開悟的人，也許我座位的左邊、右邊、後面、前面坐著的人都是開悟的人，我還是別開口好。」眞的不敢開口。

那麼離言語之道，爲什麼說聖者「於聖法中拔斷一切諸見根本」以後，「悉斷一切諸言語道」？難道這是說你證悟以後就變啞巴了嗎？才不是！這時倒有一個有趣的問題：如果證悟了可以解脫，但是從此沒辦法講話，你們要不要？爲什麼都不要？也許聲聞種性的人會說：「我要，我要，總比輪迴生死好吧！」但是我也沒說你們不對，因爲諸位是菩薩。菩薩之所以不要，是因爲菩薩要利樂眾生，不能不說話，所以我還是讚歎諸位。

那麼「悉斷一切諸言語道」，就表示說言語有很多種法門，單是人類的言語：英語、法語、葡萄牙語、西班牙語，又如臺灣阿美族也有阿美族的話。各地都有不同的言語，所以言語之道，單是人類就有很多種，其他法界就更多了。那爲什麼「於聖法中拔斷一切諸見根本」之後就可以「悉斷一切諸言語道」？這好像跟現前所見的佛教界不一樣。明明那些開悟的禪師證悟之後，一天到晚一直在講話；君不見達官貴人來時，堂頭和尚言語交談，往往一個時辰、兩個時辰就這麼過了；那是說了多少言語？竟然還說「悉斷一切諸言語道」，是不是 佛陀講錯了？要不然就是翻譯經典的人翻譯錯了？

其實不然，是因爲五蘊在現象界中依舊不離言語之道，但是無妨眞如這個「無名相法」的境界之中永離言語之道，而五蘊開悟後轉依眞如這個境界，就成爲「悉斷一切諸言語道」，從此以後再也不會跟人家講：「無餘涅槃裡面就是覺知心一念不生，就是沒有言語的境界。」再也不會講了。因爲眞斷諸言語道的人，他其實不依五陰境界而住，只是有見地而轉依眞如的不生不死、絕對寂靜的境界而已，但不妨礙五蘊的言語之道繼續運作。這時一方面說得許多言語，同時在另一方面卻又迴無言語；這不是現在才如此，而是無始劫以來一向如此。因爲在「**無名相法**」的境界中，無一法可得、無一塵可得，哪來的言語？

所以說，在「**無名相法**」的境界中想要深入瞭解那個境界的人，應該好好誦《心經》，把它誦一遍就瞭解，喔！原來「**無名相法**」的實相境界就是這樣，但無妨自己這個五陰還在，而五陰現觀這個妙眞如心的境界就是全無一切諸法，就這樣證得「五蘊皆空」，於是「度一切苦厄」。當你看見自己生也從如來藏來，死也歸如來藏，生了、死了以後，依如來藏而言無生亦無死，還是回歸到你的如來藏中，只是回家而已，那你怕什麼？如果來世再出生，還是生在自己如來藏家裡面，又沒有生到外面去，怕什麼？因此菩薩不應該怕生死。如果想到說：那出生時五陰被擠壓好難過、很痛。很痛的事其實也很簡單，你就暫時悶絕就好了。等到生出來，醫生又會把你救活過來，怕什麼？所以沒問題；因爲痛也是無常，一會兒就過去了。

那麼這時你依如來藏心來看，迴無一法可得，請問是不是佛講的「**如虛空中手無觸礙**」？手能夠觸到什麼、摸到什麼，一定是那裡有什麼物；如果什麼都沒有，你要觸什麼、摸什麼？同理，當你現見自己的「無名相法」、「無分別法」這個眞如境界中無一法可得時，你根本不會想要伸手去撈撈看有哪一個法可以被你抓到，根本不可能，全都沒有。既然知道沒有，還去撈什麼？只有愚癡人才會想：「我繼續撈撈看吧！」當魚都已經被撈光了，全都沒魚了，甚至連水都漏光了，在那個空池子裡面，他還想：「我再撒網看看，也許會抓到一、兩條魚。」連水都漏光了，魚都被撈光了，再怎麼撒網也沒用，愚人才會再去那邊撒網。

什麼樣的人叫愚人？就是不信有「無名相法」如來藏的人。還有一種人自以爲特別聰明，他不信如來藏境界中無一法可得，這樣的人就想像：「如來藏中、眞如中會有什麼勝妙的境界，所以我如果開悟證眞如了，應該就會飛了。」但是，會飛就是法，會飛時一定有能飛與所飛；由這裡飛到那裡去，總要有一個能飛的，那又是五陰，也是法。可是明明告訴你說，在這眞如中無一法可得，哪來的能飛、所飛呢？所以證得眞如以後，到底有沒有果可證？沒有！有果可證的，那就不是眞的證果。我們剛搬到九樓這裡時，有一個居士還寫佛經，在「經」中封他的弟子們某某菩薩、某某菩薩，聽說他對那些菩薩還發證書。請問你們被我印證的人，有誰拿過我一張證書的？如果有，那該叫作稀世奇珍，因爲全球只有那麼一張，其實我沒有發過。如果你眞的還有，就那麼一張，那一張一定是僞造的。

所以說，眞如的境界中無一法可得，《大般若經》講的就是這個境界，不是釋印順亂判教講什麼性空唯名，當他說個性空唯名時就已經有名了，就已經有性空那個邪見存在了，怎能說他證的是無一法可得，那不是自己掌嘴嗎？所以眞如的境界中一定就像「虛空中手無觸礙」一樣。如果有人證得眞如的境界，說他證得「聖法」所以自稱是聖人，開口就說「聖人說法是不說謊的」，那他就不是聖人。因此如果違背了這些聖教，或者他不懂這些聖教，我們就說他是一個凡夫僧；我隨後還有一個更嚴厲的指控，說他叫作無慚愧僧，因爲他未證言證而宣稱是開悟的聖者。開悟的人有人自稱是聖者嗎？不會啦！說個「聖」字已經落在五陰中了。只有相對於凡夫，要讓他們瞭解這個眞實的聖境，才要說這樣實證的人叫作聖者，也因此才推崇說阿羅漢乃至下至初果都是聖者，但他們證果時有什麼聖可言？他的聖果越高，譬如到達阿羅漢境界時是什麼都滅掉，何聖可言？所以聖之一字爲凡夫說，不爲聖者說，這才是佛法。

最後佛陀下了個註腳：「諸沙門法皆應如是。」這個註腳下得好，釘得深。如果有人自稱：「我是個出三界的聖人，我是眞正的出家人。」結果他的境界之中覺觀不斷，一天到晚看見某甲徒弟幹了什麼事情不對，某乙徒弟又幹了什麼事情不對，一天到晚開口在罵這些弟子們；那他是不是每天在心裡的那一隻手伸出去，到處都抓到一些東西？所以某甲徒弟犯了嚴重過失，七天不跟某甲講話；某乙徒弟過失稍微輕一點，五天不跟某乙講話；某丁徒弟過失很小，一天不跟某丁講話；每天見了這些人，轉頭就走，看也不看一眼。那表示他心中那一隻手隨處都抓到法，那就違背了世尊說的「如虛空中手無觸礙」，那麼請問這位大師是不是眞沙門？顯然不是！可是這樣的大師可以是宇宙大覺者。你們有沒有看過我對誰默擯，七天、五天、三天、一天不跟誰講話，有沒有？二十幾年來我不曾這樣，不管過失多麼嚴重，講清楚了、說開了，改過就好，沒有不講話的事。

眞正實證的沙門法應該如是離一切語言之道——「悉斷一切諸言語道」，也就是說身爲出三界家的沙門，你是菩薩固然不應該趣入無餘涅槃，但是卻應該能夠現觀無餘涅槃「悉斷一切諸言語道」的境界，然後這一隻腳踩在實相法界現觀無餘涅槃，另一隻腳踩在現象法界中與眾生同事利行，無妨成天到晚都在講話開示，又無妨住在「悉斷一切諸言語道」的境界中，這樣依舊是「如虛空中手無觸礙」；雖然生在三界家宅中，但依舊是出三界者，這才是大乘法中眞正的沙門法。有人如果違背了這些聖教，他就不是眞沙門。不是眞沙門時要叫作什麼？叫作假名沙門，也就是方便說他是出家人，他不是眞正的出家人，因爲他不是出三界宅。這一段終於講完了，接下來要進入〈念僧品〉。

《佛藏經》

〈念僧品〉第四

經文：【舍利弗白佛言：「世尊！何等為聖眾？」佛告舍利弗：「舍利弗！若有人能信解通達一切諸法無生無滅無起無相，成就是忍，尚不得我，況得須陀洹、斯陀含、阿那含、阿羅漢？況復得法？況得男女？何況得道？況得如是等事是名聖眾？是亦不得。」】

講義：現在進入〈念僧品〉第四。念僧是六念法之一，這六念之法並不是只有大乘法中說，在四阿含諸經就處處講到六念法，也就是念佛、念法、念僧、念施、念戒、念天。念佛、念法、念僧，就是要憶念三寶，因為佛法僧有無量無邊的功德，當然身為佛弟子都應該要憶念。那麼身為菩薩，當然也得要時時念施、念戒、念天。念施是因為常常留意著自己的福德夠不夠，如果福德不夠，想要再往上一個層次去取證就會有障礙，因此菩薩得要時時念施。也正因如此，六度波羅蜜、十度波羅蜜都以布施爲首。念戒是說，戒是修行三乘菩提的過程中必須要有的法，因爲一般人心如猿猴把持不定，不斷地攀緣；乃至於法上的修行有所實證時，有些人還不能定下心來，依舊疑著，以致不得三昧，由於這個緣故就必須要有戒法來約束。

有一件事情可能有些人沒留意到，在戒法中爲什麼禁止誹謗三寶？也就是說，謗佛之罪很嚴重，謗僧之罪也很嚴重，但是謗法比謗僧更嚴重。爲什麼不許謗法？就是要規範實證者一直住在那個疑裡面而不退轉，假使證悟者往世沒有重複證悟，在這一世是第一次證悟，他心中一定會有疑，疑根未斷：「這樣證悟了，對不對？是不是？難道就這樣嗎？」爲防他謗法而下墮三塗，就用戒法把他約束著，讓他繼續疑著而不敢開口否定，然後繼續修行，當他修行到七住位的智慧滿足了，就不會再疑，這是一個約束。

但相對於一般的初學人，有戒法在他心中存在，他會覺得我是一個眞正的佛弟子，戒與他的身分是相當的。一般人自稱爲佛弟子，其實並沒有深入的認知，只是覺得想要信佛，只是信而已，那你眞要問他說：「你是眞的佛弟子嗎？」他心中有疑：「我好像不是，因爲我又沒有拜師父，我又沒有去受戒。」於是最後他作了個決定：「我應該不是。」可是他如果拜了師父、受三歸了，如果又受了五戒，他一定會很堅決的說「我是佛弟子」，這個戒就使他保持著與三寶的接觸不中斷，一世一世延續下去。所以戒是身分的表徵，因此要時時念戒：「我有沒有徹底把這個戒破壞掉？沒有！那我還是佛弟子，我將來還是會成佛。」所以要念戒。

爲什麼又要念天？天，不過是凡夫眾生。可是有一點不同，比如一個人證悟了以後，或者他宣稱證得阿羅漢果了，但他一天到晚蹦蹦跳跳，口沒遮攔，或是一天到晚指桑罵槐，看見了有什麼好處可拿，就想方設法要拿。人家一看就說：「你這個人眞是阿羅漢嗎？眞的證悟了嗎？」人家也要懷疑，顯然他沒有資格當阿羅漢或者證悟者，顯示他想要當勝義僧的格還不夠，所以這時要教導他念天：「天人是怎麼樣的心行，你是證悟的人，至少要有天人的心行，所以不欺騙眾生、不惱亂眾生。這就是天。」因此這六念法，身爲佛弟子不應該忘記。

六念之中還有個念僧。談到念僧，很簡單就是憶念僧寶。可是什麼才是僧？是不是像大陸有一些人說要出家，到市鎮的理髮廳把頭剃了，然後回到寺廟裡僧服穿起來，這樣就叫出家了？不！身為僧寶的一分子，必須要有他的實質。連三壇大戒都沒受，也沒有個依止師、親教師，把頭剃了回到寺院穿起僧服來就說是出家人，大家見了就「師父、師父」叫得可親，但是他有為「師」之實嗎？有為「父」之實嗎？全部都無。

然而，拜師之後住到寺院去，一年之後圓頂了，穿起僧服來，再過半年、一年受完三壇大戒、燙了戒疤回來，總該說是僧了。是僧啊！但僧寶是不是就只有如此？當然不是。譬如我們佛龕供的觀世音菩薩是不是僧？是僧。那玄奘菩薩呢？當然更是僧了，因為他都現僧寶之相了。可是問題來了，觀世音菩薩胸配無量價值的瓔珞（眾寶瓔珞），戴著寶冠、身著天衣，如是莊嚴，還加上長髮飄逸，為什麼卻是僧？文殊師利菩薩也是長髮飄逸、戴著寶冠，胸配無量百千萬億的眾寶瓔珞。再來看看 彌勒菩薩一樣是如此，卻都是僧。這時就表示說，念僧時究竟是要念哪一種僧，這值得探究。

假使有四種僧，層次高低不同，你念僧時要念層次最低的嗎？譬如有人說：「這裡有四千萬美元，那裡是三千萬美元、兩千萬美元，這裡是負四千萬美元，你要哪一個？」你可不能說：只要數目多就好。你要念僧也是一樣，例如現在流行叫作「正能量」，但有的是負能量，你要哪一種？（有人回答：正能量。）對！所以，既然談到〈念僧品〉，然後說到僧中怎麼樣是實證者，怎麼樣是真的善知識等，當然先要弄清楚如何之謂僧。

僧有四種，請歐老師把它放映出來。因為僧這個道理，未來加以詳細說明的機會不多，我也不太可能來講解《大乘大集地藏十輪經》，因此我節錄這麼一段出來跟大家分享。這一些明白了以後，〈念僧品〉就容易講了。

《大乘大集地藏十輪經》卷五：「復次，善男子！有四種僧。何等為四？一者、勝義僧；二者、世俗僧；三者、啞羊僧；四者、無慚愧僧。云何名勝義僧？謂佛世尊，若諸菩薩摩訶薩眾，其德尊高，於一切法得自在者；若獨勝覺，若阿羅漢，若不還，若一來，若預流；如是七種補特伽羅，勝義僧攝。若諸有情帶在家相，不剃鬚髮、不服袈裟，雖不得受一切出家別解脫戒，一切羯磨、布薩、自恣，悉皆遮遣，而有聖法得聖果故，勝義僧攝。是名勝義僧。」

先談這第一段，這《地藏十輪經》卷五世尊開示說：有四種僧寶，就是勝義僧、世俗僧、啞羊僧、無慚愧僧。那麼勝義僧這個道理，我們同修會弘法為了建立正法，所以曾經講過。這是因為這一世的因緣不同，所以我要以在家相來弘法，是因為這一世要破赤氛高漲的密宗假藏傳佛教。也有一些別的因緣，我必須要以在家身走這一條路。但是為了建立正法，眼見佛門四眾都只看表相時，我就得要把勝義僧的道理提出來解說，否則大眾都落在表相上，特別是廣論團體老是講：「你們在家人都是一壺永遠燒不開的水。」請問諸位：他們這話，你接不接受？（大眾回答：不接受。）不接受喔？可是廣論團體那些人都接受！所以說他們愚癡。為師之人永遠都不應該扼殺弟子們想要實證佛法的欲心所，否則那個團體的層次就是永遠在最底層；也正因為如此，所以他們認為的實證法門樂空雙運的止觀，都不教給在家弟子們；因此有可能日常法師也是到了年老時，才拜託達賴派人傳給他樂空雙運的法。依此作一個合理的懷疑，他臨走前是不是要把這個樂空雙運的所謂能夠「證悟」佛法的、可以燒成開水的這個雙身法傳給他的徒弟們？該不該？特別是對出家徒弟。

可是現在廣論團體，誰在領導？因為日常法師走了，現在由誰領導？是一個姓金的女子，黑龍江人，號稱眞如上師；她繼承了廣論這個團體當領導人，那她一定是實證了！這表示她在密灌頂、慧灌頂中都完成了，所以才能領導鳳山寺那些出家人。現在終於燒開了水，水燒開了以後結果不熱，原來裡面放乾冰冒充燒開了。那麼這一些《廣論》的信徒們就是迷信者，他們接受「在家人是永遠燒不開的水」。日常法師他們講了這句話以後，我請問：那位金眞如現在是出家人還是在家人？對啊！長髮飄逸，還去佛光山拜訪星雲，星雲還當她是一派宗師呢。（大眾笑⋯⋯）別笑！因爲大家是同路人！就是同路人。但這位金眞如會來拜訪我嗎？不敢喔！爲什麼不敢？因爲我見了就會問她：「爾眞如何在？」我當然要問她；她名爲眞如上師，我當然要問她。如果她答不出來，我當然要說：「妳這個金姓，要改爲假姓。」

也就是說，眾生在末法時代都是看表相，我們必須提出勝義僧的聖教來；所以早前我都用《楞伽經》來講：證得如來藏的人稱爲菩薩摩訶薩。我也常常說：在成佛之道中，只看果位來定身分。成佛之道的果位就是五十二個階位，你修到哪一個階位，自己要去下判斷。那麼把勝義僧的道理講了以後，抵制正覺的那一些荒腔走板的言語才開始消失。

以前我們傳菩薩戒漸漸地傳出名聲來，土城的承天禪寺有些法師就在那邊嘰嘰咕咕唸個不停說：「正覺蕭平實是一個居士，憑什麼傳菩薩戒？」有人在那裡爲先人辦七，聽到了回來告訴我，我說：「你下回去，應該把一生補處彌勒菩薩論中的開示節錄下來送給他；你如果不方便節錄，把菩薩戒本裡面我們引用彌勒菩薩的聖教那一段翻給他讀一讀，或是引用《菩薩瓔珞本業經》的經文給他讀也行。」從此以後就閉嘴了。所以，我們必須要提出勝義僧等四種僧來說明。但以前我們很少談到其他三種，今天既然談到〈念僧品〉，當我們需要心心念念憶念著僧寶時就要有所簡擇，再也不能盲目念僧了。所以念僧時究竟該念哪一個層次的僧寶，這就很重要了。

那麼這勝義僧首先是諸佛世尊。世尊明明成佛了，爲什麼又在僧寶數中？因爲世尊曾經講過「我在僧數」。諸佛如來率領一切僧寶，當然同時也在僧數之中，當然是僧寶中的一分子。譬如國王統領了全國一切之人，首先他得要是個人，不可以是一匹馬來統領一國之人，所以國王雖然是國王，也是人中的一分子；其次，國王也必須是這一國的人，至少必須歸化爲同一國的人，不能是外國人。諸佛如來也是僧寶中的一分子，當然也屬於勝義僧所攝。

諸菩薩摩訶薩眾也是勝義僧。菩薩有很多種，有凡夫菩薩、賢位菩薩、聖位菩薩，但是摩訶薩的定義不能亂用，至少得要明心不退。所以《大般涅槃經》裡面，固然說眼見佛性的菩薩是摩訶薩，有的經典說通達位—也就是入地了—是菩薩摩訶薩；但是《楞伽經》中也說，證得阿賴耶識而不退轉的人就是菩薩摩訶薩。所以依這些經教來說諸菩薩摩訶薩眾，就是指明心不退的人以上都是摩訶薩。菩薩摩訶薩還有一個特性，如果不具備這個特性，就是空有其名而無實質；這個特性是說他「**其德尊高，於一切法得自在者**」。其德尊高是說他證得空性了，依空性來看待一切諸法，所以不用跟人家計較；不用計較所以他的德行就比別人高，不會像喇嘛一樣：「**你要我傳授財神法，好！一百萬元。你要我傳授另一法，那個比較難，五百萬元。**」就有不少喇嘛是這樣的。

我們搬到承德路五、六年左右，有個人來到同修會，希望我們對他兒子開示，說他兒子跟上海的喇嘛學，學出了紕漏，要我們去開示。但我們沒那個時間，他兒子也不見得會信我們所說。因爲那個喇嘛說：「**你要我傳這個法，要帶五百萬臺幣來。**」他回到臺灣，拿了房子去銀行借款，送去上海供養喇嘛，然後那喇嘛傳了某個法給他，結果根本沒有什麼作用。這時他知道被騙了，錢拿不回來，而銀行貸款就在那邊等著他時到還款。也許他本來想：「我得了財神法，不必多久就有好幾千萬元，不需要計較那五百萬。」沒想到修財神法根本無效。傳財神法只有一個狀況有效，很多人不知道，我早知道了，就是傳時有效！（大眾笑…）懂了喔？傳時，人家就要大包大包紅包供養；事實上是修時沒有效，傳時有效。

因此，所謂的證悟者成爲摩訶薩，一定有一個基本條件，就是「其德尊高」。「其德尊高」的背後有原因，就是「於一切法得自在」；因爲他在佛法中弄清楚了，往往不是只有眞見道位，而且已經開始進入相見道位了；這時因爲「於一切法得自在」的緣故，因此他看開了，是有智慧而看開了，不是世俗人無可奈何去看開，因此「其德尊高」，這就是菩薩摩訶薩眾之所以成爲勝義僧的原因。那麼學佛人念僧時，念這種僧最好。「諸佛如來、諸菩薩摩訶薩眾」，既然「其德尊高，於一切法得自在」，那麼念這種僧就使自己不會遠離勝義僧；不遠離就可以繼續聞熏了義而究竟的法義，讓自己道業日進千里，所以要先念這種僧。還有別的勝義僧，且聽下回分解。

《佛藏經》，我們講到第十五頁〈念僧品〉；上週爲了要開始解說〈念僧品〉的法義，所以先開始說明什麼是僧。我們上週也說僧有四種，先談了第一種勝義僧。但勝義僧還沒說完，最後是說到：「**謂佛世尊，若諸菩薩摩訶薩眾，其德尊高，於一切法得自在者。**」這裡說到「**於一切法得自在者**」，這個定義下的摩訶薩眾，層次比較高一點。如果才剛剛明心，想要求他「**於一切法得自在**」，有一點陳義過高，因爲剛明心時所知其實還是很少。

不過假使你剛破參，也不必聽到我這一句話就覺得很喪氣，因爲現在破參的人只要拿到印證了，至少都有一些別相智，不像最早期在二十年前破參時只有總相智，因此有人禪三打完，我幫她證得如來藏了，有一天突然跑來找我說：「**老師！我們找到這個如來藏是要幹嘛？**」（大眾爆笑…）那是最早期，當時我很納悶：「**妳找到如來藏了，不就懂實相了嗎？爲什麼還問我『要幹嘛』？**」後來就想，這類人都是基本知見還不具足，福德還不夠，慧力還不足，就奉送給她，不免會出問題，無怪乎總共三批人退轉了，她也在其中。

最後一批人退轉時是二〇〇三年，也是因爲早期爲他們明講。那時領頭的楊先生是第二次禪三，有一天中午休息時間，在永平寺中庭爲他明講的，然後跟著我學了很多年，不幸都沒學進心裡去。所以慧力不具足時就算找到了，也不懂這要幹嘛。說他智慧生起了，又好像沒有，所以才會被他的學生們幫他封了一個很有名的外號，叫作楊一半，因為後來證明都是一知半解。但這真是我的罪過，說起來應該說我當時是造孽——為他明講而害了他。所以二〇〇三年出問題時我沒有呼天搶地說：「我造了什麼孽啊！」我不敢喊，因為這是我闖出來的紕漏，不能怪任何人，當然更不能怨天說：「天啊！我造了什麼業。」都是自己造的業，還需要問是什麼呢？

也就是說，當時所謂的悟跟這十年來所謂的悟，其實差異是很大的。當年最多就是讓他們喝水整理，回家以後如果自己不好好繼續修福德、除性障、學種智，退轉也就是必然。後來我們開始作了許多彌補，所以現在考了出來的人，一定不會再來問我說：「我找到如來藏要幹什麼？」所以那已經是一則笑話，無怪乎諸位聽了都笑將起來。

所以「於一切法得自在」，除了悟得真，還得要他本身的條件夠。所謂的條件，就是定力、慧力、伏除性障，還要看他修的福德夠不夠。如果這一些都夠了，他就不會退轉，可以繼續好好進修。繼續進修久了，自然而然「於一切法得自在」。以前往往有人，這禪三報名表上有一欄：這一回上禪三目的是什麼？他們寫的是明心、見性、過牢關。後來牢關不見了，剩下明心與見性。這兩年，看到大部分都是只求明心，不敢再談見性了。以往曾經有人想：「我來這個禪三，只要明心、見性兩關過了，我就跟蕭老師一樣了。」我心裡面想：要眞是這樣，我倒可以翹起二郎腿來，每天無事捻捻鬍鬚也行，享福了！可就是沒有這樣的人。但有人是這樣想的，沒想到一次、兩次、三次，第三次禪三時還過不去，怎麼辦？所以要能夠通過我們現在的禪三明心的勘驗，確實是不容易。

但就算都通過勘驗了，不見得就能「於一切法得自在」。這得要悟後轉依成功而不退轉，然後繼續努力進修，久了才能「於一切法得自在」。你們曾經有人在私底下拿一本離開會裡的人寫的所謂《實證佛教導論》在傳來傳去；我看了覺得好笑，因爲那書中光是大乘法義的內容就錯了三百多處，如果二乘法義再加上來審查，會有多少錯誤？（編案：如上平實導師所說有六方面：重道、尊師、次法、人情義理、持戒、轉依，於其中之一都未曾作到的人，實無資格與佛教界談論「實證佛教」。）那都不是「於一切法得自在者」，還敢來質問我法義錯了。也就是說，距離「於一切法得自在」的境界還很遙遠。

那麼眞正要說「於一切法得自在」，至少得要入地，也就是見道位已經通達了，但這個很難。「難」有兩個原因，第一個原因是證悟明心之後轉依成功，繼續進修到達入地，那是從第七住位進到初地，這是二十四個階位；第一大阿僧祇劫分成三十心，總共要經歷這二十四心並不容易。另一個不容易，確實是不容易，就像一句成語講的「不學無術」；他對佛法並沒有通達，但自以爲思惟了、閱讀了、知道了就是入地了，可都沒有想到，要有許多基本的條件配合才能與初地智慧境界相應。

譬如，證初果的人以及開悟明心的人，一定要有深厚的未到地定來支持，證悟者還得再加上廣大福德作支撐，否則都不是眞正的證果或者開悟。至於證得三果、四果或者入地，至少都得有不退轉的初禪來作支持；依於這樣的定力，他的觀行才能夠深細，也才不會處處錯誤；能夠這樣進修久了，還不到入地時，也能「於一切法得自在」。這就像我們好多親教師們、助教老師們，就是因爲有基本的定力作支持，所以觀行時「於法」能夠深入。有深入的觀察和體驗，將來智慧一一生起時就不可能退轉，而且在深廣方面會遠比一般人要好。這時雖然還沒有入地，至少在某些層面來說，也可以「於一切法得自在」。所以大乘法中這樣的勝義僧，定義還是蠻高的。

在《楞伽經》中說只要證得阿賴耶識、能夠轉依不退時就算是摩訶薩，已算是勝義僧。可是這一段經文中說的大乘勝義僧，把佛、諸大菩薩放在一起來講，所以說「謂佛世尊，若諸菩薩摩訶薩眾」，但在後面跟著四個字——「其德尊高」。如果他的德行不夠，凡事都是爲自己的私利在著想，顯然其德卑劣，這樣的人自稱能夠「於一切法得自在」，佛菩提中沒這樣的事。所以「於一切法得自在者」，有一個基本的條件，就是他的德行至少要比普通人高很多；這樣的人才是大乘法中的勝義僧，這裡的定義比較高。

如果依《楞伽經》的定義，勝義僧就是明心不退者。若是在《大般涅槃經》中，定義就稍微高一點，那是要再加上眼見佛性而不退失，才叫作菩薩摩訶薩，也是大乘法中的勝義僧。可是勝義僧不只大乘法中有，所以又說：「若獨勝覺，若阿羅漢，若不還，若一來，若預流；如是七種補特伽羅，勝義僧攝。」這就是說，無佛之世有人獨自觀行而悟得因緣法，叫作獨勝覺，也就是獨覺；但因爲他是無師自悟，所以稱爲「勝」，就稱作「獨勝覺」，這也是勝義僧。如果是阿羅漢，佛世的阿羅漢大部分同時也是緣覺，但因爲心中無慢，所以依佛言教去作觀行而證得因緣法，那就叫作緣覺，通稱爲阿羅漢。「不還」就是不再還來欲界，就是三果人。一來是死後生到欲界天中，再下生人間成爲阿羅漢，這是二果人。預流就是預入勝流，有見地，可是常常會有許多言行好像個世俗人，是預先把他算是聖者之流的人，就是初果人。這樣是五種，加上前面說的「佛世尊、諸菩薩摩訶薩眾」總共是七種，這七種人都屬於勝義僧所攝。

接著又說：「若諸有情帶在家相，不剃鬚髮、不服袈裟，雖不得受一切出家別解脫戒，一切羯磨、布薩、自恣，悉皆遮遣，而有聖法得聖果故，勝義僧攝。」如果一切的有情他身上帶著在家人外相，譬如諸位沒有出家的人都叫作「帶在家相」，因爲不出家而不受持別解脫戒，所以「帶在家相」，就會有家庭而有父母尊長，也有子女乃至都有孫子女了。「不剃鬚髮」，在家人是可以留鬍子，甚至於有人出家到年紀大了，他也不剃鬍子，所以他沒有出家相。在家人頭髮也許留得長長的，也許不是剪平頭，乾脆就像世俗人一樣留著西裝頭，吹得平平整整的，髮油擦得雪亮雪亮的。現在好像沒有人擦髮油了，我們這輩人年輕時那個年代，很多人都擦髮油的，那叫作「不剃鬚髮、不服袈裟」，這樣的人是生活在自己的家庭中，在社會上有他的職業；雖然因爲是在家相而沒有辦法去領受一切出家人所受的別解脫戒，同樣也算是勝義僧，因爲他「有聖法得聖果」。

爲什麼出家後領受的聲聞戒叫作「別解脫戒」？出家受了戒，明明也是佛戒，爲什麼稱爲別解脫？這是什麼道理？也就是說，其實三世如來示現在人間所傳的眞正解脫戒是菩薩戒，因爲唯有菩薩戒可以使人究竟解脫，所以菩薩戒要盡未來際受。沒有人是不受菩薩戒而能成佛的，這在《梵網經》裡面講得夠明白了。諸位從這一句話有沒有聯想到什麼？那一些穿著紅衣的喇嘛們有沒有受過菩薩戒？（大眾回答：沒有！）對了！一個也沒有！竟然敢公開說他們成佛了，其誰能信？因爲佛的聖教已經講過了：如果不受菩薩戒是不可能成佛的。

有的人糊塗，出了家，被喇嘛們迷惑了，還退回去吃肉，然後捨了菩薩戒或沒有捨菩薩戒就去受喇嘛教的三昧耶戒；這樣的人說他可以即世成佛、即身成佛，那就變成無稽之談，所以一定要受正解脫的菩薩戒才能成佛。那麼受聲聞戒—也就是比丘、比丘尼戒—爲什麼不得成佛？因爲那個戒最多只能使人成爲阿羅漢，而且成阿羅漢之後就入涅槃，所以那個戒只有盡形壽受持，它是一世戒；那個戒體，捨壽了就不存在了，只有一世受持的戒，怎麼可能使人成佛呢？那就不是正解脫戒，所以相對於正解脫的菩薩戒而言，就稱之爲「**別解脫戒**」，因爲它是另外一種解脫的戒法，不是大乘法中爲求究竟解脫而應該領受的戒法。所以在大乘法弘傳的地區，所有人出了家都是受三壇大戒，沒有人受二壇大戒、一壇大戒的。三壇大戒最後的戒是菩薩戒，這才叫作大戒，因爲它是盡未來際、生生世世隨逐行人而不遺失。因此，別解脫戒是指聲聞戒。

那麼說這個人帶著在家相，「**不剃鬚髮**」也「**不服袈裟**」，沒有辦法去領受一切出家人所受的別解脫戒，當然出家眾中的「**一切羯磨、布薩、自恣**」也都不許參加。出家人羯磨時，你們不可以闖了去說：「**你們今天羯磨，我也要參加。**」不行的，出家人的羯磨，要由出家人自己來作，在家人不得參與。

如果在大乘法中羯磨時，該由上師來主持，這是大事件。如果是犯了一般的重戒，但是根本不具足，或者方便、成已不具足，那就用不著上師來主持，也就是不需要親教師來主持，就是在羯磨時面對四人以上的大眾來作就行了。至於布薩，出家眾另外有自己的布薩要作，因爲他們受持了「別解脫戒」，不是只有菩薩戒的布薩而已，所以在家菩薩也不得參與出家眾的布薩。

（作者於二〇一八年八月十五日補註：以前曾說臺灣的佛寺據說沒有人依佛制在作布薩的。近來有西蓮淨苑託人來告知：有依佛制半月半月誦戒。今於此補作更正而作讚歎，以廣周知。）

至於自恣，有沒有在家人每年都來一次自恣？有沒有？自恣就是每年夏天結夏安居三個月，在這三個月中不踏生草、不踩蟲蟻，都不外出托鉢，要在道場裡面結界安居修行，不許離開道場，一切生活所需都由在家居士供應。這整整三個月中不離開道場，大家安心辦道；三個月期滿了，要一一對大眾報告：我這三個月努力精進，不負在家人的供養，我證得初果了。不然就說：我明心開悟了，或是我有某種實證。都要報告出來，大多數人都有所證，於是就稱爲自恣。就是自己上來報告，修行成績報告完了，佛聽了很歡喜，所以這一天又叫佛歡喜日。

如果有哪一個道場辦什麼結夏安居，都讓在家人來用功，這其實並不如法，因爲這是出家人的事。所以在家人不作結夏安居的事，當然就沒有自恣。沒有結夏安居的人，竟然在出家人最後一天解夏自恣時，他跑來說：「我要來參加自恣。」那就抱歉了，一定要把他擋在門外。所以說：在家人「不得受一切出家別解脫戒」，然後說：「一切羯磨、布薩、自恣，悉皆遮遣」，不許讓他參加。但是說這些在家人「而有聖法得聖果故，勝義僧攝」。有「聖法」，這「聖法」我們前面講過了。這裡說的「聖法」可不是世間法層次所講的聖法，這是指三乘菩提中的「聖法」。假使有人雖然「帶在家相」，甚至古時在印度，一個在家菩薩最多可以有五個妻子、二十個孩子，但他證得初果時依舊被叫作「勝義僧」。爲什麼他可以叫作勝義僧？因爲他「有聖法而得聖果」。

一定是在三乘菩提中的「聖法」已證得了，並且很清楚可以界定他得的什麼果位：初果、二果、三果、四果、緣覺，或者是菩薩而證得菩薩的果位：從初住位努力進修，過完了六住位而進入第七住，得眞見道而轉依成功，不退轉住，他就是第七住位的賢位菩薩，已經過了資糧位，已經過了加行位，這第七住位就是菩薩的果位。如果悟後繼續進修，有一天看見佛性了，雖然在世間法上工作或上班時得要畫畫眉毛、要點點胭脂，然後臉上總不能慘白的顏色，所以偶爾撲一點粉，再加上一點胭紅，這是職場上的基本禮貌，不然主管看見了說：「妳今天怎麼沒精打采，妳給我離開櫃檯去。」也許她正好又燙著頭髮，穿著一身名牌，但她一樣是「勝義僧」，因爲她看見佛性了，眞是第十住位菩薩，這是菩薩果位。

咱們弘法之前，從來沒有人講菩薩的果位，他們都是把二乘果位套到菩薩頭上來，所以開悟明心後是證什麼果？是初果或者阿羅漢。且不說他們悟錯了，都沒有聲聞果的實質，就算眞正的明心了，一定是同時有菩薩果位的，爲什麼大家都不在悟後談菩薩果位？很奇怪呵？這奇怪的現象直到正覺出來弘法才算打破，也正因爲我們講的是菩薩的果位，所以他們都說沒有辦法跟正覺對話。私下都是這麼講的，因爲正覺講的是證如來藏，是證菩薩的果位。他們心裡想：「咱們講的禪宗開悟都是聲聞的果位，而我們講的開悟又不是正覺講的悟得如來藏，那如來藏到底是個什麼東西，我們又不知道，而我們所知道的，正覺比我們更瞭解，我們能跟他們談什麼？」

心性較直爽者，直接承認沒辦法對話；心性不直的人可不能承認自己無法跟正覺對話，所以總是這麼說：「**正覺沒有辦法跟我們對話。**」說的也是，你叫一個大學教授去跟幼稚園學生對什麼話？要怎麼對話？所以菩薩的聖果函蓋了二乘的聖果，因爲菩薩證果時一定同時有二乘果在其中，那只是副產品，而菩薩的證果一定依於五十二個階位來說。但是，有的人也有菩薩的證果，卻還是個凡夫，例如他在第六住位還沒有滿心，那不就是凡夫嗎？因爲他沒有完成加行位而開悟啊！但他們有沒有證果？有！在第六住位。

也許有人一生都不受戒，因爲堂頭和尚都不傳戒，堂頭和尚都說：「**只要一生努力布施，越布施越歡喜，這樣就可以證得歡喜地，就是初地菩薩。**」所以不用受戒，不用證悟如來藏，也不用斷我見。他就誤信誤修，盡其一生都在作布施，他覺得很歡喜：「**我有錢可以布施，看到人家接受布施時心中歡喜，我也很歡喜。**」他這一生就這樣子過完，被他們道場的法主印證說已證初地。但他有沒有證果？（有人說：沒有。）有！他是初住位，也是證果，但不是「**聖法**」。所以「**而有聖法得聖果故**」這一句話不能加以切割，得聖果的人一定都有聖法的實證。

但若降低標準來說，初住位是不是聖果？也算是！如果他想：「我好像應該再去受戒吧！」於是他看到某些佛教刊物中說，某道場今年要傳菩薩戒，於是他去受了戒，然後一生精嚴持戒都不毀犯，他也有聖果——第二住位，是五十二階位裡面的第二住位。這第二住位，諸位都覺得那沒什麼；可是諸位要想想，這第二住位前面還有十個什麼？是信位的法要修。這十信位的法沒有修，初住位的布施作得不夠，他不會想要持戒的，尤其一聽到菩薩戒是一受永受、沒有捨離時，心裡嚇死了！聲聞戒可以捨戒，在佛像前向 佛稟告：我從今日起捨棄聲聞戒。這就捨戒了。

可是你受了菩薩戒以後沒辦法捨的，戒體就一世又一世跟著你，一直到成佛。他一聽不就嚇死了嗎？可是他爲什麼還是願意去受戒？堂頭和尚都沒有提過菩薩戒，也都不傳，但他自己去尋找而受了菩薩戒，這樣的人是不會犯戒的，他的戒體是很具足的，這時他當然有第二住的果位。依此類推一直到第六住位滿心爲止，還沒有超過加行位之前都還是有「聖果」，但是還沒有「聖法」，因爲聖法的實證，他還沒有到達。一直到六住位滿心作了加行，這四加行修完整了，然後開悟明心不退時，才算是菩薩摩訶薩，這時叫作「有聖法得聖果」，成第七住菩薩，就可以說他是「勝義僧攝」。

這樣子，勝義僧講完了，算是蠻複雜的。其實不會，就是說大乘法中是一類勝義僧，二乘法中是另一類勝義僧；這樣區分開來就很容易懂，總共就這七種人：諸佛如來以及諸菩薩摩訶薩，然後就是獨覺，接著是聲聞四果，這樣總共七種聖人，都屬於「勝義僧」。所以有人說：「我們師父早就指示了，我們不可以跟白衣學法。」那他們所謂的白衣是指什麼？指在家人。他們不跟白衣學法，但若遇到維摩詰大士時，是不是要轉身就走？怪不得他們都不讀《維摩詰經》、不讀《勝鬘經》。

又有個問題來了：文殊菩薩、觀世音菩薩是白衣還是黑衣？（有人說是白衣，有人說是黑衣。）怎麼有兩個答案？一個從表相說，一個從實質說。算你們都對，從表相來看，他們是白衣；想那 文殊菩薩胸配瓔珞價值百千萬億，還有寶冠，天衣飄飄，這哪像出家人？不說 文殊菩薩，觀世音菩薩呢，他在佛世法華會上，人家還供養了那一串價值百千兩金最好的瓔珞項鍊，本來他不接受供養，因為還有佛在；但是佛說：「你得要接受，不可拒絕。」當時他不也接受了嗎？然後才轉供釋迦牟尼佛、多寶佛。於理上的道理，現在不談，實際上也是有這一回事的。

觀世音菩薩天衣飄飄、長髮秀麗、胸配瓔珞，你想這像個出家人嗎？不像啊！可是他們兩位大菩薩都是如來倒駕慈航來示現爲菩薩的；且不說他們兩位，維摩詰大士也是 金粟如來倒駕慈航來的。爲什麼 釋迦牟尼佛這一世示現成佛時，會有這三尊如來倒駕慈航甘願來當祂座下的菩薩？因爲 釋迦如來早就成佛了，是古佛再來。而這些成佛後再來當大菩薩的聖眾，他們的實質都是緇衣，都不是白衣，只是表面上看來是白衣。

那就好像古時有一個僧人對於佛法有疑問，但他對護法菩薩們說的法聽不進去，因爲他是個凡夫根本聽不懂，又對賢聖菩薩們不信受；他想要決疑，就拜託天軍阿羅漢帶他去兜率內院晉見 彌勒菩薩；沒想到他才一看見 彌勒菩薩坐在華麗的寶座上，長髮飄逸又是戴著寶冠；他的寶冠可莊嚴了，又穿著天衣等。他一看，這是個在家人，和世俗人一樣，我可是受過具足戒的人，怎能向他問訊、禮拜？於是連問訊、禮拜都不肯，只是作揖。彌勒菩薩是何等的智慧，一看就知道這個聲聞人於法無緣，所以不管他問什麼，都是從皮毛裡講給他，依舊無法解決他心中的疑惑就回來人間了。想一想還是不通，又請天軍阿羅漢用神通帶他去，這樣來回三趟都無所得。人有笨到這個情形的，都不想這是一生補處菩薩，即將下生來人間成佛了，他在天宮不示現在家相，難道還要從人間去拿一件粗布僧衣到天宮去穿嗎？天軍阿羅漢看他也是無緣，再也不肯帶他去了，因爲不可過三，已經帶他去兜率天三次了。

也許這個聲聞人空有一身禪定，賭氣了：「既然彌勒菩薩不能爲我決疑，我就在人間等，等他來成佛了再說，再來問。」問題是，他這一入定能值遇彌勒尊佛下生人間嗎？那可不一定。以前就有阿羅漢入了滅盡定等候下一尊佛，後來人家發覺他了，爲他敲引磬，他過了幾天才出定。出定以後問：「釋迦牟尼佛成佛了沒有？」人家說：「早過去了。」那叫作愚癡人，重新去投胎再來就好了，幹嘛要一入定那麼久；就算跟著凡夫法師學，依文解義都勝過他住在滅盡定裡面；但就有人那麼笨，所以我常常說阿羅漢沒智慧，還有人不服氣，眞可笑。證得滅盡定的阿羅漢，沒有人敢說他笨，就我敢講他們眞是夠笨。就這麼錯過了一尊佛，然後再要等　彌勒尊佛來下生。他可千萬別再入滅盡定，否則很可能又錯過了，搞不好一錯過就是三、四尊佛，眞是無福。

因此「**有聖法**」和「**得聖果**」，這兩個部分是要具足的，缺一不可。所以單單說「**聖果**」的話，修學布施、持戒、忍辱、精進都是可得「**聖果**」的，因為從初住位修布施，乃至第六住位修學般若，都是「**聖果**」，可惜沒有「**聖法**」，就不可能是「**勝義僧所攝**」，不管他說得天花亂墜都一樣。假使他口才辯給，能夠講到讓天人心花怒放，於是撒下天花來供養，依舊沒有「**聖法**」。所以一定是要「**有聖法得聖果**」，否則他終究只是個凡夫僧。勝義僧的定義就在這兩個部分：有聖法，得聖果。

下一段說：「**云何名世俗僧？謂剃鬚髮、被服袈裟，成就出家別解脫戒，是名世俗僧。**」這世俗僧，在另一部經中又說他叫作「**淨僧**」，說他們是身心清淨的。這就是說，從世俗法的表相上來看，他們是一個出家的僧人，因為他們把鬍鬚頭髮都給剃了，然後穿起了袈裟；世俗法中的那一些好衣，他們全都擯棄了，也去受了別解脫戒——也就是比丘戒或比丘尼戒；這樣持戒不犯清心寡慾，就叫作世俗僧，又名為「**淨僧**」。這很容易理解，我們就不用多所解釋。

接下來兩種僧人就很奇特：「**云何名啞羊僧？謂不了知根本等罪犯與不**

犯，不知輕重；毀犯種種小隨小罪，不知發露懺悔所犯。惷愚魯鈍，於微小罪不見、不畏，不依聰明善士而住，不時時間往詣多聞聰明者所親近承事。亦不數數恭敬請問云何爲善？云何不善？云何有罪？云何無罪？修何爲妙？作何爲惡？如是一切補特伽羅啞羊僧攝，是名啞羊僧。」

這在說明什麼？就是說他們出了家只是穿衣、吃飯、睡覺，什麼事都不懂，出家的規矩、出家要學的法的內涵完全不知，乃至於連持戒都有問題；這樣的人因爲無知，所以某一些罪法到底有沒有根本罪（也就是作了以後一定要了知這有沒有根本罪），再來看有沒有方便罪，最後看成已之罪，他們都不懂。這些事情，請問諸位讀過《優婆塞戒經》沒有？有讀過的請舉手！多數都讀過了，我們就不必提它。簡單的說，根本罪就是動機，方便罪就是施設各種的方便要去完成它，成已罪就是那一件罪行已經把它作成功了。不同的動機成爲不同的根本罪，所以有時一個人把另一個人都殺死了，竟然還不是重罪，因爲他沒有根本，也就是他沒有殺的動機，是不小心刺死了。那麼出家了，對於根本、方便、成已三種罪，是要有智慧來作簡擇的，不論犯了哪一種罪都要從這三方面來加以簡擇分辨，但他們完全不知道，所以他們對於自己所造作的某一些罪，都不知道是有犯還是無犯。

縱使知道是有犯了，到底是重罪還是輕罪也不知道，所以他們的出家生活之中毀犯種種小罪、隨小罪，幾乎是天天都犯。天天都犯，也許有人說：「你未免講得太誇大了吧，有人出家後天天在犯的嗎？」但實際上有啊！就談最簡單一件事好了，在伙房裡面料理，他喜歡什麼都加一點米酒提味；又譬如他喜歡毛料，特別是冬天；冬衣用毛料，例如貂毛皮來作僧服穿起來多暖和；他天天穿，是不是天天犯？如果那個毛料，他是從綿羊身上取下毛來織成，不是殺生來的，倒也好。假使他想：夏天熱了，我要穿絲織品。以前絲織品是要怎麼作？一顆一顆的蠶繭要去煮，煮了不就死了嗎？你想那一件絲質僧服要多少的蠶繭？他夏天是每天穿。

如果看人家蓋蠶絲被又鬆軟又暖和，又不會太熱又透氣，也去買一床蠶絲被來蓋，那又是多少眾生的命？那他天天蓋著睡，都不知道犯戒。也有人出家後，那僧鞋底是用牛皮裁作的；那牛皮如果是自死皮，死在野外，肉被動物吃光了，剩下皮在那邊，撿來裁作鞋底是無罪的，佛陀有允許。可是現在哪有這種皮？現在都去殺了剝下來製皮，他也買來作鞋底，這樣每天穿著也是天天犯戒，可是他都不知道犯與不犯。他們更不知道輕重，什麼是輕罪、什麼是重罪，根本不知道，所以各種小罪幾乎是天天犯，隨小之罪就更別提，舉手投足就犯了。而且還不知道要發露懺悔所犯的罪，因爲他根本不知道已經犯罪。

更有「惷愚魯鈍」，魯是有一點直心的意味，但他直心直到遲鈍。「惷愚」，惷就是個性比較衝，因爲愚癡而很容易衝動，因爲他的世俗智慧不夠，所以有時候人家告訴他：「你這樣是犯戒，有罪。」但他覺得這個沒什麼，所以於微小罪不見不畏。他不認爲那是有罪的，看不見那個行爲就是罪，所以心中完全不畏懼。這樣的人只在意出家後的生活如何，不肯依止聰明的、有善法的人來出家常住，所以只要哪裡單銀多、住得好、吃得好、供養多，他就去了。這樣的人當然不會「時時間往詣多聞聰明者所親近承事」，因爲多聞聰明的菩薩們也許一天到晚說：「你這樣是犯戒，那樣也是犯戒。」他受不了。

也許又因爲「惷愚魯鈍」，所以「善士」說的法，他聽不懂，根本就不想去；他覺得去到那裡，心裡很屈辱，因爲他想：「人家聽懂，我爲什麼聽不懂？」覺得很不愉快，所以他不肯去「親近」。連「親近」都不肯了，怎麼可能「承事」呢？當然不會去爲善知識作這事、作那事。更不會一而再、再而三乃至九而十去恭敬的請問：什麼是善、什麼是不善？什麼是有罪、什麼是無罪？修什麼是妙法？作什麼是惡事？他絕對不會去請問這一些，只要日子過得安逸就行了。就是像這樣的一切有情，他們出家不是爲了修道，只是爲了生活。

諸位不要以爲沒這回事。很多人出家是爲了修道，但是臺灣很早期出家人不是這樣的，他們只是換另一種生活方式而已，覺得這樣沒什麼負擔；也不必那麼辛苦賺錢，有人來供養就好了。

特別有一種人是出生以後，這孩子不好養，去到命相館排了八字，那相士說這孩子活不過七歲。父母當然緊張：「那怎麼辦、怎麼辦？」相士說：「你送他去出家，將來活到七老八十。」所以有不少人是這樣被送去出家的，然後父母等他懂事了，告訴他：「你不要還俗，你還俗就會沒命，因爲你的命盤排出來就這樣。」有的人鐵齒不信邪，還自己私下去找相士再算，沒想到那八字一排出來都一樣，這才死了心保持出家身。但他的本意不是爲了修道，是怕死；既然不能還俗，那就乖乖待在寺院裡面，想的就是怎麼樣穿得好、住得好、吃得好就行了；每一個月有人來供養，四事無缺，這樣就好了。

這一類人根本不會在戒律上、佛法上用功，因此所謂的善知識就跟他沒有交集。就算堂頭和尚眞是善知識，他也不會上來請問佛法的，頂多是隨眾聽一聽法，一面聽一面打瞌睡。這樣的出家人，當人家跟他提起戒律、提起佛法，他總是懵然無知，根本無法和人家講上一、二句話，連插一句話都沒辦法，所以永遠都是閉嘴坐在旁邊，就叫作啞羊僧。羊憤怒了、高興了都會叫，偏偏這隻羊永遠不叫，像這樣的人來出家，每天都不談論佛法，也不懂戒律，永遠開不得口，所以叫作啞羊僧。

你們看馬路上有一些出家人來來往往，多是如此。這裡要請問諸位：那些穿著紅衣服的喇嘛們，在他們道場裡面個個能言善道，遇到你們時敢開口嗎？不敢！那不也是啞羊僧嗎？可是我告訴你們，叫他們啞羊僧，還是抬舉了他們，因爲他們根本就不是僧；人家至少是僧，他們根本就不是僧，所以別說他們是啞羊僧，要說他們是外道世俗人。這啞羊僧看起來很糟糕了，其實不！至少他們能夠住持佛教的表相，也還算好。這是因爲有一種僧可以作比對，所以他們就變好了。

「云何名無慚愧僧？謂若有情爲活命故，歸依我法而求出家。得出家已，於所受持別解脫戒，一切毀犯，無慚無愧，不見不畏後世苦果。內懷腐敗，如穢蝸螺；貝音狗行，常好虛言曾無一實；慳貪、嫉妒、愚癡、憍慢，離三勝業，貪著利養恭敬名譽；耽湎六塵，好樂婬泆，愛欲色、聲、香、味、觸境，如是一切補特伽羅無慚僧攝；毀謗正法，是名無慚愧僧。」這種人，諸位可以去找找看，兩岸佛教中不乏其人。

不是有人宣稱他們的佛法比別人多嗎？叫作禪淨密三修，大約八、九年前這還是公開主張的，若是沒有公開主張而在暗地裡支持三修的可就多了。這一些人，你們來看是不是符合這段經文聖教——無慚無愧僧？剛剛我說的「啞羊僧」中，有一種人是爲了活命而出家；但是另外這一種人——「無慚愧僧」——不只是爲了活命而出家，他爲活命出家是因爲出家以後不必工作，有很多人供養；供養以後也就罷了，頂多只是個啞羊僧；但他不是這樣，歸依三寶求出家以後終於眞的可以出家了，但是他所受持的比丘或比丘尼戒一切毀犯；不是毀犯了少少的一條戒、兩條戒、五條戒，而是幾乎都犯。

也有人出家後修起密宗假藏傳佛教來，然後像日本東密一樣，就在寺院裡面生孩子；生了孩子把他養大，每天送他去上學；比丘、比丘尼兩個人拉著孩子，孩子在兩人中間和他們拉著手帶著去上學；這孩子就稱呼比丘叫阿叔，不能稱爲父親，那比丘尼媽媽就稱爲阿嬸。有這種現象的寺院，有的是不聞名的寺院，有的還算是聞名，也有非常聞名的寺院，全都有。他們卻覺得這是理所當然，沒什麼：「因爲《大日經》有這種修法呀！」還講得振振有辭，所以說他們「無慚無愧」。如果連邪淫戒都可以犯了，還有什麼事情不敢作？當然是「於所受持別解脫戒，一切毀犯」。

他們不相信有後世的苦果，眞的不信。你們可千萬不要懷疑說：「人都出家了，竟然還不信因果？」我告訴你，就是有。例如釋印順就不信因果，他連鬼道、地獄道都推翻了，在書中公開認定沒有地獄。經典中說有地獄道，但他認爲那只是「聖人施教方便」，意謂不是眞實有。就有這樣的出家人，還被臺灣佛教界那些六識論的出家人尊稱爲導師。這一些人是看不見因果的，所以後世苦果當然不相信；不信就不畏懼，因此「內懷腐敗」，就像已經壞掉的蝸牛螺貝一樣。壞掉的蝸牛、貝類，那味道可眞難聞，因爲還活著時就已經有很濃的腥味了，何況是壞掉了。不信的話，你們去人家養蚵的地方，從海底剛收上來正在挖蚵；蚵仔就是牡蠣，那很腥。有的人還能吃生的，叫作生蠔，腥得很厲害。若是死掉了的，味道可就超過好幾倍，根本聞不得。而那種出家人的身口意行就像是這樣子，就是很臭。

而且又是「貝音狗行」，講起話來都好像在吹螺貝一樣，人家在很遠的地方都聽得到，嗓門特大。也是因爲他們常常在罵人，罵人時當然不會輕聲細語。而他們所作的行爲都像狗一樣。狗是怎麼樣的行爲？欺善怕惡。狗遇到惡人時就嗷嗷叫，跑得飛快；遇到善人時就欺負人家，張口就咬，這叫作狗行。所以遇到了有錢的居士們來了，哇！他可熱和的；遇到沒錢的居士來時，垮著臉不理不睬，這不就是狗行嗎？這一種人也最好面子，「常好虛言曾無一實」，總是要表現他很厲害很行、證量很高；可是「曾無」——就是從來沒有——所說從來沒有一件是眞的。

這樣的出家人「慳貪、嫉妒、愚癡、憍慢」，他們的身口意行都是惡業，一定也是貪著利養，又貪著人家恭敬禮拜。如果有人聰明，口袋裡總是不太方便，每一次見了就好好當眾禮拜他，恭恭敬敬禮拜，至少他也想「給我面子」，就不會給臉色了；然後再去找人來為他們講一些虛假的好話營造名聲，他們就會歡喜。像這樣的人，當然他們的心都是在六塵境界裡面打滾。

經中又說這一種人：「好樂婬泆，愛欲色、聲、香、味、觸境，」正是那些紅衣喇嘛們，一個個不都是如此嗎？明明是凡夫還要說：「我是觀世音菩薩化生。」明明是凡夫還說：「我是佛，所以我吃頂級紅肉，我吃了也不用付錢。」就是這種人。那聖教裡說得很明白了，像這樣的「一切有情」都屬於「無慚愧僧」所攝。所以那一些喇嘛們，上從達賴，下到不見經傳、什麼文章都沒看過的那些小喇嘛們，都是「無慚愧僧」所攝。他們一點點的慚恥之心都無，不但如此，還謗佛、謗法說：「一切如來都要聽我金剛手說法。」一切如來還要聽他們的，那還能叫作如來？這一種大話講了，臉不紅氣不喘，而且他們還說：「你們正統佛教的法不夠瞧，你們要那些三乘菩提都學好了，才可以來學我們密法。」這就是毀謗正法。

如果眞要像他們說的這樣來學、來修，我保證所有喇嘛們，包括達賴在內都得要回家去了，因為他們三乘菩提都沒有證得，憑什麼修密法？他們應該都還俗。其實也不能說還俗，他們本來就是俗人，又不是出家人。我現在依他們自己講的，以子之矛攻子之盾；我十幾年前就寫在《狂密與眞密》裡面，到現在他們都不敢寫書或論文回應：「既然你們主張要把顯教學好了才能學密，請問你們喇嘛們把顯教的法學好了沒？至少你得證個初果吧！全都沒有！連宗喀巴都沒有，那你們可以學什麼密法？」因此，所有密宗假藏傳佛教道場都應該關門，因爲他們都沒有資格學密，何況是弘揚密法。他們貶抑了正統佛教三乘菩提，還說密法比佛教的三乘菩提更高級，顯示他們完全不懂佛法而又公然貶抑佛法，證明他們不但是「無慚僧」，而且還是「無慚愧僧」，因爲他們公開毀謗正法。那麼這樣子說僧有四種，其中的「無慚愧僧」是地獄種性，因此此世爲僧，下一世現墮地獄，那眞的不好玩。那麼「僧」的道理講清楚了，接下來講這〈念僧品〉就容易了。

語譯：【舍利弗稟白佛陀說：「世尊！什麼樣的人稱之爲聖眾？」佛陀告訴舍利弗說：「舍利弗！如果有人能信受、能勝解、能通達一切諸法是無生無滅無起無相，能這樣子觀察而成就了這個忍，這時他心中尚且連自我都不會存在，何況能夠得到初果、二果、三果、四果？更何況還有法可得？何況還有男人、女人之分？何況還有得道？更何況能說得到這一些事情等法的人

叫作聖眾？連這個得法與聖眾也都不可得。」】

講義：問題來了，那些主張性空唯名的學者們就是這樣子誤會的，就是說一切都空，主張知道什麼都空的人就是聖眾。可是他們都沒有自己檢討說，那斷見外道們不也說一切都空嗎？爲何卻成爲外道而不是聖眾？他們爲什麼不檢討這一點？好奇怪呵！所以認定「般若就是性空唯名」的人所說般若都是邪見，不是眞般若。世尊這一些了義的聖教，其實是從實相的境界來說，而不是只從現象界來講。在現象界中無妨一切皆有，也無妨一切有悉皆生滅無常，在這現象界諸法存在的當下，不能說它是空，而是一切皆有。但是這了義的勝妙法，卻是一切皆有的當下已經是空，不因爲它生滅無常而空，而是因爲這一切有存在的當下，有一個空性「無名相法」、「無分別法」同時存在而含攝了這一切有，佛陀的般若聖教正是在講這道理。

那麼舍利弗懂得問，他請問 世尊說：「世尊！什麼樣的人、什麼樣的有情稱之爲聖眾？」要當聖眾中的一分子可不容易。諸位到正覺同修會來，進了增上班，心裡面想：「我也算聖眾中的一分子，可是也沒什麼嘛！」曾經有人這樣想，爲什麼他會這樣想？因爲斷了我見以後，五蘊十八界自我都是無常、苦、空、無我，就沒有我可得，還能有什麼？明心了以後，不論從二乘菩提來看五陰十八界的我，或是從實相心如來藏的境界來看五陰我，也都沒有我可說，因爲實相的境界裡面根本連一法都無；這時「我」還能有什麼？「我」有的就是這個實相心，可是「我」也不過存在幾十年，捨報了，這實相心又不歸這五陰「我」所有了，那「我」還有什麼？什麼都沒有，所以「我」眞的不算什麼。

也怪不得他這麼想，可是比較有智慧的人會想：雖然實相心不算什麼，也不是「我」永遠所有，但「我」還有個意根，我這個意根永遠都跟實相心在一起，這一世如此，過去世如此，未來世還將如此；因爲我是菩薩，我永遠不入無餘涅槃。他智慧好一點，想到了這一點。但是從實相法界來看，依舊什麼都無，沒有一法可得，所以也眞的不算什麼，眞的沒什麼。然後有一天靈光一閃，明白了：「喔！雖然沒什麼，可是這沒什麼裡面眞的有什麼，因爲我這意根就和如來藏這樣一世一世配合著出生了未來無量世的五蘊，藉著每一世不同的五蘊一世一世往前進，最後可以成佛，十號具足，人天至尊，還眞的有什麼。」而這個有什麼卻是從沒什麼之中去修行出來，所以心裡面想：「還眞的沒什麼。」這時沒什麼了，再也沒有傲氣可說，不會老是用下巴看人，這樣修行就快了，這才是眞正的佛法。

所以身爲聖眾中的一分子，是沒有什麼可以瞧不起人的，就只是「一味平懷、泯然自盡」，因爲都沒什麼了，但是智慧卻不斷地一世一世增長，福德也不斷地一世一世增加，到最後福慧圓滿成就佛道，這樣修行的人才眞是聖眾。如果有一個人一天到晚說：「**我有斷我見，我有證初果；我有菩薩道第七住果位。**」一天到晚說我有什麼、我有什麼……，那是成天都落在有中，就知道這個人有問題；他就算悟了，最多只是個解悟者。所以一天到晚求有，求有就要名聲、要眷屬、要利養，什麼都要，卻沒想到他這樣已經不在聖眾之數了。

那麼舍利弗問：「**什麼叫作聖眾？**」也就是要對聖眾作定義，世尊就說：如果有人能夠信受、能夠勝解、能夠「**通達一切諸法無生無滅無起無相**」，這個人不但能夠這樣，還能夠「**成就是忍**」，因爲也許他會退轉，退轉時這個忍便是不成就；這個人是眞正無我的，這樣的無我不但是人無我，而且還是法無我，二者兼備。現在要先來談一點「**信解通達**」，「**信**」和「**解**」不同，首先要能信。如來說：「有一個『無名相法』第八識如來藏，這個法能生一切萬法，而這個法是無我性的。」他要先能信，如果聽了不信，這個人距離聖眾境界還很遙遠，所以首先要能信。

「信」很不容易，所以大乘法爲什麼要施設十信位？因爲新學菩薩必須要好好熏習相關的法義，才能對三寶具足信心。十信位修學圓滿要多少時間？短則一大劫，長則乃至一萬大劫，那就因人而異。有的人修十信位很快，一個大劫就完成而進入初住位，努力去修布施。剛進入初住位時名爲有布施無波羅蜜，這道理得要學，然後才能實修；這布施時也有波羅蜜要修到什麼時候？到進入第七住位。所以他在初住位只學習——學著怎麼樣是布施的波羅蜜，他得要學習；然後把六度眞的實修而全部實證了，就是第七住位。布施中怎麼樣叫作波羅蜜？波羅蜜就是「到彼岸」，布施波羅蜜多意思就是在布施中實證了到達無生無死彼岸的眞相。然後是其他的五度：持戒中怎麼樣叫作波羅蜜？忍辱、精進、禪定、智慧是怎麼樣叫作波羅蜜？想要具足六度到彼岸的內涵，那就得學習和實修到第七住位。

那麼修學這個十信行，他必須對三寶—特別是指大乘三寶—要具足信；

如果只信二乘菩提，他修的根本就不是十信法。他對於這十信法好好修學，最遲鈍的人、信心最不夠的人，一萬大劫也能修成。一萬大劫久不久？久喔？其實不久。依佛菩提道來看，從初住位開始，加上這一萬大劫，到達成佛要三大阿僧祇劫加這一萬大劫；這一萬大劫比起三大阿僧祇劫來，就只像一張紙的厚度而已，很快就過去了。如果能夠進入正覺，待著都不走人，早就是已過那一萬大劫或者一大劫，把十信修足了才能待著不走。所以，你可別再說：「我學佛沒多久，不過這十百千生吧！」那你也未免太看輕自己了。十信位不說最短、不說最長，打個五折，那也要五千劫。五千劫是幾生？不是十百千生的事，而且有許多人是只要一大劫就學好十信位的法了，更何況你們許多人已經快要進入第七住了。

眼看著就要進入第七住位了，那是第一大阿僧祇劫裡的事，再把那五千劫加進來，也不過就是三十分之六，那到底是幾世？算不清楚了！給你一百個算盤也算不來。所以，能夠進入了義正法中即將實證時，千萬不要再看輕自己說：「唉呀！我不算什麼。」面對外人當然要說：「唉呀！我算哪棵蔥。」以免人家說你慢心重。這當然可以講，因爲你不是蔥，但是也不要看輕自己，只跟他們客氣一番就好。因爲你們已經走到六住滿心而進入加行位，眼看著就要入第七住位了。

你們得要知道自己已經走過那麼長的路了，這十信位一定是早就具足了。那麼進了正覺同修會，十信還沒有具足，對大乘了義三寶一點信力都沒有，還只有那麼一點信根，那是什麼人？就是每一週去到慈濟布施一萬、兩萬、五萬、十萬，來到正覺兩年半共修結束都不布施，這表示什麼？表示他的信力還沒有生起。所以每週去慈濟等世間法中作義工，在正覺從來不作義工，表示他對這個了義法是沒有發起信心的，只是要來盜法。所以親教師在他的禪三報名表背面每一欄都寫「不知道」，因爲他從來沒有小參，連問都不問；這表示他對於了義正法的信心還沒有生起，信根還沒有圓滿，就別說是信力了。「信」這一根尚且如此，精進、念、定、慧四根就甭提了。所以信是最重要的一關，如果心中沒有具足信，他在這個法上是不可能親證的；因此《華嚴經》才會說「信爲道元功德母」，一切要從信開始。假使他只信他的師父講的，但是對於了義正法的內涵，根本都不信，只是想要知道你們正覺到底悟個什麼，所以他的信不夠。

當這個信夠了以後，還要能夠從理解再轉到勝解。理解是初步，如果來到正覺只是參加共修，親教師上課時他在那邊打瞌睡，那是要混個時數——混到兩年半畢業的資格，目的只是如此；然後就是「禪三時我看你搞什麼鬼」。有人眞是這樣想的，那他對於理解都還是極度欠缺的，實證後生起的勝解就不必說了。因爲親教師說的那一些法，都跟將來的證悟有關，不單單是知見，而且要付諸於實行。我們這個法是實修的、不是知識，而他只是來聽一聽，聽到一半就睡著了，所以他的理解是一定不夠的。

這樣的人縱使刻意給他上去一趟禪三，去到那邊他也不曉得在幹什麼。我在上面普說，他根本不曉得我在幹什麼，只覺得這蕭老師怪怪的，不曉得要幹什麼。這個人對佛法沒有理解，當然不可能實證；不能實證時，對於「無名相法」了義的境界就不可能有「勝解」。沒有勝解時，一問三不知；如果有了勝解，人家問了，你就能答，只是答得圓滿不圓滿、函蓋面夠不夠的問題，至少能答。但他若沒有勝解時，完全不懂，所以人家問說：「你去正覺學了兩年半，學到什麼？」「我也沒學到什麼，我都不知道。」因爲他連理解都沒有。所以有時我會故意把一個完全沒有機會觸證的人錄取去禪三，錄取時我就先確定：這個人一生只給他這麼一次機會。

你們說這樣怪不怪？我這個人就這麼怪。人家說：「這個人一定不可能去，義工也不作，也不護持正法，對親教師又不恭敬，不可能上山的。」偏偏我把他錄取了去，讓他去嚐一嚐那個味道。有的人因爲這麼一刺激，回來變了個人，未來便有救；有的人下山回來依然故我，這個人當然沒救。後來有人知道我會反向錄取，在禪三報名表上故意批評同修會，看我會不會故意錄取他；但我一定會刷掉他，因爲他的心性不好，又是個聲聞種性的自了漢，心中都只想著自己而不肯護持正法，表示他對大乘法的本質不瞭解，六度都沒好好修，當然要刷掉他。這表示，對三寶的深入理解是很重要的，因爲還沒有實證以前，最多就只能理解；但是實證了就可以有勝解，勝解就是實證之後對實相法界有所了知，因爲他可以現觀，因此他能夠具足了知，於法上腳踏實地，心中非常安心，這就是勝解。那麼接著要講通達，這個說起來可就絡絡長了，只能等下一回分解。

開講《佛藏經》前，關於今年冬天禪三的審核，到今天終於完成。現在是有一個既歡喜又煩惱的事，這一回禪三審核一開始我就錄取了一百九十六位，但我們兩個梯次只能容納一百位，竟然選了一百九十六人，這就麻煩了！接著只好開始遺珠之憾的過程，一顆顆都是珍珠，總共一百九十六顆，但沒有辦法容納，怎麼辦？總得要捨吧！於是開始捨珠的過程。捨珠總得要有原則，怎麼捨呢？後來就想：去過一次兩次三次的，先禮讓還沒有上去過的人，不然他們永遠沒機會去。就這樣開始捨，這樣禮讓下來，到最後還是不只一百人，還有一百二十幾位。這時要再捨，是已經捨到有點心痛了。後來想：女眾錄取太多了。因爲女眾一開始就錄取了一百多人，男眾人少就比較容易捨。

後來只能從女眾中再捨，捨到還是比男眾多出將近三十人，該怎麼辦？只能再捨下去，心中實在是淌血了。後來就轉回頭想：把男眾再捨一點吧！名額撥一些給女眾，所以就從男眾這邊著手。因爲只有兩個梯次，每一個梯次拉下十幾個人來。所以現在男眾就拉下了一些人，女眾這邊遺珠之憾可以少一點，就從遺珠裡面再去挑挑看，是不是誰可以再拉進來，又找到一張應該被錄取而遺漏掉的，不曉得爲什麼被遺漏掉。後來認爲這是不應該捨掉的，趕快又拉回來，但是還是太多，怎麼辦？二十幾張錄取的報名表，也眞沒辦法，再想辦法，淌血也得捨。

捨了以後，剩下還有十幾張，眞的沒辦法再捨了，想一想，把心打橫了全部錄取，所以現在女眾每一梯次都有三十幾個人，都是三十幾，好像是三十九人，加上男眾時都超過五十人。那就變成說第一輪小參時，第一天是參不完的，我第二天早上還要再參一整個早上。所以現在大概每一個梯次，都是大約五十九個人。求見性的還不算在內，光是求明心的大概都是五十九個人，現在數目就已經定在這邊。這就是說另外十八個人，可能我就是第三天早上，從報到日算起第三天早上再繼續小參。

但是那些被迫捨掉的人也很冤枉，因爲他們明明也是明珠，爲什麼要捨掉？這沒道理。今年已經這樣，那明年、後年呢，沒得辦法。後來我想就從明年四月開始，每一回禪三都辦三個梯次，這樣心就不必再淌血，不必在那邊捨珠了。如果不增加一個梯次，感覺上是我辜負了很多人，因爲大家這樣努力拚，道業上很努力，護持上也很努力，結果一個一個把他們遺漏了，心裡確實覺得是辜負人，所以現在就宣布：明年開始每回禪三都是辦三個梯次。

想到這裡，我就很羨慕二十年前的身體，那時很有活力，都可以陪大家熬夜熬到一點多，然後凌晨五點趕快又起床；現在沒那個力氣，還是蠻羨慕的。現在有年紀了卻要開始辦三個梯次，也還是要繼續作下去。但是話說回來，還有一種人是打從一開始就被刷掉的，因爲他很窮，窮到這整整兩年半，甚至於已經進階班又上了半年，連護持講堂一點水費、電費的錢都付不出來；窮到撥個時間來作一點義工，他也撥不出時間來，這樣的人夠不夠窮？眞的窮！所以來兩年半、三年共修，接受最勝妙的法布施，空間享用了，冷氣享用了，電費享用了，上廁所也用了水，就是沒辦法護持一塊錢或作一點點義工，全都作不到，這還眞的是窮。

窮到這個地步，我想是心窮而不是身窮；像這樣心窮的人，會不會是菩薩？菩薩即使入了地，十度波羅蜜的第一度也還是布施。那十信位學完了，進入初住位開始修行，第一度要修的就是布施。他的心窮到這個地步，我想應該不是菩薩，所以第一輪就把他刷掉，也是心安理得。有時心裡想多選幾張報名表上山，我可以少花一點時間斟酌，有時會這樣突發奇想。不過這也是一種現象，但就是說不一定捐錢很多才上山，所以錄取的人之中也有人捐錢是少到大家都不太相信的，但是因爲他作的事情讓人家很感動，所以我們也錄取他，眞是狀況不一各有不同。

這就是說，一方面是遺珠之憾，覺得很難抉擇，不得不在今年十月禪三增額錄取，增加了十八位。但是也有「非珠」，不是明珠，一看就知道是魚目。其他的都是珠，只是珠長得夠不夠大、夠不夠圓値得上禪三。但其實這回最後捨掉了九十幾位，都是有資格上禪三的；但沒有辦法，因爲目前就是這個樣子，所以明年開始增加一個梯次。現在接著教學組要傷腦筋，就是女眾寮房該怎樣重新安排，否則女眾一定沒辦法住得下。這就是這一回審核禪三報名表的報告，以及未來會作的一個變革，就是增加了禪三的梯次。

回歸《佛藏經》上週講到十五頁〈念僧品〉第四，說到了「信解」。這句是說：如果有人能「信解通達一切諸法無生無滅無起無相」，這個層次其實是不容易到達的，因爲在信與解這兩個層次中，思惟而解跟勝解是差很多的。「勝解」的層次在佛教界，這四百年來幾乎是不存在的，因爲在西藏眞正的藏傳佛教覺囊派被滅了以後，也就沒有眞正的佛教了，一直來到臺灣才改變。當年是從福建來了一位廣欽老和尚，才算重見曙光；我也沒機會見著他，他走了以後也沒有傳給誰，因爲他的弟子們沒有人得法；後來我們加以檢查的結果，看來也是應該如此，因為他如果眞的傳了，可能不久就被疑心的弟子推翻，他又不識字，沒辦法引經據典應付。後來我們又出世弘法才延續下來，終於又有人「勝解」了；這個勝解般若的境界逐漸又恢復起來、推展開來。

但即使能眞正「勝解」了，要「通達」並不容易，因為想要「通達」必須要有很多的條件。「通達一切諸法無生無滅無起無相」，並不是單靠意識思惟或者單靠信解去加以比量推理可以完成的，而是必須要有極深入的現觀，想要完成這個過程並不容易。這個現觀就是說，要在開悟明心的基礎上去觀察，同時要把自己的性障開始降伏，次第進修到達十住位初心努力修行，直到福德夠了，然後有一天終於眼見佛性，滿足了十住心，才能轉入初行位中；這時也只是一個現觀，就是眼見世界如幻、身心如幻，名為如幻觀，此時成就非安立諦第一品心——內遣有情假緣智。有這個現觀才能夠說他已經滿足了第十住位，這得要眼見佛性才能辦到。

接著初行位開始要救護一切眾生，要把所有功德都迴向救護一切眾生，不能再當老好人，也就是為了修集廣大福德，因為救護眾生出離邪見的功德與福德最大。這樣修行到陽焰觀成就時，成為十行位滿心菩薩。修行到十行位滿心，這時候得到了陽焰觀，也就是這個能取的自己，猶如夏天熱沙地上那個陽焰一樣。那也是一種現觀，不是靠比量去思惟理解的，此時成就了非安立諦第二品心——內遣諸法假緣智。這是使自己的我執以及對三界法的執著可以去掉一半。

有了陽焰觀後繼續往前走，到達十迴向位滿心了。在滿心之前或多或少有一些狀況出現，但這些狀況在滿心位就變成平常事；就是常常在入定時或者睡覺前躺著就入了等持位中，在二禪的等持位中很容易會看見往世的許多事情；把每一次看見、所知道的許多事情，一件一件依先後順序貫穿起來以後，就知道自己未來該幹什麼，自己的來歷大概也就清楚了。這時眼前所見的五蘊身心，所見的山河大地等，都如同夢中的事一般；雖然都只是在人間跟一般人一樣同住，但是所見一切都是跟夢境一般，這時也成就非安立諦第三品心——遍遣一切有情諸法假緣智。

以這個現觀來應對世間一切事物而加修安立諦——大乘四聖諦，自然能證得安立諦十六品心及九品心，我所執、我執就斷盡了，這時是慧解脫阿羅漢，自然不再貪求人間的一切事物。但因爲四宏誓願的緣故，要攝受眾生及邁向佛地，所以不會去取涅槃。雖然無餘涅槃的誘惑是蠻強烈的，因爲很清楚知道自己這一世就可以入無餘涅槃，但爲了四宏誓願的緣故，就去佛前發十大願，就是發願「爲得一切種智」等十個大願，才能入地。至於《華嚴經》也有講十大願，每一願都說「虛空有盡、我願無窮」，所以又叫作十無盡願。這十大願發了，是不是就入地了？還沒有！因爲還要作檢查，也就是要重複再檢查自己發十大願時，究竟有沒有眞的清淨了。清淨的意思是說，對三寶的依止是完全都不動搖的，對十無盡願也是很樂意盡未來際受持的，這樣的增上意樂是否眞的清淨了。

再繼續檢查：對於成佛之道的次第與內涵，也是大致了然於心；然後再從境界上來看，也就是在離開欲界境界以及五蘊的我所上面是否還有執著？再來斷定自己是否捨報時會有中陰身出現；要能夠在這上面作確定。當這一些都確定了，也證實自己的二禪—至少有圓滿的初禪—是堅固的、不退轉的，再來檢查自己的無生法忍是否發起了，那就是五法、三自性、七種第一義是否具足了，以及相眞如、了別眞如等七眞如，或者十地所證的十眞如，是否也都通達了？當然也要檢查非安立諦的三品心以及安立諦的十六品、九品心是否已經具足了？如果這些全部都具足了，表示無生法忍的初分已經發起了。這時再來看自己前面所發的十無盡願，是不是有很強烈的歡喜——也就是看自己對十大願是否有很強的增上意樂。如果有，這就是增上意樂已經清淨了，才可以確定眞的入地了，這才算是「通達」。

這樣就是三個階段：信、解、通達。那到底要信什麼、解什麼、通達什麼？就是於「一切諸法無生無滅無起無相」，首先要能「信」，經由思惟而得理解之後還要經由實證而得「勝解」，最後繼續進修別相智才能夠「通達」，所以這是很不容易完成的過程。其實眞要說起來，最難的還是第一個階段的「信」，而不是第二個「解」。諸位可以看看，咱們正覺講般若說「一切諸法無生無滅無起無相」，以前也曾經講過「一切諸法本來不生不滅」，但是佛教界究竟有多少人信受？臺灣的佛教徒號稱一千兩百萬，可是我們這個法究竟有多少人「信」？啊？太少了。

也有社會上的朋友來要書，因爲是朋友，那就送給他；結果昨天退回來了，說他讀不懂；連讀都不懂，你叫他怎麼「信」。不信的人是大多數，我想所謂的一千兩百萬臺灣的佛教徒，至少有一半以上是這一類人。在家人如此，出家人也一樣，有好多比丘尼說：「你們正覺那些書太深了，我們都讀不懂，不想再讀了。」我是沒親耳聽到，都是轉述，要是親耳聽到了，我就會說：「妳去買正智出版社的書，比較淺。」因爲結緣書都是法義辨正，她們哪能讀懂；莫說她們讀不懂，釋印順也讀不懂的。

所以，要他們「信」而受持「一切諸法本來不生不滅」就不容易了，而這是《般若經》講的，還不是《佛藏經》這一類第三轉法輪的經典。如果像《佛藏經》講的「一切諸法無生無滅無起無相」，他們更難「信」。可是諸位來這裡，縱使還沒有去打禪三，你們聽了不但「信」還能「解」；你們有能力從道理上去思惟、去理解，這就不簡單。所以千萬不要小看自己，能每週二晚上坐在這裡聽經，這就不簡單了。要是隨隨便便路上問了個佛教徒說：「來！來！聽聽看，聽一次給一百元。」我告訴你，他勉強捱了三週以後就不來聽了，他覺得這一百元太難賺。

剛開始他會想：「哪有這種人？叫我去聽經，我去聞法還給我錢的，想必是很勝妙的法，我去聽聽看。」他是好奇，不是爲那一百塊錢。可是聽了三週覺得太痛苦，沒辦法聽，因爲根本都聽不懂；特別是左鄰、右舍、前後的人，聽到某一個地方大家笑了起來，他都不知道人家是笑什麼，他覺得很苦。所以諸位要瞭解，你能夠每週來坐在這裡聽，不但「信」而且能夠有「理解」，這就不簡單了。千萬不要說：「我都還沒有開悟。」沒開悟不可恥，沒開悟的大師們到處都有；莫說你學佛才不過十來年、二十幾年，人家少小出家，現在七老八十當大山頭的堂頭和尚了，人家都沒開悟，你學二十年沒悟眞的不算什麼；這不值得羞恥，所以千萬不要小看自己。

而且開悟的事，也許下個月，也許半年後，也許一年後，大不了十年後吧！你能夠熬下去，只要到死都沒有離開正覺，總有一天輪到你吧！（大眾笑…）也許哪一天，當你正在聽經，聽著聽著突然一句話幫你悟了。我說，這眞的夠你瞧的了！這不是罵人的「夠你瞧」，是眞的夠你瞧的，因爲從此以後瞧上三大阿僧祇劫，你也瞧不完。所以對自己也要有「信」，對自己現在的情況要有所理解，不要妄自菲薄。你們看達賴喇嘛坐在法座上，拿著一個金剛杵和金剛鈴，「鈴……」搖啊搖啊、晃啊晃啊，那不值得羨慕，因爲那是外道法；儘管他讀了我的很多書，依舊是個外道，而且他無法契入，因爲他對了義法沒有「信」。沒有「信」時讀了就不容易理解，要想「勝解」，門都沒有！至於想要「通達」，可能是很多很多劫，我看是要算很多阿僧祇劫以後的事了，因爲破法的業等著他先去了掉。

因此，當那一類人將來三惡道輪轉完了，回到人間來，終於又開始學佛而接觸到正法時，輪不到你們教他們，那是你們的徒孫輩去教他們、去攝受他們，所以他們距離「信」與「解」都還很遙遠，不要說「通達」。但是諸位只要努力去拚，「通達」是有可能的。例如彌勒尊佛來人間時，因爲釋迦老爸有應許過：凡是 釋迦如來的弟子，只要沒有造惡業、謗法、謗賢聖等，願意留在娑婆，法滅後或者去彌勒內院——兜率天宮的內院，或者沒有去，當來下生 彌勒尊佛在人間示現成佛時，在聲聞法中的三轉法輪時期，每一個人都會成阿羅漢。

這是 釋迦老爸應許過的，所以現在也不用急著要修成阿羅漢，作個二果人就夠了。但是怎麼樣求三乘見道，怎麼樣求眼見佛性，怎麼樣把非安立諦三品心好好去修，這樣就夠了；配合這三品心的實證所要的條件，也就是該有的福德好好去把它修起來，到時候你就是當阿羅漢了。當阿羅漢就等於把「通達」入地所須的三個條件先完成一個，這叫作「永伏性障如阿羅漢」，因為你那時得要起惑潤生；那時當阿羅漢了，再來迴小向大繼續修菩薩道，完成第一個條件。

五億七千六百萬年後 彌勒尊佛會來下生，在這個時間裡趕快去把福德修好。其實說到修福德，你有多少時間可以修福德？五億七千六百萬年嗎？沒有啦！請問你，末法時期過後，你生到兜率內院去，那時能對誰修福德？誰接受你布施？誰接受你教導佛法？財施、法布施、無畏施都施不上、施不出去，因為那時大家都跟你一樣，那你能施給誰？去那裡就純粹聽聞 彌勒菩薩說法。在這裡，也許手裡有一個素包子：「師姊！這個送妳，結個緣吧！」她不好意思拒絕便跟你結緣；她接受你結緣了，你這個布施功德成就了。下回呢？下回換她跟你結緣：「這蘋果很好吃，跟你結緣！」大家藉這樣的機會不斷增長福德。

你如果布施給一位師姊，剛好她是開悟者，這福德多大！《優婆塞戒經》講的，還記得嗎？單單布施給初果人就是無量報了，更不要說已經開悟明心的菩薩。所以你能夠布施植福的時間，就是在這裡末法時期還有九千多年的時間你可以作。過了這個階段，沒機會布施了，因爲你要去 彌勒菩薩那裡聽法了，除非你要留下來繼續布施眾生。但是留下來布施眾生，在沒有佛法住世的年代，那時諸位比比看；我教你比一位禪師，他住在樹上，人稱鳥窠禪師，到那個時候，是他危險，還是你危險？想想看喔！因爲他在那邊一不小心摔下去頂多粉身碎骨，可是在沒有佛法住世的年代，你住在人間一不小心惡因緣來了；在那個年代惡因緣很多的，不曉得哪一世會離開人間？不是生到天上去，而是墮落三惡道去了，多危險啊！這就是說，修福德也得要把握最恰當的時間，這九千多年努力修福德，絕對不會有後遺症，因爲有正法住世，你會在這個正法裡面安住，這樣去布施絕對沒問題，惡緣不太會靠近你。

這樣是說，從聞思修，然後實證，就是繼續在無生法忍、布施這兩項要好好作。這兩項好好在悟後繼續進修，然後性障除了；除性障不是以對抗的方式去除，而是要用你的智慧歷緣對境去觀照，然後煩惱自己慢慢的削減，禪定自然就出現了，應該這樣作；這樣子「通達」入地所必須的三個條件就有了：永伏性障如阿羅漢，「如阿羅漢」至少有初禪的實證，無生法忍則是非安立諦的三品心好好修起來。至於永伏性障如阿羅漢的部分，包括入地前最後的加行，就是安立諦的十六品心、九品心，至於剩下的條件就是要有廣大的福德來支撐著。

但是廣大福德要怎麼得？不要去搞什麼流浪狗協會，或是去救護魚類、救護保育類的眼鏡蛇，那些福德太少太少。有的人說：「**我都沒辦法布施，那我晚上去野外餵蚊子。**」聽過嗎？說有比丘沒有能力布施，就用餵蚊子的方法來布施，所以到了晚上就把上半身脫光，在野外讓蚊子叮。諸位想想，那些蚊子是極無福的有情，牠們要什麼時候才能回來當人？那位比丘想要度那一些蚊子，他得等到什麼時候？光是要度人都很難，而那些蚊子回來當人時都是無福之人，那他要什麼時候才能成佛？這些都是很實際的問題，所以修福應該針對人類來修。

你如果遇到一個初果人，即使他還沒有證悟大乘也不錯；假設你布施了一個蘋果，下一世就是無量顆的蘋果，因爲是無量報。那你想這福德有多大？所以偶爾布施給流浪狗、流浪貓時，千萬要記得不要去跟當地的人們爭執，因爲有的人被狗半夜吵得睡不著覺，他們很煩惱，弄得神經衰弱；有人是因為流浪貓身上帶有很多的蝨子，而流浪貓到處跑，牠很會爬，有時會竄進人們家中，例如常常把樓梯間弄得到處是蝨子，蝨子又從大門縫進入人們家裡，然後小孩子被叮得很癢，受不了；大人還會忍得住，小孩子就哇哇大哭，所以有的人很氣屋外亂養流浪動物。所以不得已眞要養流浪動物，就忍氣吞聲餵了立刻走人，不要跟人家吵架，因為度人比動物要快很多。

現在有些動物保護協會，認為貓命比人命重要，有的認為狗命比人命重要，那叫作本末倒置。我們如果遇到有這種人，要教導他們。在可能的情況下，應該有計畫的盡量布施給人類。遇到有狀況，那些動物需要救濟時你就隨手救濟，但重心還是放在人類身上，你的福德增長才會快，將來成佛也快得多，要等那些動物回來當人又對佛法有興趣，得等多久？不要想說那些旁生道的有情也很可憐，你如果老是這樣想，那是不是也要考慮：「**將來我成佛時，也要度化那些畜生們。**」要不要這樣想？要喔？那是不是也要教導弟子們說「**你們也要努力去布施給那些動物們**」？這又是個問題了，那麼弟子們何時才能成佛？因為人身是道器，旁生身不是道器，要有智慧作比較才是。所以比較快成佛的方法，是將來佛土中沒有三惡道眾生，這樣最省事。

最好是連修羅道的有情都不要有，那你成佛那一世度化眾生時可以多度很多人，而且他們修行障礙也會比較少，他們證道就比較快；他們證道比較快時，對廣大的有情才是更有利，因爲他們也會更快成佛。這是我個人的想法，提供給諸位參考。如果悲心眞的很廣大：「我捨不下那些貓、狗、魚、鳥啊！」那也可以隨分去作。我說的這一些只是我的看法、我的建議，給大家參考。因此說，從布施給人類來比較布施給狗魚鳥等，布施給人類的福德顯然是比較大，因爲人是道器，而那一些旁生有情要等到未來很久以後才能回來人間修行；而且從旁生回來當人時，也往往不是願意修道的，那時當人以後，他們的身體也不是修道用的器具。

所以布施時要快速修集廣大的福德，也應當要有善巧方便。如果哪一天出現了一位辟支佛，你千萬要把他抓住，別放了他，要拉著他的手，拉也要把他拉到家裡去，至少供養他正午一齋。這一齋一定要供養，絕對不能放人，因爲這福德大。假使有一天來了一位初地菩薩，怎麼辦？八抬大轎也要把他抬進屋裡請上一餐，對吧！因爲福德太大了，初地菩薩的福德遠遠超過辟支佛。這就是你如何快速增長福德資糧的方法，要懂得那個因緣，這就是一種善巧方便；有了這一些善巧方便，你九千多年修來的福德就很夠了，接著就安心去 彌勒菩薩座下，好好聞熏更深的法。

那麼去兜率內院之前，首先要作的是什麼事？求開悟啊！求悟才是最重要的，因爲悟後的修行才是眞正的修行，否則都是在外門打轉。你看，好多道場一天到晚在講「六度波羅蜜，菩薩清涼月」。但他們的六度波羅蜜都是煩煩惱惱在修，也都是在外門修，何曾有清涼？所以「通達」是不容易的。但是在正覺同修會裡修行，要「通達」是有機會的；這一世達不到，九千年後達不到，彌勒尊佛下生時總有希望達到吧！但是不能夠只是抱著希望，在那邊望而不實修，望來望去永遠都是遠在天邊。

有這個希望還得要付諸於實行，但要怎麼樣去作？就是廣集福德以及修除性障，然後法上要從「勝解行位」去努力進修；因爲我們正覺的法不是單單一個局部，我們是一個整體性的佛法，從凡夫位到入地後的進修都有，所以悟後要更努力進修；你看我們這些親教師們悟後二十幾年了都還在學，不曾鬆懈下來。我們的法是全面性的，在這裡學好了，九千多年後去到 彌勒菩薩座下，就容易聽懂無生法忍的內涵；否則去了聽不懂，看著人家法樂無窮時只能欣羡，自己還是會有苦惱，這是諸位有希望達到的。

那麼在　彌勒菩薩即將下來人間之前，就在那兜率天宮預定下生的前一、二天，提前下來人間受生布局，等候　彌勒尊佛。提前一、兩天來人間，等於人間多少年？要用算盤來算，五十、一百、兩百、四百，那裡一天等於人間四百年，提前兩天就是人間的八百年。那時你們就像往世的我，四千多年前，我就已經生在印度了，先來等候　世尊。這是一個大家應該要思考的問題，那時提前兩天下來的話就是人間八百年，等候　彌勒尊佛來人間。到那時，也許你想：「**八百年時間，會不會彌勒尊佛一不小心又過去了，怎麼辦？**」不必擔心，那時人壽八萬歲，擔心什麼？八百年，你才剛結婚不久；對啊！那時女生五百歲才出嫁，想來男生也大概就是五百歲才結婚娶妻，不用擔心什麼，一定會遇見　彌勒尊佛。

彌勒佛初轉法輪都是聲聞法——初轉法輪時的龍華三會都是聲聞法，九十六億人、九十四億人、九十二億人，你一定會在其中，聞法後就是阿羅漢。這一個部分解決了，廣大福德在目前這九千年趕快在最勝福田中修起來；然後九千年中，無生法忍也趕快隨分去修，九千年後生到　彌勒內院時繼續努力進修；到龍華三會時自然而然當了阿羅漢，剩下的就只是增上意樂，就只欠十大願的增上意樂。所以在本會中修行，入地是有可能的；在這麼短的時間超越第一大阿僧祇劫，這是可能的，就看接下來從現在開始的九千年中，有沒有很努力去修。

我把自己走過來的經驗提供給諸位，所以這「通達」兩個字，諸位不要想說：「那個離我還很遠，不必管它。」如果是這樣想，那就眞的離你很遠。如果你認爲「這跟我還是有關聯、是有可能的，因爲釋迦老爸都應允我們：彌勒尊佛來時，我們一定可以當阿羅漢。」入地必須有的那三個條件，等於祂老人家幫我們背書第一個了；「勝解」的部分在正覺同修會中，已經證明這是可能的；修福德的方便善巧也跟諸位講了，所以在 彌勒尊佛來人間時，你們到達通達位並不是沒機會的，機會是很大的。

也不要想說：「唉呀！我這麼笨，我生來就笨，怎麼辦？」笨是這一世笨，不一定下一世又會笨。有人會連著一直笨下去嗎？很少很少。笨是因爲有一些往世的因緣，導致這一世這樣子受生，導致這樣的一個環境，或者沒有辦法受教育，或者勝義根有問題等；但這一世好好修了，下一世就離開不可愛的異熟果報。所以這一些道理諸位要懂，都懂了以後你就會知道，在正覺學法，通達位跟自己是有關聯的，不是沒關聯的。那麼這樣子，「信、解、通達」很容易吧？（大眾笑…）容易啊！人家要混多久？一大阿僧祇劫。你想，你五億七千六百萬年之後就「通達」了，如果這還不算容易，你還有什麼更容易的？這就是要推及 釋迦老爸的慈悲了。但我還是希望大家都在末法最後五十二年時已經是阿羅漢了，到彌勒內院以後就是專修非安立諦的後二品心。

接著說，這個「一切諸法無生無滅無起無相」，比起《般若經》講的「一切諸法本來不生不滅」深多了。《般若經》常常會讀到說「一切諸法本來不生不滅、一切諸法本不生滅」等。如果是六識論的修行人，讀到這裡一定個個死於句下，因為想要依文解義都解不來。有的人靠著口才辯給就解釋：「一切諸法最後終究是無常、歸於空，既然最後歸於空無，本來也是沒有而突然有的，突然生出來了，然後是住、異、滅，還是滅掉，所以從空仍然歸於空，當然無生無滅。」問題接著又來了，當人家問一句：「師父啊！我們出生到現在，雖然還在變異，但畢竟還住。住時顯然是前面已經有生，而幾十年後

一定會死，不就是滅嗎？這樣看來，這個生滅就是存在的，如何能夠說個本來不生滅？」這一下，口掛壁上，對不對？臺灣南部有一句話說「吊鼎」，說炒菜的鍋子吊到壁上去了，歇後語是什麼？「沒得炒了！」在佛法中他沒得炒了。所以人家這一問，問倒了，以後還講什麼佛法？他沒得炒作了。

所以說，從現象界要來解釋「**一切諸法本不生滅**」，一定沒辦法解釋得通。因此釋印順他們才會說：「《般若經》不是佛講的，但因爲後代的佛弟子**寫的也是佛法，就可以叫作佛經**。」依照他這樣講道理，他的《妙雲集》也可以叫作「妙雲經」了吧？偏不行！因爲不合正理。但《般若經》講「一切**諸法本不生滅**」，你要是從實相法界來函蓋現象法界，這本來就如是，不需要在那邊絞盡腦汁還講錯了。

一切諸法一直都生滅不斷，但一切諸法都是在五蘊十八界中出現的，而五蘊十八界本來就存在如來藏中，請問如來藏有沒有生滅？沒有生滅！如來藏既沒有生滅，附屬於如來藏裡面的一切法，怎麼會是生滅的呢？所以「一**切法不生不滅**」，《般若經》講的並沒有錯誤，只是他們自己走錯了路頭，不承認八識論的正法，硬要堅持六識論的歪見邪法，因此解釋不通，就無法承認《般若經》是佛口所說。

對我們來講，從阿含部的解脫道來比對《般若經》，沒有矛盾、沒有牴觸；從《般若經》再來比對第三轉法輪的唯識方廣諸經，也沒有矛盾、沒有牴觸；但釋印順他們看來看去，卻認爲是有矛盾、有牴觸的。只有凡夫才會認爲是有矛盾或牴觸的，所以達賴在由陳履安的眾生出版社爲他出版的書中說：佛陀說法前後三轉法輪互相矛盾。這證明達賴是個凡夫，是由他自己來證明他是凡夫。因爲一切賢聖看前後三轉法輪的經典，只有寬廣以及淺狹的差別，沒有絲毫的牴觸。他說有牴觸、有矛盾，就表示他讀不懂，那就是凡夫，等於是由他自己承認是凡夫了。

所以「**一切諸法本不生滅**」，就是從實相法界函蓋了現象法界。實相法界就是如來藏妙心，就是《佛藏經》講的「**無分別法**」、「**無名相法**」。以這個「**無名相法**」函蓋了現象界的五蘊、十八界、六入、十二處等，當這一些現象界諸法函蓋在本不生滅的如來藏中時，那就是不生滅的如來藏中的法了，當然就是本來沒有生滅。就好像一面明鏡中有影像，落到影像中的人就說影像有生滅；所以張三來了就說他出生了，張三走了就說他死了；然後換了個李四來了就說李四出生了，李四走了就說李四死了，於是說張三生了死了、李四也生了死了，就是有生滅。可是那個影像，你如果從明鏡來看影像時，不能再說影像是生滅的，因爲影像本來就屬於那面明鏡；明鏡常住，沒有生滅，所以影像跟著就沒有生滅，當然容許明鏡中不斷的有影像在變換。

你的如來藏表面出現了這個五蘊，這五蘊生活過一世以後捨掉了，如來藏又生出另一個五蘊來，那不就像明鏡表面的張三影像、李四的影像一直變換嗎？所以，當你從實相法界如來藏心來看現象界這個五蘊時，這個現象界的五蘊就屬於如來藏，就這樣不斷的變換；一世又一世變換，但其實都只是在如來藏裡面變換，不曾外於如來藏；當你實證了，就可以現觀這個事實。當你實證了就會發覺，這覺知心從來都生活在如來藏給的六塵相分中，不曾外於如來藏，連一剎那都不曾有過；你這個覺知心不斷生滅的當下，其實並沒有生滅，因爲你是如來藏中的一部分，而如來藏才是眞實的你，這五蘊的你是假有的。所以，當你把這個五蘊假我歸屬到不生滅的如來藏時，這個五蘊就是本來不生滅的法。

菩薩正因爲這樣，願意一世又一世不斷在人間自度度他，不需要怨天尤人，心中毫無怨尤；被人家罵了也就罵了，因爲菩薩本就是要生來給人家糟蹋的。要糟蹋到什麼時候？糟蹋到了你進入第四地了，那時有禪定所生的意生身；依於四地的無生法忍而有三昧樂意生身了，這時你不必被糟蹋了，但也不可能變成換你去糟蹋眾生，因爲你永遠都不會糟蹋眾生。這時換眾生來崇拜你，但是這時你要攝受人間的眾生可不太容易，而眾生要親近你也不太容易，這是後話就不談它。

也就是說，「一切法不生不滅」，這是從實相法界來看待現象界的一切諸法。所以當你從這時來看，特別是你有如夢觀時，看見往世當過國王、當過轉輪聖王，也當過老鼠、當過貓，也當過毒蛇；而且什麼都幹過，連妓女都幹過，包括午夜牛郎也都幹過了。當你知道往世全都幹過時，你很清楚知道自己過去世是這樣子，現在有幸走到「通達」位了，或走到第四地、第五地了，再來看眾生時就覺得沒什麼可以恥笑的。

所以，臺灣南部有時候罵公關女郎時都叫作「趁食查某」，有沒有？就是靠賣肉來賺取生活費的女人。那是很嚴重的罵人的話，因爲那是帶有非常嚴厲的歧視語氣。但是，當你有了如夢觀，再來看待一切眾生時，就沒有一點點輕視的作意了，因爲早知道自己過去世什麼都幹過，所以一點歧視的作意都沒有。那麼看見了國王，假使哪一天你遇見了歐巴馬，你會欣羡嗎？不會！假使歐巴馬說：「美國總統換你來當。」你說：「我才不要。」因爲你知道以前幹過轉輪聖王多麼風光，也只是一場夢，這小小的人間一個國家的總統，還只能當八年或四年而已，那算什麼？

轉輪聖王是盡形壽去當的，當到不想當了，然後出家去修行。當轉輪王時，再不濟也當個鐵輪王，擁有一大天下，那可不是只有一個國家而已。就是因爲棄捨了轉輪王位才走上菩薩道來，你哪會在意那個權勢？寧可低低下下去當個菩薩、去攝受佛土才是重要，所以對那一些所謂的國王，不管他那個國家多麼大，對於去當國王都沒有興趣。這樣子，你才能夠說你有資格到了「通達」的階段。但是，要到通達位前先要通般若，般若說的「一切法不生不滅」，你先要能夠現觀。如果沒有辦法現觀自己從來都生活在如來藏裡面，能談什麼「通達」？因爲這是證悟般若後，在善知識教導下一定要能夠作到的現觀；然後一步一步修行，要把非安立諦三品心完成。這時有如夢觀了，這時你看待一切有情都一樣，你所著眼的是他們是不是道器。如果是個道器，再看他們於法是否有緣，就只看這個。因此，你不會求什麼名聞利養，那些對你都毫無意義；對這一些棄如敝屣，這就是通達位的特性。那麼在通達位之前，就是「一切法不生不滅」般若這個正理要先實證。當你實證以後，次第到達通達位，當然可以對所有人說：「一切諸法無生無滅無起無相。」

一切諸法有生有滅，生從何生？從如來藏中生。存在之時是存在何處？存在如來藏中。滅向何處？也是在如來藏中。接著問諸位，假使你找到如來藏以後，親自觀察看看：今生這個自己，生從何來？（有人答話，聽不清楚。）大聲一點！（大眾回答：如來藏！）對！不是要你去探究說：我上一輩子，從哪裡死了生到這裡來？別誤會！生從如來藏中生，然後死了，死向何處？（大眾回答：如來藏！）對！這就是了生脫死。

以前有位師兄好有趣，我就罵他笨。「老師！這禪宗不是要了生死嗎？我現在證悟如來藏，但生死要怎麼了？我還不知道怎麼了呀！」我說：「你這個笨蛋，你生從哪裡來？」「我從如來藏中生。」「將來你死向何處？」「喔！原來了生脫死是這樣，不是馬上就可以自主生死。」我說：「你還差得遠。」原來他以為的了生脫死，是有四禪的功夫，要走就走人。

但問題來了：有四禪的功夫，如果沒有悟，死了以後生到四禪天；在四禪天死了要到哪裡去？投胎。繼續投胎，這樣有沒有了生死？沒有。只是表面上看起來他很行，了生脫死，說走就走。走了以後得要繼續生死，他連一點了生脫死的智慧都沒有，那只能夠籠罩凡夫眾生。當你證悟了，他來到你面前照樣開不得口，因爲要談到了生脫死，他問你：「你生從何來？」他最後一個字都還沒有講完，你就一巴掌給他了。他質問說：「我問你了生脫死，你爲什麼打我？」你就說：「我已經告訴你，了生脫死是怎麼了生、怎麼脫死的。你還不會，怪不得我啊！三十年後告訴行家去吧！別再問我了。」你很清楚知道他眞的不知道。他想的是說：「我上一輩子是從哪裡往生過來的，我下一輩子將會生到哪裡去，而這一輩子我什麼時候會死。」你就告訴他：「那你沒有了生脫死，因爲你知道上輩子從哪裡來，這一輩子什麼時候要死，死了到哪裡去，那是依舊在輪迴生死，你的生死還沒有了，何曾了？」他如果是個利根人，聽你這麼一點撥就懂了：「原來我沒有了生脫死，我拜你爲師跟你學。」他如果是個利根人就懂得這麼作。如果依舊在那邊跟你狡辯說：「我這樣才是了生脫死。」你就說：「你等下一劫吧！」

這就是說，一定要先瞭解：一切諸法生從何來、死往何處或者滅往何處。當你證得如來藏以後，善知識跟你點一點，你就知道了；原來這一切諸法還是從如來藏中生，滅了以後還是在如來藏裡滅。因爲生出來以後並沒有在如來藏外面，依舊在如來藏裡面不斷變異，變異到最後這個法滅了，落謝的種子依舊在如來藏裡面；既然都在不生滅的如來藏裡面生滅，那就是沒有生滅。那麼一切諸法如是，我們這個五蘊、六入、十二處、十八界莫非如是。所以，我們所有的一切諸法本來就沒有生滅相，你眞要找個生滅相，了不可得。

這就是說，你依於本不生滅的如來藏來看待一切諸法，一切諸法就沒有生也沒有滅。然後你來看，譬如一面明鏡，明鏡裡面的影像什麼時候滅過？沒有滅時。既然那影像沒有滅過，怎麼能說那些影像有生？所以明鏡裡的影像從來沒有生起過，因爲它本來就一直在那裡，只是不斷變異而已，一直到明鏡滅了，那一些影像才會有滅；明鏡就譬喻如來藏，而如來藏永遠不會有滅，因爲你找不到一個方法可以壞滅祂。即使是二〇〇三年，那一批退轉的人說阿賴耶識是可滅的，咱們隨口拋出簡單的一句話問他們：「何時滅？」

就答不了了。

所以，既然是依於「無名相法」妙眞如心而生起的法，這一些法不管是什麼樣的法相，永遠都是不會有生起時，因爲那些法相本來就在那裡，只是不斷地演變而已。從來就不曾滅過，你怎麼能夠說它有生起，所以它沒有「起相」。這個「無生無滅無起」的這一些法，如果是沒有智慧的人，就從現象界去看；這譬如一個沒有智慧的人，只看到鏡子裡的影像而沒看到鏡子，就永遠落在影像裡面。

現在要說一個比喻，說一隻猩猩跟一隻猴子大不相同——牠們的智慧大不相同。猴子，你立了一面鏡子在那邊，那鏡子還不是很大，只是小小的鏡子；牠一看見鏡子裡面有一隻猴子，於是齜牙咧嘴，接著撲上去咬，咬不到；牠看見鏡子裡面的猴子也要咬牠，更生氣，於是又抓又咬，可是咬了、抓了老半天都咬不到也抓不到，牠想，對方躲在後面，於是跑到後面去看；在鏡子後面什麼都沒有，心中疑惑，又跑回來鏡子前面，看見又有一隻猴子，又咬，然後又去鏡子後面，就這樣弄上老半天。可是猿跟猴子不同，猿剛開始看見時，由於以前沒看過鏡子，才初見了，牠也是在那邊生氣；可是牠在那邊生氣耀武揚威時，不久便發覺不對了：「爲什麼我這樣子彎過來，牠就跟著彎過來？我張嘴，牠就張嘴？爲什麼我伸手，牠就伸手？動作和我一模一樣。」牠覺得不對，認爲這應該是自己的影像；爲了確定，跑到鏡子後面看一看，眞的沒有另一隻猿；所以牠不生氣了，就在鏡子前梳梳頭髮、理理毛，開始拿鏡子當鏡子用了。

這就是說，猿類有這個五蘊上的自覺，牠知道自己這個身體才是眞的，鏡子中只不過是自己的影像，牠就懂得如何用鏡子。那猴子可笨，你把那個鏡子打碎了，牠還拿小小的一片在那邊照自己，然後還在跟鏡中的自己生氣；明明就拿在自己手上，牠還在跟小鏡片裡的猴子生氣。猿類就好比證悟了的菩薩，猴子就好比那一些愚癡的凡夫眾生，不相信有一面鏡子叫作如來藏；而諸佛就好比一個完整的人——從猿的智力進化轉生爲人的智力。這樣比喻是有一點不敬，說證悟的菩薩還只是當個猿；但我這只是一個譬喻，沒有羞辱的意思。

作這個譬喻有一個用途，讓那一些執迷不悟的六識論者飽受刺激、覺得很羞辱：「竟然說我們是猴子。」也許他們就會想要去求悟，努力去研究，以後不要一天到晚在生活上打混。也許肯努力去研究，把經典跟蕭平實的書中所說好好比對；比對五十年以後，終於相信原來八識論才是對的。只要他們死前懂得懺悔，我說這個譬喻就沒有浪費口水了；救一個算一個，因爲有時候溫言軟語轉變不了他們，得要痛下針砭，有時得用針扎。砭是什麼？砭就是用尖銳的石頭去扎他，才會痛到懂得醒覺過來，我講這個譬喻就值得了。

接著再說「**信解通達一切諸法無相**」，這眞是難死那一些六識論大師了。你想，一切諸法明明有生住異滅，一定有生滅的過程，有過程就一定有行相，運行過程有很多種法相出現，怎麼會是無相的？這講不通啊！可是你如果從實相法界—就是從這個「**無名相法**」妙眞如心自身的境界—來看一切諸法時，把一切諸法的生住異滅整個過程收歸這個「**無相**」的「**無名相法**」中，何曾有什麼相？因爲含攝一切諸法的「**無名相法**」，祂本身是「**無相**」的，那麼含攝在祂裡面的「**一切諸法**」都攝歸於祂，當然就是「**無相**」的了。再從「**無名相法**」這個實相法界的境界，來看生住異滅的「**一切諸法**」時，連一法都無了，又何曾有相？

因爲「**無名相法**」只負責出生「**一切諸法**」，而祂從來不了別這「**一切諸法」。祂把你五蘊生出來，祂不會說：「你五蘊生了呵。」祂不會了別你的五蘊生了，就只負責把你生了。五蘊生了以後不斷地變異長大，祂也不說：「你變異了，你以前那麼小。」譬如有的早產，生了個女兒才七百公克，醫院把她拍了照留作紀念，說她是巴掌仙子，因爲放在手掌裡面剛剛好七百公克而已。假使這巴掌仙子後來長大，也結婚了，她的如來藏不會說：「妳現在長這麼大了，成爲完整的、而且長得蠻漂亮的女人，現在結婚了。」祂也不作這個了別；不管你怎麼樣演變乃至老了、死了，祂也不說你死了，祂完全「無相」。

這得要從「無名相法」妙眞如心的自身境界來解釋才能通，否則解釋不通的，因此那一些六識論者恨死《般若經》了。更恨的是第三轉法輪諸經專門講八個識各自不同的自性與功能差別。「本來這一些法義失傳也就罷了，偏偏到這個時節，我們都當大師了，又冒出了一個蕭平實來，偏又不肯安分保密，還出來廣爲弘揚。」所以他們個個恨死蕭平實了。因爲本來個個都已經自認成佛了，這成佛的光環好亮，眾生都迷信，所以大老遠一見了，一群人就地跪拜，全都認定他們已經成佛了。沒想到出了個蕭平實寫了書出來，這些「佛」都沒有光環了，都打回凡夫位。你看，他們恨不恨？嘴巴當然不講，心裡恨得牙癢癢的，卻也無可奈何；連那麼強勢的釋印順，他們師徒從來容不下任何人評論的，竟也不敢在文字上回我一句話。

但他們的問題出在哪裡？出在他們沒有實證，因此《般若經》所說的，他們讀後都誤會了。用六識論的道理要解釋《般若經》的般若實相，絕對解釋不通。可是對我們來講這是很簡單的一件事情：「**一切諸法無生無滅無起無相**。」對啊！「**一切諸法**」攝歸如來藏以後本來就「**無相**」，從如來藏來看待「**一切諸法**」時本來就是「**無生無滅**」也沒有生起，當然也是「**無相**」的。所以對正覺的同修們來說，「**一切諸法**」的「**無生無滅無起無相**」，這不難理解；當善知識解釋過了，一聽就懂，至於現觀亦復不乏其人。我們增上班那麼多同修，都可以現觀、都可以證明確實如此，所以這也不值得懷疑。

因此這個法在正覺之中是可以證實的，並且一而再、再而三，乃至九而十、百而千，都一樣可以證實。我認爲是可以百而千的，因爲我接下來要達到一千個人證悟的目標，我認爲這不是難事。諸位也許想：「**可能嗎？可能嗎？**」我說大有可能！因爲佛法東來，到了臺灣時又是從哪裡來的？從西邊來。從西邊來就還要回到西邊去，所以我們還要回傳到大陸去；大陸還有好多往世的同修在等著，翹首企望殷殷期盼，那麼一千個人多嗎？不多。我還在想：一千個人悟了以後，繼續再度下去，可以度多少人？因爲將來 彌勒菩薩座下要有很多很多菩薩，我現在不作，要等何時？等到 彌勒來下生時我再來作嗎？屆時 彌勒尊佛要罵人了；那時候 彌勒佛可能說：「**你這麼懶惰懈怠，害我現在度不到九十六億人……。**」所以現在要好好度，並且要很多人悟了以後，把這個正法繼續散播出去，大家都建立了正見：每一個人都有如來藏不生不滅。

所以說，證得無餘涅槃——捨棄了五陰十八界而入無餘涅槃，不是斷滅空；而且無餘涅槃裡面的本際就是這個妙眞如心，就是這個如來藏，我們又何必入無餘涅槃？現在就已是無餘涅槃了。你現在看到自己的如來藏就是無餘涅槃，因爲涅者不生、槃者不滅，涅者不來、槃者不去，涅者不垢、槃者不淨，這樣不生不滅、不來不去、不生不死，而且又是不垢不淨，那不就是涅槃嗎？既然現前就涅槃了，何必還要捨掉五陰十八界去入涅槃？結果導致不能成佛，太笨了吧！菩薩依這個智慧就這樣繼續利樂有情。

因此，這是可以再三再四不斷驗證的，將來諸位每個人都有機會出來弘法利生，不只是坐在前方兩邊的親教師們而已；你們都有機會，就看你有沒有作到而已。將來龍華樹下　彌勒尊佛青眼相待，因爲知道你們在這個過程中，或者幫忙度了很多人，或者親自也度了很多人；將來就是等祂講《法華經》，當諸位聽《法華經》時要等祂說什麼？說授記的內容啊！這就是諸位應該要期待的，因爲這是跟諸位有切身利害關係的。但是跟外面那一些六識論的「猴子」們就沒有關係，因爲他們堅持六識論，根本就沒有因緣的。

這樣子看來，接著就要檢討一件事：是否一定要是無相的，才能夠讓你實證以後能現觀「**一切諸法無生無滅無起**」？答案很明確，一定是要「**無相**」的才作得到。請問那些悟錯的人說的「開悟之標的是離念靈知」，那離念靈知有沒有相？有啊！離念靈知不離六塵相，所以祂在六塵之中不斷運行就有貪瞋癡及隨煩惱的各種法相，貪瞋癡慢疑，樣樣都不離。他們自稱成佛了，讀到了蕭平實的書，或者有人來告訴他們說：「**師父啊！蕭平實書裡面說你沒有開悟，你是凡夫。**」他起瞋了，怪那個徒弟當眾跟他講這個事情，所以整整一週都不跟那個徒弟講話——默擯。你說，他的瞋有沒有遮蓋住？沒有啊！都現行了，更不要談瞋的習氣種子，因為瞋的現行已經很分明了。

那麼問題出在哪裡？出在他們所證的法不是「無相」法，因為他們落在離念靈知裡面，不然就像釋印順講的：禪宗開悟的就是直覺。請問直覺有沒有相？有！直覺有時是歡喜、有時候是盛怒，有時是驚訝、有時是恐懼，全都是直覺。人家遠遠一看：「師父！您好！」於是他們直接的反應就是歡喜。如果來禮拜讚歎的這個徒弟是個窮光蛋，每次來供養臺幣一百塊錢，這時他直接反應出來的是什麼？就這樣（導師這時作了個撇嘴的動作），不屑的神情。雖然他一直想要不顯露出來，可是他不經意顯露出來了，這就是直覺。如果他最親近的那個徒弟，有一天跟師父開個玩笑：「師父！給您這個好東西。」一看是蟑螂，振手丟了，才知道是個玩具蟑螂，那也是直覺。都有相，怎麼是「無相」的？一定得是「無相」的才會是實證的法。只有「無相」的法才能夠出生萬法，而這個「無相」的法，他們一直想：「我要無相，所以人家送來一百萬元，我就說『放著』，看都別看。」他們都不表現歡喜出來，放著，稍後再吩咐徒弟去告訴他：「其實師父很歡喜，只是因為他住在『無相』裡面，不會表現歡喜出來。」他們裝模作樣還叫「無相」，其實當他們了知六塵時就有相了。

所以世尊忒老婆、忒慈悲，就告訴大家：無相的法離見聞覺知。世尊說了還不算數，還有個金粟如來倒駕慈航來輔佐釋迦古佛，特地藉生病講了一部《維摩詰經》：「**法不可見聞覺知，若行見聞覺知，是則見聞覺知，非求法也。**」「無相」的眞實法一定不落在六塵中，一定不許是能在六塵中了別的心；凡是落在六塵中就一定有相，有相而了知六塵時就不離貪瞋癡慢疑。所以你看，「無相」不容易瞭解；如果依於六識論而去修行，想要使自己有相的覺知心變成「無相」，修行可辛苦了；因爲明明是有相的心，妄想要去把祂轉變成「無相」，永遠都不會成功的。

對於人類而言，這個有相的心在人間才能生存，無相的心沒有辦法單獨存在人間，因爲這是法界中的定理；而他們也找不到無相心，所以想要用這個有相的心變成「無相」而在人間生活，那他們就痛苦了。例如供了佛，好吃的葡萄不能多吃一顆，因爲如果多吃一顆，徒弟們眼睛睜得大大的說：「喔！師父今天多吃一顆了，師父有相。」因此他得要裝模作樣，明明今天的葡萄特別好，很想多吃一顆，不能吃啊！所以如果另外一個徒弟偷偷弄了一碟送到他的寮房去，他知道是某某徒弟又幫著送來的，認爲好乖巧！就不斷地寵這個徒弟了。對吧？對啊！因爲他落到有相裡面，表面上又要顯示「無相」，所以裝得這麼痛苦。

甚至以前我們有一個總幹事姓鄭，他以前追隨過一位比丘尼修學，他親口告訴我說那位師父故意弄一盤狗屎放在餐桌上，就這樣吃飯，然後罵徒弟們：「你們就是有相，所以才覺得吃不下去，師父我不是吃得好好的嗎？」可是問題來了：她爲什麼每一次都不會夾到狗屎吃？是有相還是無相？有相嘛！如果她要勉強證明說她眞的證得無相了，應該把狗屎夾來吃了，還可以勉強說她眞的無相。我說的是勉強證明，爲什麼？至少她夾了送進嘴裡時依舊知道那是狗屎，本質還是有相。

這證明他們對「無相」的解釋，眞的太荒唐了！也就是說，「無相」的心一定不了別六塵；不了別六塵就類似有情既瞎又聾又啞，吃了什麼都不知道味道，吃了也不知道吃了，得要這樣才是眞的「無相」。可是他們落在六識裡面，飲食時每一個識都有了別相；都是有相的心，不會是「無相」心，不是「無相」心就一定有生有滅有起。你看，這樣的法如果沒有實證，就不能現前觀察；不能現觀，那他們對於這個「無名相法」能夠接受嗎？不能接受。不能接受就是不能忍，所以對大乘法這個無生能不能忍的關鍵何在？在於有沒有實證。

當你有所實證時，能夠現觀本來就如此，那就接受了，接受就是有了無生忍，所以「成就是忍」並不容易。至於無生忍、無生法忍，爲什麼都叫作忍？也就是進入現觀階段時能夠接受如來藏的本來無生。有的人也許說：「接受？這還不容易！聽您這麼講過，我就接受了。」這是你意識層面接受了，回到家裡才剛躺上床：「眞的嗎？」就疑了。對吧？你深心中一定會懷疑：「眞的嗎？」因爲你沒有現觀，或者有現觀時心中不能眞的決定就是如此，就會繼續有疑。

如果現前觀察祂確實是這樣的，深入觀察實相法界就是這樣，現象法界是祂所生，實相法界、現象法界中的關係本來就是這樣而無可改變，我悟了也無法改變它；這時你不接受也得接受，能接受了就叫作忍。所以你就說：「不但如來藏這個妙眞如心是本來就如此，而且如來藏所生這蘊處界，從如來藏的境界來看時也是如此，同樣都是無生無滅無起，看來都是無相的。」

你就接受了，你這一接受就印證了這四個字：「成就是忍」。

所以經中所說的是可以實證的，如果不能實證而世尊講了這麼多，那不就變成戲論了嗎？但是諸佛如來都是不誑語者、不妄語者、不虛語者，說的都是如實語。諸佛如來尚且如此，何況 釋迦古佛再來時所說，當然更是如此。所以「成就是忍」的道理，眞的！我要說這個忍是可以成就的；我們現在已經四百多人成就了，又不是只有我一個人，所以諸位應當如是期待自己不久的將來也一樣能「成就是忍」。今天講到這裡。

上週颱風停課，我一時忘了，心想怎麼找不到二十九號的錄音帶，想聽聽看最後到底說了什麼，但老是找不到，原來是颱風停課。上上週我們講到十五頁〈念僧品〉的第二行，是說明：「通達一切諸法無生無滅無起無相，成就是忍。」上上週最後說明「忍」就是能夠接受，對於「一切諸法無生無滅無起無相」能夠生忍，這是很困難的事；生忍之後而能夠通達，那又更難；可是對當代佛教學人，我們應該把標準再往下降，也就是說，能夠信解就很不錯了。一般自以爲有智慧的人，也就是世間法中說的聰明人，他們對於「一切諸法無生無滅無起無相」都不能接受，所以他們認爲：一切諸法有生有滅有起有相，但是因爲生滅無常所以是空。這樣的說法才是他們所能接受的。由於他們的智慧只能到這個地步，當般若諸經說「一切諸法本來不生不滅」，說是從來不生不滅，於是他們心中不能生忍，接受不了，乾脆否定說：「這不是佛說的，般若諸經是佛入滅後的佛弟子們長期結集寫出來的。」爲什麼會這樣說呢？因爲他們讀不懂，怎麼思惟都思惟不通。既然都混到了「大師」這個名號了，或者混到了「導師」這個名號了，總不能承認不懂；唯一的解決辦法就是把它推翻，所以釋印順說般若諸經不是佛講的，是後代佛弟子們長期創造編輯出來的。可是他們沒想到一個大問題：如果是佛弟子講的而 佛沒有講，那是不是 佛的智慧顯然不如後世的佛弟子眾？所以我說他們簡直就是謗佛。

由這樣的現象可以證實他們對大乘無法生忍沒有信解，所以般若諸經說的「一切諸法無生無滅」，他們不接受。後來終於有一個正覺同修會出現，偏說《般若經》講的以及唯識諸經講的，從來跟阿含部的諸經沒有衝突矛盾；並且正覺也把沒有矛盾的道理，一而再、再而三、九而十都講明了。如今講了二十來年，講得夠多了，幾乎都說了，所以咱家應該可以取個名號叫十全老人吧！因爲般若的這一些妙法，我們從各個層面、各個方向都說清楚了。不過我這十全老人是佛法中的十全老人，可不是乾隆那個世俗法的十全。

那麼「成就是忍」的人，一定有他的自住境界，他的境界裡面沒有我可說，因此世尊說「尚不得我」。阿羅漢所證的聲聞、緣覺菩提也說無我，可是有個問題在：既然實證了無我，又爲什麼捨報或者說捨壽以後，一定要捨棄這個蘊處界的我去入無餘涅槃？他們一定要入無餘涅槃，就表示他們心中還有這個蘊處界的我，牽掛著未來世還會有這個我輪轉生死，所以得要入涅槃。那麼他們所證的無我，顯然是依於蘊處界的滅除而說是無我，爲了捨離這個蘊處界而不再有後有，他們一定要入無餘涅槃，那就表示他們心中害怕繼續有這種我而一直記掛著這個我。

但菩薩不一樣，菩薩證得這個「無名相法」時，也跟阿羅漢一樣看見一切諸法有生有滅有起有相，但菩薩把它收歸到「無名相法」如來藏中，就好像把鏡子的影像收歸鏡子來看，說它歸鏡子所有時，就說鏡中的影像一直存在，其實從來「無生無滅無起無相」。菩薩也是一樣，把五蘊這個影像收歸明珠如來藏時，這五蘊的影像不過是在明珠如來藏的表面來了又去、來了又去，可是影像屬於這個明珠如來藏所有，而影像是可以一直存在的；這明珠如來藏就不斷地示現這一些影像，當影像收歸明珠如來藏所有時，這五陰的影像也就成爲「無生無滅無起無相」。

既然收歸於明珠如來藏來看時，這個明珠「無名相法」是無我性的——從來沒有蘊處界我的自性；而蘊處界是無常故無我，但是歸於無我性的明珠如來藏時，蘊處界持續生滅變異的當下依舊是無我，因爲它只是如來藏所示現的影像而已。既然是這樣，有什麼我可說？就沒有我可說了。所以菩薩悟後不牽掛這個蘊處界的我會不會死、死後會不會繼續有未來世的後有，根本不管，因爲不論有無「後有」，而未來世跟這一世仍是一樣的「無名相法」、一樣的無我性；所以表面上看來是有這個蘊處界的「我性」繼續在運作、繼續生住異滅、繼續生起而有各種法相，實際理地沒有我可說。既然這樣，又何必入無餘涅槃呢？因爲入無餘涅槃是無我，現在眞我的如來藏「無名相法」也是無我，未來世乘願再來時依然無我，那又何必入涅槃！

假使有人今晚是第一次來聽經，剛好聽到我這麼說，心裡面想：「這蕭老師究竟在講什麼？」其實沒什麼可以懷疑的，因爲阿羅漢入了無餘涅槃，六祖斥責說：「那叫作將滅止生，不是本來無生。」六祖雖然沒有道種智，但他這部分是很通達的，所以他罵外道二乘人「將滅止生」。從天竺有佛教以降，古來敢這樣罵的還眞沒幾個人；你看他個子小小的、長得黑黑的，他就敢罵，所以武則天也奈何不了他。但他敢罵是有原因的，因爲事實就是如此，阿羅漢來到六祖惠能面前也沒有開口的餘地。

那麼講清楚一點，當阿羅漢這一世捨壽把蘊處界滅了，進入無餘涅槃以後不再有蘊處界了，十八界全都滅盡，那時還剩下什麼？（有人答話，聽不清楚。）對啊！諸位有智慧，就是如來藏。「無名相法」如來藏在無餘涅槃中是不生不滅的，是不生不死的，阿羅漢說這樣子叫作解脫生死，但阿羅漢死前不曾證得這個第八識心，無法現觀無餘涅槃中是什麼境界。但菩薩現見的是一切有情正當生死流轉之中，他的如來藏就已經是不生不死的，把蘊處界滅盡不受後有而入涅槃以後，依舊是這個如來藏的不生不死，那麼何妨就發願繼續受生死，來利樂有情；因爲入了無餘涅槃還是如來藏的不生不死，而現在不入無餘涅槃，自己的如來藏依舊不生不死，本來就是涅槃。那麼這樣現觀時，又何必要入無餘涅槃！

也許有人想：「可是如果不入無餘涅槃，這生死中痛苦的事很多。」我倒要請問諸位：假使你永遠保住人身都不墮落三惡道，一生中全部是痛苦嗎？不是的！這一生中，說句老實話，還是享樂的時間比痛苦的時間多，對吧？對啊！如果有人剛才答：「不對，痛苦的時間比享受的時間多。」我就說：「那你不是菩薩，趕快出門去吧！別繼續留在正覺講堂聽經了。」因為他的異熟果是不可愛的，眞正的、久學的菩薩不會是這樣的異熟果。所以，苦樂參半是一般人，而菩薩是快樂的時間比苦痛的時間多。縱使是一般人苦樂參半好了，那一半的苦是永遠的苦嗎？不會！苦也是無常，要記得呵！苦也是無常，苦也會過去。

舉個例說好了，我不是腰傷了嗎？有很多人風聞了。上回禪三解三時向佛菩薩告假作晚課時，我堅持不了，痠痛到支持不住；那時大家站著課誦，我乾脆跪下來課誦好了。可是我繼續治療，因為 佛說不要開刀，既然如此，我開始尋求醫療的方法，現在好七成了。這樣是治療幾個月？半年。加上半年前的那三個月沒找到合適的治病者，總共是九個月。這痠痛的九個月已過去了，我想再一、二個月大概就沒事了，所以這個苦也是無常。如果你連這個苦都害怕，說：「算了，我還是入無餘涅槃。」那你就不夠格當菩薩。不夠格當菩薩的人，該不該讓他證這個法？（大眾回答：不該。）你們說的喔！不是我說的。將來若有這類人報名禪三，我全都要刷掉；得是菩薩才能讓他證這個法，這就得看是不是菩薩種性了。那麼苦是無常的終究會過去。

我們用智慧來看，現實的「無名相法」如來藏已經是不生不滅的了，已經是無生無死的了；再來看阿羅漢們捨壽滅盡了五蘊入無餘涅槃以後，還是剩下這個「無名相法」如來藏的不生不滅、不生不死，那又何苦一定要入無餘涅槃？有的人也許想：「至少不必有來世五陰生老病死、求不得苦等。」說的也是，然而問題是：一來、他永遠不能成佛，所以佛說這種人是焦芽敗種，因此阿羅漢還被罵是焦芽敗種，因為他的佛菩提芽焦了、佛菩提種壞了；二來、他住在無餘涅槃裡面有意義嗎？我這話是有語病的，聽出來沒有？我說「他住在無餘涅槃裡面有沒有意義」，說個「住」就已經錯了；可是我得要說「住」，因為有的人初來乍到，我得要講淺白一點。但諸位想想看，他們把五蘊十八界全部滅盡以後，有誰「住」在無餘涅槃中？沒有啊！他們的五蘊滅盡而不再有來世的五蘊了，已經完全沒有自我存在，而如來藏又不覺不知，這樣的狀況有意義嗎？能利益眾生嗎？

講一個比喻，就好像中國一個古神話說「混沌」。混沌，爲什麼叫作混沌？這個帝王會叫作混沌一定有他的原因，是因爲他既無眼可看、無耳可聞、無鼻可嗅、無身可觸、無舌可嚐，因此他當然也不需要喝水、不必排泄。有一天他的好友們說：「我看混沌好可憐，不見不聞不覺不知。」於是發起好心來幫他，幫他開鑿了兩眼、兩個鼻孔、一個嘴巴、兩個耳朵。於是這時混沌看見了，也聽見了，什麼都知道了，可是他卻死了，因爲他再也不混沌了，所以原來的混沌就死了，他變成另一個人了，不是嗎？從此就沒有混沌了，就說混沌死了。你想，就好比他還沒有被人家開鑿七孔之前，混沌之際一法都無。睡覺至少還有個身體在這邊呼吸，至少偶爾也作作夢，他連這些都沒有。請問：這樣的定性阿羅漢、不迴心的阿羅漢們捨壽後住在無餘涅槃裡面，如果換作是你，你要不要？（有人回答：不要！）眞菩薩也！因爲那樣沒有意義。所以說，既然本來就無我，那就不必堅持要入無餘涅槃了。

菩薩正因爲現前的所觀就是這個實相境界，由這個實相境界來函蓋現象界諸法的五陰、十八界等，就成了無我性的境界，所以說實相境界中「尚不得我」。既然沒有我，當下就無所得，「況得須陀洹、斯陀含、阿那含、阿羅漢」？請問諸位：阿羅漢本來就是阿羅漢嗎？不是。那麼阿羅漢是誰來當？是人。是人就有五蘊，五蘊就是我，所以，依實相般若來看，當你說「我是阿羅漢」時就不是阿羅漢，因爲阿羅漢不應該說「我是阿羅漢」，都無我了怎麼還說「我是阿羅漢」？只有一個情況他們要這麼說，是因爲有人毀謗他們不是阿羅漢，毀謗的結果要下墮三惡道，所以他們必須要當眾宣稱：「我們是阿羅漢，我們此世是最後有，不再有未來世。」對方聽了就懂得懺悔，死後免墮三惡道，只有這時他們要宣稱「我是阿羅漢」。

可是就像我剛剛說的，阿羅漢下至須陀洹都是由人身來當，那麼當你從「無名相法」的實相境界看見本來無生，這時是依「無名相法」如來藏來看本來無生，因此所見「無名相法」的境界是無我性的，而這個「無名相法」如來藏所生所顯示出來的五陰影像又是無常、苦、空、無我，同樣也是無我；那麼這樣從現象界與實相界雙觀無我時，還有須陀洹嗎？還有斯陀含、阿那含、阿羅漢嗎？全都不存在了。所以假使有人說：「諸位現前清清楚楚了了分明的一念心就是眞如佛性，要相信師父說的話，聖人是不說謊的，聖人是不打誑語的。」請問他是不是聖人？不是，因為聖人沒有聖可說。但他落在五陰境界層次中，當然不是聖人，也無聖可說。那這兩者差別何在？這裡面要計較呵！不能不計較，否則來日有殃在。

菩薩是可以現觀蘊處界無我，而蘊處界之所從來的「無名相法」如來藏的自性也是無我的，如此雙觀無我——人無我、法無我雙觀；然後這個大乘的法無我之中，函蓋了如來藏自身的無我性跟如來藏所生萬法的無我性，同時也現觀蘊處界的無我，所以沒有人、沒有我、沒有眾生、沒有壽者，一切都無。這是無妨現象界裡面一切都有，而他所見的實相境界是一切都無，這樣說為無我，因此沒有聖者與凡夫的差別可說。但是悟錯的人想像的無我、自以為的無我，其實都是我，不離五陰我的層次，他才會跟大家強調說：「你們要相信師父說的，聖人是不打誑語的。」那表示他心中有聖人，表示他不離眾生我的層次，當然就有人、我、眾生、壽者相存在，因此才會有聖人存在。

不說別的，我出來弘法二十幾年，不曾跟人家講過「聖人如何如何」，因為在我心中沒有聖人可說，這是所有實證的菩薩們共同的所見。聖之所以爲聖，只是一種施設——爲尚未實證的人方便施設；但實際理地沒有凡聖可說，爲什麼要以聖人自居呢？所以，「**尚不得我**」，又怎麼會有須陀洹這個初果聖人呢？又怎麼會有阿羅漢這個聖人呢？這就是從「**無名相法**」的實際境界來說。既然初果到四果聖人都不存在，是不是說這四果人是不存在的、是不可證的？不是這樣，而是說雖然一樣可以證得初果到四果的解脫智慧與境界，但是從菩薩所證的「**無名相法**」實際理地來看時一法都無，又哪來的聖人可說呢？因爲如來藏從來不了知一切法，所以無有一法可得。因此，世尊說「**況復得法**」。

我們坐在講堂裡面聽聞了義正法，法喜充滿法樂無窮，所以常常有人說：「兩個鐘頭又到了？這麼快！」因爲聞法歡喜，忘了腿腳痠疼。但是，當你坐在這裡聞法歡喜時顯然是有我，得這個我存在才有可能了知諸法；沒有我就沒有法，我與法是相對的兩邊，有能有所，所以凡是有法時就一定會有我。也許有人想：「你講這話有語病，假使悶絕了或者睡著無夢了，可是法還在啊！只是這個人不知道而已。」我卻要反過來質問說：「你說的才有語病，怎麼說呢？因爲他都悶絕了，或者他是睡著無夢時，還能知道哪一個是法？他又何曾知道什麼法？」所以說，法之所以存在是因爲心，如果沒有覺知心就沒有法；覺知心睡著了或不存在了，剩下背後的意根，那意根的了別性很差，對於法塵無法了別，只知道法塵有沒有什麼大變動而已。所以一覺醒來，整個過程都沒有記憶。

如果有人是一覺到天亮，中間都不起來洗手，你問他說：「你睡這幾個鐘頭，時間是怎麼過的？」你才剛一問，他可要罵你：「神經病！睡著就睡著了，還要知道什麼過程？」這表示睡著時不了知任何一法，這是大家的共識。你想，睡著無夢時都還有個意根，尚且不了知諸法；如果阿羅漢入了無餘涅槃，是連意根都滅的，沒有意根來觸任何一法，而如來藏本身不了別六塵。老實說，你想要祂了別六塵也沒機會，就算你說：「我如來藏偏偏能了別六塵。」也沒機會了別，爲什麼？因爲那時也沒有六塵。六塵打哪來的？六塵是藉由你的五色根去接觸外面的五塵，攝受進來以後傳達到勝義根，那麼這時如來藏在你的勝義根變現成內相分的五塵，這五塵上各有不同的細相變動等等就稱之爲法塵，六塵是這麼來的。

你入了無餘涅槃時還有五色根嗎？都沒了，那麼如來藏就不會變生六塵出來了；假設你的如來藏能了別六塵，你也沒六塵可了別，因爲祂自己了別完了，何況涅槃中沒有六塵存在，那你能了別個什麼？所以沒智慧的人亂挑戰，這時就被拆穿了。臺塌了，只能跌下臺來，沒有臺階可下的。所以當你看見阿羅漢入無餘涅槃以後無一法可得時，回過頭來看自己現前的如來藏自身的境界，也可以觀察一切有情各個如來藏的境界，都是和阿羅漢入無餘涅槃後的境界一樣，從來無一法可得。

從來無一法可得當然就沒有法，沒有法可得時「**況得男女**」？請問諸位：要分別說你是男人、妳是女人，作這個分別時是不是一定要在六塵中？對了！如果不在六塵中就無法了別，根本無法區別。譬如說，你今晚回到家看見兩個孫子，一個孫子、一個孫女，兩人都睡著了，問孫子說：「**你是男生是不是？**」問另一個孫女：「**妳是女生是不是？**」他們的反應如何？對了！沒反應。因爲他們連六塵都不接觸，如何能夠知道自己是男是女或回答你。可是等他們明天早上醒來了，你問那個六歲的孫子說：「**你是男生對不對？**」他說：「**對啊！阿嬤您爲什麼這樣問？阿嬤怎麼不知道了，這麼笨！**」然後問那個五歲的孫女：「**妳是女生對不對？**」她也說：「**對啊！阿嬤爲什麼問這**

個，我本來就是女生，這是您告訴我的啊！」他們都知道，可是睡著以後就都不知道，因為睡著了沒有六識可以了別六塵。

可是如來藏的境界，比你睡著無夢時還要寂靜。你睡著無夢時如果天搖地動或者隔壁的擴音機，比如隔壁剛好有間廟在準備廟會，一不小心碰到擴音機「叭」的一聲出來，你為什麼馬上能醒來？因為你還有意根在了知。這表示睡著無夢時那個所謂的寂靜，遠不如如來藏自身的境界，因為畢竟還是會接觸到法塵，可是如來藏連法塵都不了知的。既然如此，當然就不可能區別這是男人、這是女人。沒有男人、女人的分別，意味著什麼呢？意味著也沒有父母、兄弟、姊妹、師長、親朋好友、眷屬的分別，就表示這些法都不存在了。

如來藏的境界中沒有這一些法，不了別這一切。請問諸位：希不希望你的如來藏會了別男女……等法？不希望？有沒有人希望的？請舉手！沒有。請問第二講堂、第三講堂……等同修，有沒有人希望的？請舉手！都沒有人舉手，這才是有智慧的抉擇。因為八識心王必須各司其職不能錯亂，假使當上了總統，他什麼都要幹，不肯交給人家去作，包括院長或者總理、各部部長、處長、局長以及守衛，他全都要自己幹，那他會變成什麼？變成什麼都不是，而人間不可能有這種事。法界亦然，如來藏不可能變成七轉識去作七轉識所作的工作，否則天下將會大亂，因果律也不能存在，法界中就不會有三惡道有情了；因爲如來藏如果會了別：「這一世的張三幹了好多惡業，丟了好多惡業種子給我，應該讓他下三惡道的；可是我想，那我也要陪他下三惡道，那不好玩，我還是給他一個天人身好了。」就讓他生爲欲界天人。

這想起來還不賴呵？其實不然，就算生爲天人好了，如來藏依舊保持這個了知的習性在，既有了知就會抉擇，到時候生在欲界天，五百個天女奉侍，每個天女各有七個婢女，如來藏說：「我喜歡那個某甲天女，你張三偏要那個某乙天女，但我今天偏不要跟某乙天女在一起。」那時你怎麼辦？結果作主的是祂，不是你唷！拉回到人間來說，假使如來藏會了別，你說：「今天週二我要去正覺享受法樂。」如來藏會了別說：「去到那邊那麼辛苦，坐在家裡看電視不更好？」於是祂決定不出門，你怎麼辦？對啊！會了別的心就會作主。這時如果祂會區分男女，問題就大了，因爲會區分男女就表示也會區分一切諸法，祂就會作抉擇。會作抉擇的人一定有得有失，那就不是究竟解脫了，所以「況得男女」背後有許多的意涵存在，這也是大家應該要了知的。

接下來「何況得道」？道要在什麼地方來求？譬如說在人間求。又如求無餘涅槃，要在哪個地方求？人間！只有愚癡人才會說「求道要在無餘涅槃的境界中求」，只有愚癡人才會說「出三界的境界要到三界外去找」。三界外無法，能找到什麼出三界的境界？三界外沒有法，也沒有一絲一毫的我存在，那要誰在三界外來找到出三界的法？出三界的法要在三界中求，因爲所謂的出離三界，是要把三界中的一切法給滅除。你要滅除三界中的一切法，就得住在三界中了知三界中有什麼法。三界中自我的法，總而言之就是五陰、六入、十二處、十八界，主要是對這一些法的執著造成不斷地輪轉生死，我所則是等而下之；所以要滅除這一些法才能出三界，當然滅除這一些法的修行之道，得要在三界中尋找，出了三界哪能找得到？

那麼人在人間生存就有蘊處界可得，這蘊處界能夠熏習、學習、修練，不斷地串習之後，終於能證得解脫之道，這卻是要依於五蘊之我來修的；那麼這個五蘊之我畢竟是個生滅法，單依於五蘊等我來修道，最多只能修成二乘之道，得的是出三界果，不得佛菩提果，就沒有實相般若。如果是要得佛菩提果，那可不是愚癡人講的：「我就滅了五蘊，住在如來藏的境界去修行，就能得佛菩提果，因爲佛菩提果是依如來藏得的。」那就表示他是個糊塗蛋！意思是說，佛菩提果的實證依舊要有這個五蘊十八界等諸法同時存在，才有可能住在六塵之中聽聞熏習、培集福德、增長定力，然後不斷串習般若之後，有一天終於實證，可以現觀眞如了，證明「無名相法」如來藏是本來自性清淨涅槃，這樣就稱爲佛菩提道的首次得道，這稱爲眞見道。

這個眞見道，是相對於悟後繼續進修的相見道位而說爲眞，隨後在見道位裡面的繼續進修的過程就說爲相見道。既然證悟時說爲眞見道，是不是眞的有大乘見道這回事？沒有？若眞的沒有，那就不能證了，我們今天來講堂都是白來了。所以有人剛才說「沒有」，我知道他的意思是從實相境界說的，也不能說他錯。先來說有，如果無道可證，那佛教可以廢掉了；可是經中又說無道可證，說沒有道可得，那到底怎麼回事？對了！就是從實相的境界來看，這時就沒有道可證；因爲能證道的是五蘊，而所證的道是五蘊所知的方法、可以到達本來不生不死的解脫彼岸，那個法就叫作道。但是不管你怎麼修、怎麼證，不論你的所證是如何深入、如何廣大，成佛之道畢竟也只是你七轉識境界中的事情，和你的「無名相法」如來藏的境界不相干。

換句話說，這「無名相法」如來藏——這個「無分別法」如來藏，祂是你所證悟之標的，祂不是個方法，也不是應該要修行的人，該修行的是五陰的你，祂是被你求證之標的。因此，不要像以前有一些大師們都打妄想、亂開示說：「我們要好好修行，然後使自己離念了，離念以後的覺知心就是眞如。」那是錯誤的觀念，是妄想要把生滅的覺知心修行變成不生滅的眞心！離念以後如果是眞如的話，那麼應當有人修得禪定可以一念不生時，就應該跟上帝一樣。那一神教上帝不是說「我是永生不死的」嗎？那麼依照大師們那個理論，離念了就變成眞如，眞如是永生不死；永生不死還是有語病，且先不談他，就是他變成永遠不死了，但爲什麼他最後還是死了？對了！既然他們認爲離念時這個離念靈知就是眞如，那眞實的、如如的一定是不死的，會死的就不是如如，那爲什麼他們自稱是眞如以後一個個都死了？大陸八大修行人最後不也是一個個都死了？哪來的眞如？眞如不可能有生有死，無始以來連生都無，何況死呢？所以他們那個說法是一種愚癡之說。

那麼話說回來，能修與所修就是人這個有情，也就是菩薩這個人相對於成佛之道的法，這兩個是相對立的；但這兩個相對立的都是在現象界裡的事，在現象界中有能修的人稱之為菩薩，他在修什麼呢？修佛菩提道；道是菩薩之所修的，那麼這個道依什麼而有？依「無名相法」如來藏而有，所以要證得這個「無名相法」之前，應該先修哪些道——也就是應該先修哪些法門；這些法門都修了，然後能夠證得如來藏，這樣叫作證道。可是有一天你證道了，不要期待如來藏會跟你說：「你這麼笨，現在才找到我，現在才懂得什麼叫作道。」你別期待，因為祂不知道。我說的就是祂不懂什麼叫作佛道。所以了知「道」的人是你，被你了知的是成佛之道，而這個成佛之道的證道，是以證如來藏而開始，所以能證的你以及所證的道都是三界中的事情，不能出於三界而有道可證、可修、可學、可聞。

當你證得道就表示你證得如來藏了，所以叫作證道；然後看見成佛之道該怎麼走，但是你的如來藏依舊對此不知不覺。你沒見道時，祂也不知道你沒見道；你有證道了，祂也不知道你有證道。這好像在繞口令是不是？不！我說的是實相。所以，不該有人去期待證道以後如來藏會跟他恭喜。假使悟了以後有歡喜心，那是你證悟的人在意識心上歡喜，而不是被證悟的第八識眞如會起歡喜心。以前大法師們走的路，跟他們教導大家該怎麼走的路都一樣，都是能證與所證是同一個心；能證與所證既然是同一個，這個能證的心是有生的，那麼所證不就是有生的心了嗎？有生則必有滅，這樣的開悟又何必呢？

也許有人這時想到一句話：「祖師也說過：悟了還同未悟。所以你說這個『何必』也無妨，不要求悟也沒事。」以前法鼓山堂頭大和尚也說：「求悟就不能開悟，不求開悟才能開悟。」這表示什麼？表示他把能悟與所悟混同爲一；既然混同了，就表示所悟的內涵是不存在的，就好像法律上也有混同。（這時導師對當法官的親教師說：）對不起！魯班門前弄大斧。譬如這一個物權，物權也許你們聽不懂，例如這個房屋的所有權人欠錢用而去抵押借錢來用，他抵押了房子就是債務人；這屋主本來負債，抵押權人—就是債權人—又轉給別人，這債權一直轉出去，不斷地債權移轉，已經轉手很多次，房子也被別人買走了，但那買主同樣不夠錢還款。後來這個原屋主有錢了，去找到現在的債權人—最後一位債權人—把錢還了，他就把抵押權過戶回來，然後再去向現在的所有權人低價買回房子，買回來以後，債權人與債務人、所有權人都混同爲一個人了，也就是債權與物權混同了，這個債權就消失了，沒有人可以再跟他主張債權了，債權消失了，這就是混同。

這樣瞭解嗎？不瞭解喔！我舉個例好了，我們買地下室這三戶總共五百多坪。這房子被銀行拍賣已經拍了一、二十年，我一直等著標購下來，但屋主每次都是去法院撤標，我們每次都標不到。後來我們去向債權人買下債權，然後把這三戶地下室去法院請求拍賣，拍賣以後我們去標下來；因爲沒有人敢標，那個債權那麼多。我們去標下來，當然要付出價金給法院，法院會扣掉增值稅及屋主所積欠的地價稅等；然後把標價繳稅後的餘款發給債權人，所以我們把餘款領回來；這時債權人是我們，屋主也是我們，變成同一個人了，這叫作混同。老菩薩終於點頭，聽懂了。

這意思就是說，能證與所證混同爲一時，他的所證就不存在了；他的能證也一樣不存在了，那結果就是白忙一場，歇後語叫作什麼？瞎攪和。就是籠罩眾生而已，籠罩到最後自己也信了，因爲本來自己還有點懷疑，可是每一次都這樣爲人開示，開示到後來自己也信了，這叫作自我催眠。可是有一天問題來了，出了個蕭平實說能證的心跟所證的心不一樣，所證的是第八識如來藏，祂才是眞實存在的，唯有祂才是眞如，能證的永遠是會消滅的。這下慌了手腳，就怕眞的如蕭平實所說：死後所證的意識眞如壞滅，而能證的眞如心意識也壞掉，那不就全都消失了嗎？這問題到死都無法解決。那現在還沒死的呢，依舊無法解決，因爲這是法界的實相，不可改變的。

所以所謂的道，你得要在三界中求，三界外無法，不要說什麼出三界外去求什麼解脫道、佛菩提道。你所證的三乘之道，是你所修學來的方法，而這個道之所以稱爲證，標的就是「無名相法」如來藏，是能證與所證不同一心，是由能證的意識心參禪而證得所證的第八識眞如心；可是你證得如來藏以後，別期待如來藏會跟你恭喜，祂不會跟你說：「恭喜！恭喜！你終於開悟了，拿到金剛寶印了，高興不高興？」祂依舊不知，始終如一保持不知。不要懷疑！也許有人懷疑說：「我要證一個什麼都不知的，那不是笨笨的嗎？我證祂幹嘛？」我卻說：「證得那個不知的，你就能夠廣爲了知一切諸法；證得那個笨笨的，你就變得很有智慧。豈不聞羅漢桂琛大禪師說：不知最親切。」

所以在這個如來藏心中，祂完全沒有道可說，祂連須陀洹乃至阿羅漢，乃至於三乘菩提諸法、世間男女等，祂都不知了，何況有道？佛菩提道遠比這一些證果之相都要深，然而祂對世間相的男女分別都不能了知，何況是佛菩提道呢！所以祂的境界中沒有三乘菩提可說，何況有證三乘菩提之道？既然如此，在「**無名相法**」如來藏的境界中，有沒有剛才所說的這一些事情以及這些法？全都沒有，所以如來藏的境界中沒有所謂的聖人、凡夫，沒有三乘菩提諸法，沒有男女，沒有道可言，又哪來的聖眾？聖眾之所以名爲聖眾，正因爲他至少是個須陀洹人，至少得要是證初果的人們才能說是聖人之眾。接著說斯陀含、阿那含、阿羅漢、三乘諸法，乃至於成佛之道，對於這一些都能夠信解通達，這樣的人可以叫作「**聖眾**」，因爲他們之所以深信是由於勝解，由於勝解而繼續進修所以「**通達**」，因此在他們心中已經有了此忍——「**尚不得我，況得須陀洹**」，乃至「**況得如是等事是名聖眾**」。

當你轉依「**無名相法**」如來藏時，從如來藏的立場來看—從如來藏的境界來看—有這些事嗎？一件也無，這時又何曾有「**聖眾**」可說呢？所以你的如來藏跟隔壁同修的如來藏不會互相說：「**今天又見面了。**」你的如來藏不會跟隔壁同修的如來藏說：「我們都是聖眾。」一定不會！禪師有時說得很好聽，說悟後是「一味平懷、泯然自盡」，有沒有聽過？有，那就是轉依如來藏。這個「一味平懷」講起來好像很好聽，好像意境很高，我請問諸位：那個「一味平懷、泯然自盡」是什麼境界？講了很多，我把它總結一下，叫作「不知」；一切不知，永遠都不知，所以「一味平懷」，因為祂永遠都一切不知。一切都不知，不存一法，那不是什麼都消失了嗎？所以叫作「泯然自盡」。講白了，也許有人失望說：「原來只是這樣，可是禪師說的意境就很高。」但你不要怪我說：「您至少也像禪師那樣講，讓我們比較有嚮往之心。您把它講得那麼粗淺明白，聽起來沒有什麼意境。」我就得請你想一想：我坐在這上面不打草稿，滔滔不絕地講出來，意境高不高？（大眾回答：高。）所以我講得讓你聽懂，讓你覺得淺白，你要接受。

這就是說，能證的我所住的境界，永遠在三界中——有我有道；而被證的眞如，祂的境界永遠不在三界中——無我無道。可是當你證得不在三界中的那個「無名相法」眞如時，雖然祂的境界中迴無一法可得，但是你證得祂以後，智慧卻猶如泉湧不斷地滋生出來；只要不得少為足，悟後繼續進修，永遠都是法樂無窮。那麼這樣子看來，那個笨笨的、什麼都不知的眞如，你還得證；如果不證得祂，你就什麼都不是。但如果證得祂，你依舊什麼都不是，因爲你證得祂以後，連我都無了，還有什麼？但是你要不要證？要！因爲你證得祂以後，雖然什麼都不是，眼見祂的境界中一法不立，你卻可以依著一法不立的這個妙眞如法繼續邁向佛地。除此以外，別無佛菩提道的實證，因爲只有這一門才是眞正的佛菩提道。

換句話說，修證祂的方法可以有八萬四千，但是這八萬四千法門之所要證的，都是如來藏。因此，我說過一個譬喻：好比一個佛法大殿堂，周遭有八萬四千門；但一般人都看不見門，因爲「無門爲法門」；終於有一天靈光一閃，慧眼出現了，看見那個無門之門，這一推就進去了。但某甲從這邊的門進來看見的是這個大殿，大殿裡面一切佛法具足圓滿，全都呈現在那邊；某乙從另一邊的門進來也是這個大殿，不管誰從八萬四千門中的任何一個門進來，都是同一個大殿。所以我說：門門可入，但是所入的都是同一個大殿，這個大殿叫作如來藏。

因此說，如來藏不是法門，如來藏是所證之標的；祂雖然笨笨的什麼都不知，可是你證得祂以後，對佛法就什麼都知，只要有繼續修學前進。以前有很多人號稱學禪，心裡面總是想：「既然禪宗祖師開悟了留下的公案，我得把它請來讀一讀，或許我讀後就悟了；因爲你看：人家禪宗祖師見了他的師父，才那麼一喝、一棒、一句話、踹他一腳，他就悟了，那我讀了很多位祖師的公案更可以開悟。」所以有很多人讀公案。但是現代那些讀公案的人們，讀到最後會了沒？依舊不會。所以我說他們的知見錯誤，導致修學的方向偏差，永遠也悟不了。

如果一開始就聽聞到善知識開示說：「能證的覺知心是虛妄的，但同時存在著一個妙眞如心名爲如來藏，《佛藏經》中稱之爲『無分別法、無名相法』，只要用這個能知能證的心去找到那個被證的如來藏，而祂離見聞覺知，什麼都不知；證了這個很笨的什麼都不知的，乃至不知痛癢、痲木不仁的如來藏，你把祂罵了都沒關係；當你證得祂以後，無妨什麼都知，也不會痲木不仁，而祂繼續什麼都不知；你繼續能知，而且你所知的內涵，從此兼攝實相法界，不再侷限於現象界中。」這才是正確的。

可是證得如來藏以後，轉依如來藏來看時，無一切法可得；無一切法可得之下，卻無妨意識心中擁有一切法，就好像一句話講的「萬象森羅許崢嶸」；這時生滅的繼續生滅，生滅很快很慢都無所謂了；諸法該出現就出現，該冒出頭來就冒出頭來，但這一切諸法都攝歸如來藏所有，儘管諸法繼續生生滅滅，有好多法繼續崢嶸都沒關係，這一些崢嶸的法終會落謝，然後還會有別的法繼續冒上來，如何踴躍都無所謂；而這一些法收歸如來藏，所以這一些生滅諸法都屬於不生滅的如來藏所有，因此這一些生滅諸法就在如來藏中生滅，而如來藏永不生滅，所以「一切諸法無生無滅無起無相」，因爲攝歸無相的如來藏所有，哪還有相？既然都無相了，又哪來的成佛之道？又哪來的這一些聖眾？所以連實證這一些法的「成就是忍」的聖眾，也就全都不存在了。好！下一段：

經文：【「復次舍利弗！眾生少能信解無生無滅無相法者。若能信解無生無滅無相法者，心無顛倒；共相知解，以法和合，不受後有；知諸世間但從虛妄緣起，是人則更不住是身，以是因緣說名聖眾。」】

語譯：【世尊又開示說：「除此以外，舍利弗！眾生很少有能信受、能勝解無生無滅無相法的人，如果能信受和勝解無生無滅無相法的人，他的心中沒有顛倒，這一些人都共同互相了知、互相勝解這個境界，並以這樣的法和合共住而無紛爭，並且大家都能夠不再接受後有；這一些人因爲知道三界六道一切世間都只是從虛妄的因緣而生起的，那麼這樣的人就永遠都不會住著於這個色身之中，由於這樣的因緣而說這一些人名爲聖眾。」】

講義：爲什麼佛陀又開示了這一段呢？因爲對於二乘凡夫僧，以及大乘中不如實理解佛法的凡夫僧俗而言，聽完上一段開示以後，大致上都會產生誤會；所以我們正覺開始弘法之前，佛教界往往有人寫文章發表，或者寫在書中說：「實際上連佛法也沒有，你講那麼多佛法幹嘛！」我相信諸位都讀過，不但讀過，在電視上的宗教臺也聽過。可是晚近十年以來沒有人再這樣寫、這樣說了，因爲他們從正覺的書中想要挑毛病，所以不斷地閱讀找碴；爲了找碴就要詳細讀，試著理解書中講什麼。這樣努力去讀的結果，恭喜！被我洗腦成功了！所以他們被我說服了。

雖然爲了名聞與利養，依舊要抵制正覺，可是他們說法時的筆記內容，其實是從我書上抄來的。徒弟們問：「師父！您今天講得好棒，我看您這些法義似乎是蕭平實講過的，那他的書可不可以讀？」師父立即回說：「不行！他的書有毒。」原來他吃了解毒藥可以讀，弟子們沒有解毒藥就不能讀。但是我聽到這個故事一點都沒有生氣，我說，因爲大師中了法義的解毒劑以後會傳染，弟子們被他傳染是好事，以後他再怎麼禁止都沒用，因爲人家聽出來這都是蕭平實書上講的；師父雖然說不許讀，弟子們會想：師父一定怕我讀到什麼好東西，好吃的不賞給徒弟，我自己去買。

所以以前沒有正覺弘法時，大師們都誤會佛法，因此有時會說：「連佛法都沒有了，連佛都不存在，你還問我要什麼佛法？」講得振振有詞，好像過錯都是在徒弟。人家徒弟每週來作義工、來供養和尚，當然和尚應該以法回報，結果問法時竟然說：「沒有法，你不要問。」然後徒弟問說：「我們來親近師父，就是要學法，師父爲什麼說沒有法？那我們來幹什麼？」沒想到師父搬出經文來：「你看《般若經》中說無佛、無法亦無僧。」徒弟想：「既然如此，我們就傻傻作義工就算了。」以前的佛教界大約如此，可是自從正覺出來以後不一樣了，我們就告訴大家：「佛經說的無佛、無法、無僧，那是從實相理地來看而這樣說；但是你五陰住在現象界裡面，要求證實相界這佛法僧的眞實義，得要在現象界裡面去熏習，要設法求證什麼是佛、什麼是法、什麼是僧，否則你就當作眞的沒有佛、沒有法、沒有僧，那就永遠去輪轉生死嗎？」

這一下，這一些大師們讀了正覺的書以後，眞的叫作「如夢初醒」。好像有一首歌中有一句說如夢初醒，「夜上海」是不是？對吧？想起來了呵？眞的叫作「如夢初醒」。醒過來以後怎麼辦？現在知道如來藏才是眞實法，徒眾們當然會問師父要證如來藏，那師父怎麼辦？沒轍！因爲：「既然知道證悟標的就是要悟如來藏，那師父您開示也這麼說，總得教我們吧！」問題是，師父也沒證，怎麼辦？所以只好遮遮掩掩，用如來藏的法繼續講；若是談到悟：「那是以後的事，你們福德還不夠，繼續努力捐款來。」

但這樣好不好？（有人說：不好。）好！我認爲好，因爲事實上絕大多數人的福德都不足以支持他們實證如來藏，這是眞實語。你們可別懷疑我這句話，我知道這時有人想：「我來到正覺也不過捐了二、三十萬臺幣，可是我已經在增上班了，究竟是要捐多少錢才算福德夠？」我告訴你，不用懷疑，因爲在正法中，尤其我們是究竟的正法，在這樣的正法中每一件事的因果都特別大，何況還有往世所累積來的福德呢！在了義而且究竟的正法中作同樣一件事情，比起對一般道場所作的福德相差很大；對凡夫僧所作跟對勝義僧所作，確實是不一樣的。

例如布施給一個旁生有情，《優婆塞戒經》說來世得百倍報，布施給破戒的人可得千倍報，布施給持戒的人得十萬報，布施給外道得初禪者得百萬倍之報，布施給初果以上就得無量報；同一個人作同樣的布施，由於被施的福田不同，差別就這麼大。同一個人，他今天看見一條癩痢狗肚子餓，緊緊跟著索求食物，於是買了個素包子供養那條狗，來世得百倍報；明天又買了素食包子準備帶回家，路上遇到一個聲聞初果人，還不用到證悟的菩薩，就只是聲聞初果，供養了他一個素包子，來世得無量報。你們看，同一件事情，因果差異這麼大，只因爲所布施的福田不同。

同樣的道理，你在那一些凡夫僧住持的大山頭去布施，布施了一千萬元，不如你在了義正法的道場布施一百塊錢、一千塊錢。因爲經中那個比喻，我老實說，那是客氣的說法；因爲一個布施有無量報，另一個同樣的布施卻只有百倍、千倍、萬倍之報。你在一般道場布施一千萬元，不如在這裡布施一千塊錢，因爲一個是無量報，一個是有量報。假使不幸布施給了教雙身法、推廣雙身法的喇嘛，那是什麼報？也是無量報——無量的惡報，不要懷疑這一點。也就是說，經中所謂的無佛、無法、無僧，一定是依於實相的法界來看待諸法，但是不能夠因爲佛菩薩依於實相法界開示出來說無佛、無法亦無僧，就套用到現象界來說：「所以人間沒有佛、沒有法、沒有僧。」否則，這絕對不是不落因果，而是不昧因果的。因爲妄說悟者「不落因果」都會變成長壽野狐，得要是「不昧因果」才能超脫於野狐身。

如果有人自認爲說：「既然無佛、無法亦無僧，我否定一切佛法也沒事，因爲三寶都無了，有什麼因果可說？」他自以爲不落因果，小心要當個野狐，每一世都非常長壽，想要早點死了投胎去當人，偏偏死不掉，終於死了又得重新再去當長壽野狐。所以 迦葉佛時代，那個大法師說證悟者作事不落因果，結果死後變成長壽野狐身，一直活到釋迦如來過去了，他才遇到百丈大師，爲他重新定義爲「不昧因果」，他接受了才算脫離狐身。所以千萬不要看到《般若經》文字表義說什麼都沒有了，就說因果也沒有了。

沒錯！眞的沒有因果，但那是實相法界中的事，而實相法界所出生的來世現象法界裡面的五陰，無妨依舊因果歷然，絲毫都沒有差錯的受報。所以千萬不要誤會而把實相法界的境界拿來套用在現象界上說：「你看聖教量中都說沒有因果。」那就叫作顢頇！就好比董事長吩咐：「這三千萬元，你去幫我買一輛勞斯萊斯回來。」他眞的買回來一輛勞斯萊斯交給董事長說：「在這裡。」卻是模型，原來他把模型當作眞的，你想老闆是不是要追繳三千萬元回來，再一棍把他打出門去——開除？當然要，要把他開除；請了這種職員來辦事，公司不倒才怪。

所以當佛陀在《般若經》中說連聖眾都不存在時，同時要考慮到那一些還沒有實證的佛弟子們，因此佛陀就講了這一段話：「眾生少能信解無生無滅無相法者。」首先把這個前提點出來：眾生對於「無生無滅無相法」很少有人能夠信受的，「勝解」當然是更少。想想看，臺灣佛教界號稱一千多萬人，能夠信受「確實有一個法是無生無滅無相」的，到底有多少人？一千兩百萬佛教徒中，有沒有一半人？那一半的人再砍一半，也沒有！四分之一都沒有；把那四分之一人數再砍成十段，其中的一段人數有沒有？也沒有！爲什麼呢？因爲大部分所謂的佛教徒，就是逢年過節來跟師父拜一下，道個恭喜，供養個紅包，然後寺院裡面走一走，跟其他常住法師寒喧、寒喧。就這樣，一年三節總共來三趟。有的甚至只有過年時來一趟，他也說是佛教徒；但你不能否定他，因爲他眞的歸依三寶了，但他只會來種福田。眞正有在修學佛法的究竟有多少人？諸位可以算算看；不管哪一個道場，你去瞧一瞧，每逢週日或者每逢週末，去那邊共修的人有多少？有沒有哪一個道場說，去聽經的人有超過一千人的？沒有！

我們就算那一些道場，同樣每一個道場每週都有一千人聽經，把所有這樣的道場合起來算，能有多少人？能有五萬人嗎？不可能！所以很多人所謂的學佛學了十來年，聽到你開口說眞如時，他問你說：「什麼是眞如？」不但信徒如此，連住持的和尚與法師們都不知道。以前我沒有破參，還跟隨著某大師修學所謂的「禪」時，五年中，每週日下午聽他開示禪，沒聽他講過什麼叫眞如；連眞如都沒談過，也沒聽過如來藏、阿賴耶識，全都沒聽過，更別說是爲你解釋「如來藏是無生無滅無相」。大禪師走遍全球五大洲，所以他寫了一本書叫作《東南西北》，但這樣的大禪師專門講禪，整整五年中我從來沒有聽他提過眞如、如來藏、阿賴耶識、異熟識，也沒有提過什麼「無生無滅無相」。

這還是當年號稱學禪、修禪最聞名的寺院，那麼你們想，眞正在修學佛法的人究竟有多少？且不說狹義的眞正修學佛法，因爲這是指諸位，我說的是廣義的修學佛法，究竟有多少人？整個臺灣絕對不到五萬人。如果眞正在修學佛法的人有十萬人，我一定高興到睡不著，因爲正智出版社要賺大錢了，就有更多錢來護持正覺的究竟法了，正法還怕不夠錢用嗎？可是沒有啊！可見世尊說的是如實語：「**眾生少能信解無生無滅無相法者。**」能信能解的就只有諸位，很不容易，是不是應該爲自己鼓勵一下？（大眾鼓掌……）六個講堂都有鼓掌呵？恭喜！賀喜！今天講到這裡。

《佛藏經》上週講到十六頁第二段第一行，講到「**眾生少能信解無生無滅無相法者。**」接下來今天說：「**若能信解無生無滅無相法者，心無顚倒；共相知解，以法和合，不受後有；**」這一段，包括後面還有三句，是說明眾生與聖眾的差別所在，也就是他們的本質究竟有什麼不同。首先說眾生很少能夠信受、勝解「**無生無滅無相法**」，這是事實。在咱們正覺正式弘法之前，從來沒有哪一位大法師、大居士說他們證果時是證佛菩提果；他們各個自稱是大乘法的修行者、實證者，也都說他們證果了，但所證的果全都是聲聞果；而他們所說的法、所修的法號稱是大乘的禪，其實全都是二乘法，與大乘法從來無涉。

這一直都是事實，從來沒有誰說他們成爲聖者以後，所得的果位是菩薩道五十二個果位中的哪一個；都只有自稱初果乃至四果，都沒有人自稱是第七住位、十住位、初地、二地等。這表示他們所觀修的對象，都是在現象界中五蘊十八界所函蓋的法，從來沒有外於這樣的境界，所以他們所謂的證果也都是聲聞果；而他們號稱修學大乘禪，所說的法卻一向都說諸法緣起性空、生滅無常、苦、空、無我，或是演說禪宗公案或是講經時，從來不曾聽他們說過不生不滅、不來不去、不垢不淨的主體是如來藏，這樣的說法根本與佛菩提道的內涵無關。甚至於還有大禪師主張：一切法生滅無常、緣起性空，所以永遠都是無我。但口說無我時卻又落入離念靈知，或者落入直覺中，這樣的所謂大師都是假名大師。

再回頭來看世尊這一句聖教：「眾生少能信解無生無滅無相法者。」確屬如實之說，這一種法直到我們正覺開始弘揚以後才演說了出來，因此世尊這一段開示都是如實語。不但末法時代如此，在正法時期便已經如是；這也造成我們正覺的這個妙法，成爲各大山頭——現在綿延到各小山頭、各個密宗假藏傳佛教道場都在研究的原因。十年前只有大山頭在研究我們正覺的法義，現在不但小山頭研究，連密宗假藏傳佛教各個道場都在研究：到底這蕭平實在講什麼？爲什麼要研究呢？因爲他們對於「無生無滅無相法」，現在才剛剛信受，可還沒有勝解。他們想要勝解很困難，所以希望從蕭平實的所有著作中，找出一些蛛絲馬跡來，看看能不能弄清楚蕭平實講的法究竟是什麼，希望自己也能得證。

由此可知世尊所說的這一句開示確實可信。那麼這一句講的是眾生，如果是聖眾呢？世尊說了：「如果能夠信解無生無滅無相法的人，一定是心無顛倒。」信受的人就可以心無顛倒了，因爲聽聞善知識的不可思議開示以後信受，很清楚瞭解：要有一個不生不滅的無相法，才能有生滅不住而世世都有的蘊處界等生滅法。因爲這樣相信，所以當他閱讀般若諸經時，以及閱讀第三轉法輪諸經時，就有了正確的思路；當他思惟的理路正確了，多少能理解一些，就不會覺得大乘經所說與二乘經阿含二千多部的經典好像矛盾；

他就會去追求如何得到勝解，不是單從聞慧上得到信受和理解，進一步從思惟、觀修去理解。然後有一天獲得實證，他便得到勝解；有了勝解，他可以現觀，現觀的結果是親自證實：果然這個法是無生無滅無相的。

當他現觀這個事實，就可以同時觀照現象界的一切諸法都是有生有滅有相，於是他心中再也沒有顛倒。「心無顛倒」以後，他的思惟、言語、身口意行就不再顛倒；由於他的心行、口行、身行不顛倒的緣故，所以稱爲「聖眾」。在聖眾相處之中都是「共相知解，以法和合，不受後有」的。那麼請諸位判斷一下，世尊這裡說的「聖眾」是指什麼樣的果位？第七住位？七住位菩薩能夠「不受後有」嗎？是阿羅漢？阿羅漢能夠信解、能夠勝解「無生無滅無相法」嗎？對了！你們講對了，是初地以上。

所以這裡講的摩訶薩定義，跟《楞伽經》或者《大般涅槃經》不一樣。《楞伽經》是你只要證得阿賴耶識，能現觀這個如來藏心的眞如性……等，是證得了大乘法中的人無我，就算菩薩摩訶薩，分屬「聖眾」；因爲摩訶薩是「聖眾」，但那是對凡夫而言「聖眾」，在大乘法中只能稱爲賢位菩薩。如果是依《大般涅槃經》，第十住位眼見佛性——遍山河大地都看見自己的佛性，所以佛性真實，山河大地虛妄。此時遍一切有情身上看見自己的佛性，也能分別看見各個有情自己的佛性；佛性眞實，所以有情虛妄，他得到了如幻觀。這是現觀的如幻觀，而不是第七住位思惟所得的如幻觀。

對於七住位菩薩來講，十住菩薩的眼見佛性境界，只能仰望之，高不可攀。可是對於有無生法忍的「聖眾」來講，還不算數，因爲這種境界猶在賢位，能不能在此生捨壽時「不受後有」呢？不能！但是對一般凡夫而言，這已經算「聖眾」了，因爲至少是個初果人。這時既是初果也是第七住菩薩，或同時是第十住菩薩，至少是個初果，對凡夫眾生而言就是聖人。可是在《阿含經》中所說眞正的聖人，至少得是三果人；說之爲聖，必定要有稱之爲聖的理由，那麼三果以上聖在何處？因爲「梵行已立」永遠不退轉於初禪——不再於欲界法有所愛樂了，「梵行已立」所以稱之爲聖；二果以下梵行未立，所以實質上不算聖人。

但是三果、四果人來到菩薩道中，也只是個凡夫菩薩罷了。爲什麼稱爲凡夫菩薩？如果是會外的人聽到我這麼講，一定說：「你又在損阿羅漢。」可是我沒有損他們，我說的是事實。因爲大乘法中即使是第七住位的菩薩都有證眞如，能現觀有情或者自己的「無名相法」如來藏時時刻刻顯示祂眞實而如如的法性；但諸聲聞阿羅漢不能如此，因爲他們沒有證得這個「無名相法」，當然就沒有證眞如，就不是大乘見道位的菩薩，連第七住位都不是。因爲眞如是這個「無名相法」阿賴耶識所顯示出來的眞實如如法性，外於此就沒有眞如可觀可證；而證眞如的菩薩不過是第七住位，但二乘道中的三果、四果人無法現觀眞如，因爲他們不知道這個第八識何在，那又如何能夠住在第七住位？

所以如果迴小向大還沒有證眞如之前的阿羅漢們，最多只能是第六住滿心，也有可能得從六度中的第一度修起；雖然他們的解脫果依舊在，但是依佛菩提果來說，他們頂多只是第六住位，得要趕快熏習般若完成而進入加行位，但還沒進入第七住位。如果他們沒有熏習般若，正要開始熏習般若，對不起！他們只是第六住位的初心位。但佛世沒這回事，因爲迴小向大之前已在佛陀座下聽聞過般若，所以算他們六住滿心。他們如果沒有再修見道前的加行去求證第八識，他不過就是六住滿心位，還不能入地。那麼請問：六住滿心的阿羅漢們在大乘道中是聖人還是凡夫？正是佛法中的凡夫。

那一些落在六識論中主張大乘非佛說的法師、居士們恨死我了，原因在此；都只因爲聽聞了以後很不服氣，可又無法推翻。因爲他們自稱阿羅漢以後，結果蕭平實出世弘法卻證明他們依舊是凡夫，連初果都沒證得。然後蕭平實說「**阿羅漢來到七住菩薩面前也沒有開口的餘地**」，這道理何在？他們更不懂了，所以在無法反駁的情況下只能壓抑自己，每天都是一股悶氣在肚子裡不斷地發酵；到晚上要睡覺時悶氣消不掉，所以睡覺也難，不容易入睡。因爲一想到就是一肚子氣，卻又無可奈何，所以他們恨死我了。

但其實他們不該恨，因爲我沒有與他們諍論，是他們與我諍論。我說的是實相法界的事實，我說的是解脫道的事實，並沒有一句妄語，也更不像印順加以扭曲，所以我是如實語，如實語就不是諍論；更何況我說法時面不紅、氣不喘，從來沒有粗著脖子大著嗓門講法，我是很平和、很喜悅在說法的，哪來諍論？所以從實質、從事相來說都不是諍論。而我這個說法也不是自己本來就會的，也是跟 釋迦老爸學來的。瞿曇老爸就是這樣講：「**外道與我諍論，我不與外道諍論，因爲我說的是如實法。**」那麼顯然阿羅漢們迴小向大，但還沒有證悟佛菩提時，在大乘法中還只能算是三賢位的凡夫——外聖內凡，因為還沒有證眞如；縱使他們修學般若也作了加行，然後終於證眞如而進入第七住位了，也還只是賢位而已，還不入聖眾之流，得要進修非安立諦三品心完成了，再發十無盡願以後才能入地成為大乘法中的「聖眾」。

所以古時候那一千兩百大阿羅漢能夠入地不是無因，因為往昔很多劫就跟釋迦如來學過大乘法；只因為胎昧的緣故這一世忘記了，佛就先讓他們證得慧解脫、俱解脫之後，開始為他們演述般若。他們跟在佛身邊不斷聽聞般若，而且跟在佛陀身邊，佛陀又常常以機鋒指導他們證眞如；證了眞如繼續聽聞般若，那非安立諦三品心就在這一世完成了；本來就有解脫果，所以他們只要在佛前發了十大願；當他們發十大願時沒有絲毫猶豫，而且是很歡喜的接受這十個大願，他們的增上意樂是清淨的，於是就入地了。這當然得要追溯到無量劫中追隨釋迦如來修證菩薩道，跟隨如來特地受生在這裡，再把因為胎昧而忘記的往世所證找回來，其實不是這一世才證悟的。

所以佛陀說「信解無生無滅無相法」的人「心無顚倒」，他們聖眾相處之中都是「共相知解，以法和合」。「共相知解」是因為所證的眞如大家都同證，我證的眞如你也證；你證的無生法忍我也證，我證的無生法忍你也證；

至於解脫果同樣都可以出三界，所以師兄弟之間「共相知解」，因爲同樣有無生法忍，同樣是「不受後有」，在這個情況下不會有紛爭，因爲他們都有四果解脫以及無生法忍，當然「以法和合」。

有的同修有時會抱怨：「爲什麼同修會裡有時有這件事，有時有那件事？」那我要先請問諸位：如果同修會裡面永遠都不會有事情，大家都「共相和合」，請問這會裡的每一個人應該有什麼樣的證量？（有人答話，聽不清楚。）對！有把握就講大聲一點，就是每一個人至少得要是三果人；只要摻雜一個二果人就會偶爾有問題，不要說凡夫啦！如果大家都是三果人，問題全都不存在了，因爲大家都是「梵行已立」。假使我們同修會裡面，一千位初地菩薩裡面摻雜了兩、三位是七住或十住菩薩，就會偶爾有問題；何況沒有一千位初地菩薩，也都還在三果以下，因此有事才是正常的。

你們不要從表相去看，看那些大山頭法師們好像都是一團和氣。一團和氣只是週末、週日你們去時，週一到週五的僧團氣氛都很僵，派別分立互爭。我也跟諸位講過，有一個很大的道場，名列四大山頭之一，當時裡面兩個地位很高的法師在大殿裡吵架，越吵越大聲，後來有一位師姊走過去說：「兩位師父！吵的太慢了，用打的比較快。」他們聽了對望一下、愣了一下，於是兩人各自走開。都還有信眾在，便已經大吵了。這一個山頭如此，其他的山頭呢？對！講大聲點，「亦復如是」！你不要責怪說他們出家了爲什麼在吵，不用責怪，因爲他們是凡夫；即使是初果、二果人偶爾都還會吵架。

不要懷疑二果人還會吵架，告訴你們眞的會。請問，二果人叫作什麼？叫作斯陀含，意思就是薄貪瞋癡。貪瞋癡淡薄而不是永斷就會有吵架時，爲什麼？就像俗話講的：「泥人尚有三分土性，何況是人？」泥人都有三分土性，那麼人一定有人性；而人性是什麼？是貪瞋癡，否則爲什麼會當一個人類中的凡夫？所以要求凡夫僧眾、要求凡夫會眾，或者說要求二果以下的僧眾會眾，永遠都是和合平安是不可能的事，因此要接受這個事實，也要接受這個道理。

因此，有時我會對前來舉發事情的人說：「你不用生氣，因爲眾生本來如是。」所以我出來弘法二十幾年了，歷經三次法難都沒有生氣。第一次法難，有同修否定這個正法，說月溪的法才是勝妙法；後來我發覺不講不行，所以把月溪的錯誤整理出來，上課時開始作專題講解；但我依舊是很祥和在講，也沒有一臉橫肉那種生氣的模樣，因爲我早知道眾生本來如是，這很正常，只是想要救孩子們回到正道來。即使三次法難以外，還有許多的事情，有時同修們會說：「老師！您怎麼都不生氣？這事情這麼嚴重。」我說：「有事則應，無事不預；不預不立，每天都是好日子，我幹嘛要生氣；我該處理時就處理，把它處理完就好了，處理的過程和處理完了以後，都不必生氣。」

有時如果是對很清淨的弟子，當他被誣告了，我還向他講：「你不要生氣，氣死了驗不到傷，你連告都無法告。」就這樣跟他開玩笑。因爲眾生的心性本來就是這樣，如果不是這樣，早就出離三界去了，何必還在人間跟你共事？想清楚了呵？因此以後看見什麼不平時，不用生氣，好好把它處理掉就行。那麼如果都是「聖眾」就一定是和合無事，你們想，有沒有可能僧團中每一個人都是初地以上的「聖眾」？不可能，因爲太難了，大多數的佛世界中都不可能如此的。全部都是初地「聖眾」標準太高了，我們降低標準，有沒有可能僧團中每一個人都是阿羅漢？也不可能！因爲如來在世就已經無法如此了。所以你如果讀了《四分律、摩訶僧祇律》，會發覺如來好有耐心。這要是換你來當法主，一定會煩死了；有人來舉發時，你一定會罵起來：

「又是誰出了什麼問題？」一定會罵，因爲眞的是這樣。

你看那《四分律》裡面，那麼多的律條都是因爲有人不如法，所以施設了這一條；又有人不如法，再施設另一條戒。戒條就是這樣來的——聲聞戒是這樣來的，都是因事制戒。只有菩薩戒不是因事制戒，而是千佛都這樣傳下來，這是一開始弘揚大乘法就施設的戒律，不是因事制戒。你們看阿羅漢優陀夷，當他還在凡夫位時看見了女眾就想上，上不成就親，親不成就抱；僧團一次一次地制止：「你不可以抱女眾。」不抱了以後就要跟人家拉手，一天到晚就拉女眾的手，不然就碰觸人家身體：「我沒有抱啊！我沒有抱啊！我只是摸她而已。」然後說摸也不行，他就拉手；拉手不行，他就盡量躲在房裡，看誰要供養他，走進了寮房裡，他又抱起來，說：「我沒有在公眾場合抱女人啊！」然後就規定公眾場所不行，寮房裡面也不行，什麼地方都不行；他又想方設法碰觸女人，這是他成爲阿羅漢以前的糗事。

換你當法主，你一定早就罵優陀夷了，但 如來都沒有罵，只是說：「你這個愚癡人，都要修道出三界還幹這事。」就施設戒條或規矩，這樣攝受他。所以邪淫戒裡面誰弄出來的戒條最多？大約就是優陀夷，但 如來都沒有生氣。你想，如來在世僧團中單是優陀夷就有這麼多事了，其他的呢？你們想想有多少事？所以成佛很輕鬆喔？不輕鬆啦！除非你的淨土裡面沒有三惡道眾生，也沒有阿修羅，那就輕鬆多了。在人間當法主、在人間成佛，尤其是這種五濁時的惡世都是很辛苦的。諸位想想，釋迦如來很早以前成佛了，願意配合其他兄弟們來跟我們相處，特別是人壽只有百歲以內的五濁時節，還特地來跟我們相處、來攝受我們。這樣想一想，應該少分知恩了吧？雖然還沒有證眞如，也可以少分知恩吧！

所以「**聖眾**」「**共相知解，以法和合**」，才能夠永遠平安無事，如果有一、二個凡夫僧，道場裡就會有事。譬如以前富樓那尊者，有一、二年時光鬧飢荒，而且那時僧眾很多，托鉢不易，居士們往往只能供養二、三位阿羅漢，沒有辦法供養很多，所以晚來的阿羅漢無法托到鉢，往往空鉢而回。空鉢而回，諸位別以爲沒什麼事，因爲諸位一日三餐，有人晚上睡前還加個點心，但阿羅漢只有日中一食，太陽走到正中間就不許吃了。日中一食，每天只吃一餐，又不能每一餐都吃很飽；因爲餓了兩餐，那一餐若吃很飽，胃會吃壞的。吃了這麼一餐以後，到明天中午時已經二十四個鐘頭、十二個時辰，很餓了，剛好又空缽而回，那接下來要餓多久？二十四個時辰、四十八小時，兩整天。

老實講，一天下來已經餓得不得了，那肚子很難過。可是大家看著就想：「奇怪！這富樓那尊者爲什麼從來沒有聽他說餓。」於是就有僧眾去向如來告狀：「富樓那都把容易托缽的地方留給自己，把無法找到飲食的地方分配給我們，所以他每天都不餓。」佛陀就說：「去把富樓那找來。」其實佛陀早知道了，但要證明給他們看，就找富樓那來問：「你有沒有這樣作？」一定要問一遍，然後富樓那尊者說：「我沒有這樣作，我去托缽的地方一樣很難找到食物。」可是那幾個僧眾不信，佛陀就說：「那你證明給他們看吧！」諸位想，要怎麼證明？你們有聽我講過呵？他就當眾摳喉嚨，吐了出來都是牛屎；他只要把肚子騙過去就好，就這樣子對治，於是那些僧眾默然。佛說：「你們得要懺悔，你們誹謗聖者。」

所以你看，明明富樓那給他們的是最容易托缽的地方，他自己去吃牛糞，還要挨告。如果是三果以上的人，絕對不會告狀說富樓那如何如何，因爲他們早知道富樓那「梵行已立」。你們不要覺得吃牛糞好噁心，古人不這樣想。牛糞，不說牛糞好了，說河馬的糞，那可是魚的食物，魚最喜歡，因爲被消化過一遍以後都軟化了。牛糞也是如此，青草經過四個胃，這中間都經過很長時間的咀嚼軟化，經過牛的消化液之後已經變柔軟。人是沒辦法吃草的，只能吃什麼草？青菜類的草，因爲那也算草，青草是沒法吃的。那麼牛排泄出來之後，新鮮的牛糞是可食的，也沒什麼臭味。

牛糞不臭，除非牠被主人餵了碳水化合物；穀類都是碳水化合物，例如稻米、麥、麻、粟，經過肚子排出來時就會臭。牠純吃青草不會臭，所以古時人家看到牛拉了屎，趕快去接；接來幹什麼？糊牆壁。你們不要覺得奇怪，因爲古人就是這樣，除非有錢人才有磚牆，大富長者才有錢買石磚來蓋房子，一般人家都是竹篾編好以後，把它用竹棍立成牆，然後糊牛糞。稍微有一點點錢，就在牛糞乾了以後表面再糊石灰，石灰中要先加上很多的麻絲，攪拌了以後把它糊上去，看起來好像竹子骨架架起來的竹篾上糊的都是白灰，其實裡面先有一層牛糞；這算稍微有一點點錢，還談不上有錢人，一般鄉下都是只糊牛糞。牛糞乾了就撿來再晒乾一點當燃料。剛拉出來的牛糞，眞的肚子餓到沒辦法了，例如兩天托不到缽時怎麼辦？只好吃牛糞了。很委屈呵？說法第一的大阿羅漢沒得吃，要等牛排泄了才有得吃，好委屈！但那也是眾生的業力使然，沒辦法。

因爲他們是「梵行已立」的人，所以不會有問題，而這一些「聖眾」當然是「共相知解」：你是梵行已立，我也是梵行已立；你是「不受後有」，我也是「不受後有」；你所證的法是這一些法，我所證的法也是這一些法；大家互知互鑑，也都有同樣的解脫果，當然可以「以法和合」，這樣的人就可以稱爲「聖眾」，這樣的「聖眾」僧團一定是永遠無爭。但是這樣的「聖眾」僧團，末法時代哪裡去找？無處找去！所以那些凡夫大師們搞那些奇奇怪怪的事不足爲奇，千萬別憤恨不平，因爲他們是凡夫，這是正常的；而他們受了三壇大戒，晚上關起寺門搞雙身法，是因爲他們被外道密宗假藏傳佛教給耽誤了，情有可原。但有一種就不可原諒，因爲他是招蜂引蝶一個過一個，然後才爲了找理由而去受密宗假藏傳佛教三昧耶戒，於是披起密宗假藏傳佛教的大紅袍來正式以出家人身分受用在家法，那就不可原諒，那是本性惡劣才會一個女人不夠又找一個女人。

有人也許辯解：「那是我過去世的老婆，所以情不自禁，沒辦法。」問題是他受了三壇大戒沒有？受了！再有個問題是，爲什麼他一而再、再而三、三而四、九而十招惹一大堆女人，爲什麼？（有人回答，聽不清楚。）對了！這就是問題。如果是過去世的老婆，他的外遇永遠會只有那一個人。臺北市不是有一個很有名的政治人物嗎？好像四年後、八年後的外遇還是同一個人，表示他們互相繫念著，但是不會被別人所吸引，那我才會相信那是他過去世的老婆。但如果一位、二位、三位、四位持續增加，那就是貪淫，不是因爲往世的情緣所致。

所以「以法和合」時一定是「共相知解」：你是不是梵行已立，我是不是梵行已立；你的解脫道是否已經實證，我的解脫道是否已經實證，乃至佛菩提道亦復如是，唯有「共相知解」時互信才是具足。這時若有人來告狀說：「某甲菩薩！你們道場某乙菩薩如何如何，在外面怎樣喔。」他一定不信，因爲某乙菩薩的證量、他的所得法，某甲菩薩是「共相知解」的，怎麼可能會是像那個告狀的人說的那般，不可能！就好像說，假使這個大山頭的法主「梵行已立」而且超過初禪了，但是他的徒眾們一天到晚在想：「師父常常外出，是不是在外面金屋藏嬌？」也許有人想：「師父是不是廣受供養都沒有交出來，都一個人留著？」如果是這樣，表示他們學法學到背後去了，都沒有在心上，因爲這顯示他們對法不懂，因此懷疑他們的堂頭和尚。

在我們會裡面至少要懂得什麼叫「梵行已立」，也至少要在理上懂得什麼叫「不受後有」；這些我在書上都寫過，特別是《阿含正義》。《阿含正義》的影響現在漸漸出來了，你沒看見臺灣以前那些阿羅漢們都消失了嗎？到後來連自稱三果的人也消失了，可見他們讀過《阿含正義》；因爲即使他沒讀到，人家也會買來送給他：「師父！您看這蕭平實這麼說：『有證得初禪的凡夫，沒有不證初禪的三果人與阿羅漢。』我們自稱證果時得要有初禪，否則怎麼自稱三果、四果呢？可人家蕭平實是有根據的，《阿含經》就這麼講。」於是臺灣不但阿羅漢、連三果人都入涅槃去了，留下他們各個五陰在人間。

所以實證者與實證者之間是互相了知的，同樣是初地菩薩不會互相懷疑；同樣是三果人，不必到阿羅漢位就已不會互相懷疑，這樣的「聖眾」跟凡夫絕對不同。眾生不可能「共相知解」，爲什麼？因爲互相不知道，也因爲眾生的所知都是世間法，世間法中你有什麼狀況我不知道，我有什麼狀況你不知道，你看我的穿著啪哩啪哩（意謂西裝革履），西裝頭雪亮雪亮很光鮮；

一般人都想這人很有錢，可是老人家不一定這樣想；老人家會想：「有可能，但也有可能是空心大佬官。」因爲看多了。一般人看見別人穿著粗布衣裳，吃的也很節省，用的也很節省，大概會想：「這個人沒什麼錢。」可是老人家看了，詳細觀察以後會說：「不！這個人很有錢。」因爲可以從他的舉止行爲之中觀察出來，因此才說：「人不可貌相，海水不可斗量。」這成語就是這樣來的。

可是在解脫道中、在佛法中有沒有證量，互相之間是很清楚的。能夠籠罩以及被籠罩的事，只有在凡夫之中才會成立——一群凡夫被一個凡夫籠罩。如果都有所實證，不可能互相籠罩的，因此都是「共相知解」。「共相知解」的人都會「以法和合」，不會斤斤計較，因爲這些人已經「不受後有」了，還會顧戀這一張臉皮嗎？沒有臉皮了！因此該怎麼樣就怎麼樣；也不會有人故意去犯過失，萬一犯了趕快道歉：「因爲我的習氣種子還在。」一定當場就道歉。當然不會去貪汙公款或者搞什麼不好的事情，這就是「不受後有」的人，世尊以這三句來顯示「聖眾」與眾生不一樣。

這一些人之所以稱爲「聖眾」，也是因爲後面這三句：「知諸世間但從虛妄緣起，是人則更不任是身，以是因緣說名聖眾。」也就是說，這些人都是可以出離三界的人。能出離三界的人，卻被指責貪汙錢財，你信不信？不信。我告訴你們，我被指責過，二〇〇三年他們就私下去流傳：「你們知道嗎？那蕭老師在會裡搞了多少錢。」到處流傳，就有兩百人信，怎麼不信？所以我說他們學法學到後背去了。這「不受後有、梵行已立」的法，我在增上班都講過，在《成唯識論》時更早就講過，平常講經也有講過，可是他們都沒有聽進去；要不然就是左耳聽了右耳出去，右耳聽了左耳出去。因此，人家隨便講講，他們就隨便信。

後來講得不像話了，因爲他們要去影響臺南大牛師兄，大牛師兄說：「沒關係！我爲你抱不平，趕快把證據列出來，文字寫了出來，我幫你登上網，叫蕭老師身敗名裂，趕快！趕快拿來！」結果竟然回說：「這個事情不可說、不可說。」倒像變成密意了，什麼時候蕭老師的惡行可以變成密意了？所以大牛當場就責備說：「你們講話不要亂講！」因爲人家有學進去，知道什麼叫「不受後有」、什麼叫「梵行已立」。他們不懂，就懷疑這蕭老師貪汙了多少錢，所以我覺得很好笑；因爲我聽到時不但沒有生氣，反而笑了起來，你們知道嗎？因爲眞的是無法想像，一個不管錢、不管帳、也不收紅包、從來不過問財務組的事，有時收了紅包袋子，把裡面的錢退還(因爲要心領，所以那個袋子要收)；這樣還能搞到錢，也眞厲害！而且我不私下見外人，也不私下接見學員，大家要見就是講經說法時在講堂見；但講經說法的日子，我接見任何學員時都一定有第三者在場，這是我一開始弘法就施設這樣的規矩。

不但如此，打禪三小參，我從第一次禪三時就開始執行一個規矩：一定要有一位監香老師陪伴在身邊作證。要不然到時候哪一個女眾，我沒幫她開悟，她可能出去說我小參時對她動手動腳。爲了保護正法，我都事先構想好了，一直到現在，不論增上班、週二講經前後、禪三時，所有的小參從來不要一對一，到現在都還是有監香老師在旁邊，就不會有事，所以不可能流傳說我對誰動手動腳。如果是這樣子還能搞到錢，不要說多，一萬元就好，那就太厲害了！所以他們學法沒有學進心裡去，都在表面上學。我講的初禪、二禪的原理與境界相，也說了「梵行已立、不受後有」的境界相，他們都當作耳邊風，那要如何能夠有好的、深厚的實證，很困難！因此就很容易被謠言所轉。

所以「不受後有」的人一定知道，諸世間只是從各種虛妄的藉緣而生起的。那就不在意世間的錢財或名聲與眷屬了。但是經文中爲什麼用個「諸」字？因爲世間不是只有人間，人間只是欲界中的一部分而已，在各種世間中的比例不很大，比較大的成分是餓鬼道，更大的成分是旁生道，然後是地獄道。旁生道的有情多到無法數，諸位想想旁生，可不要想說：「那不就是狗貓蛇鳥，那能有多少？」你沒想想昆蟲、螞蟻有多少？螞蟻就數不清了，如果再加上細菌，還有比細菌更小的旁生病毒；要是濾過性病毒，表示不可過濾，任何方法都過濾不了牠們，所以才叫作濾過性病毒，那到底有多少？數不盡；人間能看得見的只是兩道而已——人道跟旁生道，若是餓鬼道，那可是一大群又一大群，數不盡。還要加上地獄道，再加上欲界六天，這都屬於欲界，這才是一個欲界世間。但還有色界、無色界，所以世間不是只有人間，因此才說「諸世間」。

那麼「諸世間」爲什麼佛說「但從虛妄緣起」——只是藉各種緣而生起？這個「但從虛妄緣起」，我這裡就不必解說，因爲在禪淨班時親教師們也都講過了，一定告訴諸位三界世間的狀況，並且還大略說明了四禪八定、未到地定，從那裡也可以瞭解欲界、色界、無色界。但不管是哪一界的世間，都只是藉緣而生起的，所以 世尊說「諸世間但從虛妄緣起」，因爲這一些藉緣都是虛妄的，沒有一樣是眞實的。那麼這一些「聖眾」們都知道「諸世間」只是從虛妄的藉緣而生起的，既然都這樣知道、都能現觀了，顯然就不必再輪迴生死，所以說「是人則更不住是身」，說他們死後是可以離開三界的。

可是在同修會中，不許任何人將來得阿羅漢果時出離三界。你們將來要有能力出離三界生死，可是不許出離三界生死，因爲你們要當菩薩，必須跟大家共同來荷擔如來家業。如果不是爲了荷擔如來家業，我也不必繼續在這邊跟那些惡劣眾生們鬼混，對不對？眞的叫鬼混，你們看密宗假藏傳佛教那一些喇嘛們和信徒，我跟他們住在同一個人間不是鬼混嗎？他們將來都是鬼！如果不想出三界，至少我到色界天去好了，多清淨！色界天最好過日子了，在人間每天爲了飲食，多麻煩！所以我們有的老師說：「如果人能夠不吃飯一樣很有力氣，多好！」可是我想的不是這樣，我沒有當場插嘴，我想的是：「人如果可以不用睡覺都不累，多好！」因爲可以一直作事啊！

你想，每天睡覺八個鐘頭，假使活九十歲好了，就睡掉三十年，多浪費啊！吃飯之後還得要排泄，也一定會有髒東西從皮膚等處排出來；爲了吃飯花時間，清潔這個身體還得花時間，你想這樣人生能作事的時間剩下多少，有一半嗎？沒有！你如果活九十歲，能有四十五年時間作事情就夠棒了。但無可奈何，人間就是這樣。所以凡是能夠生到欲界天的菩薩都不願回來人間，因爲人間太臭；人間連食物都是臭的，是因爲被父母誤導了說食物是香的；你只要好好去體會，不管多麼色香味美的食物都有糞的味道，絕對有！只要你有智慧去分辨。最粗的味道最容易體會，就是飯剛煮好，鍋子一掀開，聞那個味道，你試試看，是不是糞的味道？我是說眞的。

所以我小時候眞希望吃麵，不要吃飯，因爲飯的味道不好，難聞。可是後來，只好想方設法說服自己：飯是香的、是香的、是香的。這樣就吃得下了。如果色界天，不必吃飯，太好了。不能上色界天的人，怎麼辦？修十善業，上欲界天；欲界天的飲食，吃的是什麼？甘露一類的；甘露沒有糞的味道，那就不錯了。意思就是說，假使你能夠出三界，再回頭來看三界時，會覺得在這裡生活眞沒意思。

可是我要告訴諸位的是：請你們再思索另一個問題，入了無餘涅槃會不會更有意思？沒意思啊！入無餘涅槃是沒意義的，因爲從佛菩提來看時，無餘涅槃當下就已經存在——無餘涅槃就是如來藏的不生不死。你現觀如來藏現在就已經不生不死，又何必要入無餘涅槃。入了無餘涅槃，你不存在了，如來藏對自己完全不知，就好像石頭木塊一樣，有什麼意義？不如起菩薩願，繼續受生人間，雖然人間那麼臭，沒關係！你可以利益有情。在人間修道也很容易，別老是說修道很難。一般大師都說：「在人間不好修道，你看環境這麼惡劣，眾生這麼惡劣。」我說，即使眾生再怎麼惡劣，沒有比他們惡劣；人家好不容易十月懷胎生養了兒子女兒，推乾就濕把他撫養長大，這過程中還送他上學，學各種知識，好不容易將養長大送他出家，結果被大法師耽誤了，這不是很可惡嗎？如果安分守己依文解義，我都讚歎，但是害人家大妄語、害人家走入邪教密宗假藏傳佛教去，我就不能認同，所以我說他們比造惡業的眾生更可惡。

但是諸位不要想說：「來人間萬一遇到這樣的大法師，我不倒楣了嗎？」不會啦！你們現在不是遇見我了嗎？我總是會待到法滅爲止，法滅之後就去兜率陀天，去 彌勒菩薩座下修學。如果你被人間五欲羈絆了就說：「我還是留在人間享受五欲吧！」那就是笨，能夠怪誰呢？怪自己！

所以，「知諸世間但從虛妄緣起」的人，「更不住是身」。這是說他的證量不住於這個色身之中，不是講他眞的要入涅槃；如果要入涅槃，那就不是佛法中的「聖眾」了，那是二乘法。但因爲他「不住是身」，連身都不寶愛了，何況會去貪汙。所以我說那些人愚癡，如果在同修會裡貪汙，那可是貪了三寶的錢，果報難當；我乾脆不要弘法，繼續去世間賺錢就行了。我能夠白手起家，後來到了四十幾歲還賺不了錢嗎？只是不想賺，不然我繼續投資就好了。我是四十幾歲就關門不賺錢了，人家有錢給我賺，我還教他說：「你自己如此這般自己辦，不用花錢。」就不想賺錢才來弘法，想要賺法財，不賺世間財。結果弘法之後還要來貪污佛陀的錢，去負大因果嗎？有這麼笨的人嗎？眞奇怪！到底是被毀謗者笨，還是毀謗者笨？就像南部那位政治大師講的：用膝蓋想也知道。

也就是說，「不住是身」的人，他一定是「梵行已立、所作已辦」；凡是「梵行已立、所作已辦」的人，都是可以出三界的人，這樣的人在大乘法中已經進入到聖位了，這樣的人互相同事共住時不會有任何紛爭。所以，這一千兩百位大阿羅漢迴心成爲地上菩薩以後，盡未來際都可能互爲師徒，一定會守住每一世的當下，絕對不會說：「師父！過去世是我當您的師父，這一世我不當您的徒弟。」不會這樣說話，師父也不會說：「你現在當徒弟，你就得聽我的。」師父也不會這樣想，一定很有默契。只要同樣是入地的「聖眾」，世世互爲師徒都不會有問題。既然這一世當徒弟，就扮演徒弟的角色；下一世換我當師父，我再扮師父的角色；再下一世當了師父，我也不必對徒弟怎麼樣，因爲可能下下世換他當我的師父。就不必有宿命通、天眼通了，依正理來看就知道了。

但是如果師父與徒弟之間，即使是兩個人都有所證，只要有一個人沒有證得三果，未入聖位，就會有問題。這個道理諸位聽懂了，把這個種子放在你的如來藏裡面，未來世看見什麼不平的事，你就可以心開意解說：「佛菩提道的過程中本來如此，除非我們師徒兩個都是聖眾。」你就不會有煩惱，師父罵過就罵過，既沒有痛也沒有癢，那只是一陣風，藉著風傳到耳朵又過去了，不存在了，還氣什麼。想一想《金剛經》說的，過去、現在、未來心都不可得。如果被罵了還在那邊記著：「師父剛才罵我，這樣罵太過分了。」

原來過去心、現在心都還可得，那你證《金剛經》是證個什麼道理？要自己這樣警覺，這樣想到了就心平氣和。「反正師父罵過，我當作沒聽到就好了；他罵的是這個色陰，色陰又不知不覺，管他去罵。我覺知心無形無色，他怎麼罵得到我？眞正罵到的是我如來藏，因爲能接受外聲的是如來藏，但如來藏離見聞覺知根本沒聽見。」那就沒事了，要懂得怎麼樣自我開解。

只要這個道理弄清楚了，未來世行道的過程中遇到哪一個師父，你都沒問題，只要他有法就夠了，要罵我就讓他罵，要打我就讓他打；如果他拿棍子打，我就閃。閃過了，等他氣消了，我又回來：「師父您好！」奉上一杯茶。爲什麼？因爲法在他身上，我想要得他的法。這樣就沒什麼可生氣的了。意思就是說，「是人更不住是身」裡面的道理，應該要去把它分開瞭解。二乘聖者的「不住是身」是「不受後有」，是不再來三界受生；但是大乘聖者的「不住是身」，是當下就「不住是身」，而盡未來際繼續有這個色身，但同樣「不住是身」。

然後 佛作一個總結：「以是因緣說名聖眾。」想想看，大乘法的「聖眾」是如此，你哪裡找去？搭了飛機去美國找，美國最進步，去看有沒有？連聲音都聽不到了，不要說有啦！如果有，至少會有傳說吧？但眞的沒有。那麼，中國華夏應該有吧？世俗人說逐鹿中原，你就逐法中原，跑到咸陽、長安到處去找，北京、南京到處去找，有沒有？也沒有！就都快要放棄了，聽人家說有個蓬萊仙島，也許眞的有仙吧？也許有古仙和古仙人道；也許有某人走過來了才會住在仙島，我去仙島瞧一瞧。

終於聽見個蕭平實，就去臺灣；可是名不見經傳，他頭上又沒有燙戒疤，也不穿僧衣，我幹嘛和他學？所以離開了。離開之後過了十年，人家送給他一本書說：「非常好！你一定要讀。」一看是蕭平實，往書架上一丟不理了。又過十年，又有人送一本書來說：「一定要讀！一定要讀！」一看又是蕭平實，後來想起來：「有啊！十年前就有人送我這本書了。」回到家一找出來都是灰塵，撢一撢，看清書名：「對啊，一模一樣。」才終於願意讀了，已經蹉跎二十年，很可惜！

其實不可惜，還有更可惜的，等到二十五年後，蕭平實走了才想起來：「我還是要去學。」來到臺灣，才知道蕭平實已經走了，那才叫可惜；只要現在能夠來親近的，都不可惜。因爲同修會還在，我們建立了制度，這制度越來越完善，一定會繼續傳下去。這一世沒緣沒關係，好好讀，護持正法，下輩子再來，正好又遇見蕭平實再來了。但他不叫蕭平實，他可能叫張三，也許是李四、王五，就會像一般人一樣，安靜地混在親教師裡面低調地弘法；不當法主了，累死人了！有人住持正法就好了，為什麼要出頭當法主？又不是傻瓜。

這代表說，「聖眾」一定要有實質，如果沒有這個實質而說為聖眾，就是大妄語。那麼你看聖僧是怎麼樣的實質？這裡為大家說了；以前有位法師在電視上常常講：「開悟的聖僧如何如何……。」有沒有？都說「開悟的聖者」如何如何，這是他的口頭禪。事實上，縱使真的開悟了也還不算聖者，而且自己都還沒有悟；以前講這句話是希望人家聽了，覺得他是證悟的人、是聖者，所以應該廣為供養，無非是如此。我弘法以來沒有講過一句「開悟的聖者」，可是沒有證真如的人一天到晚都在講「開悟的聖者」。而我最近終於講了這一句「開悟的聖者」，但不是自己講的，是學人家講，舉例而說。開悟了以後有聖與凡之分嗎？如果他還有聖與凡之分，就表示他沒有開悟，因為他落在五蘊裡面了。既然悟了轉依真如，真如境界中無一法可得，何況有聖有凡？所以眞正實證的人，絕對不會有這句口頭禪。

那麼　佛陀把聖眾的道理解釋在〈念僧品〉之中，言外之意是什麼？是你念佛、念法、念僧時所念的僧，不要去念那些凡夫僧。因爲你若念凡夫僧，再怎麼念，他還是凡夫。你一直不斷憶念他，他也不能幫助你；因爲連他的如來藏都無法幫你了，念他何用？不如念念堂上兩尊活佛，人家還褒獎你，讚歎你是個孝子。自己堂上兩尊活佛不念，叨念著那凡夫僧，有什麼用？下輩子還要繼續跟著他，被他誤導嗎？學佛要有智慧，所以念佛、念法、念僧時，念佛要念眞正的佛，那些假佛一個也別念；見到那些假佛當面稱佛時，你就一腳把他踹倒，無罪。

念法時不要念世俗法，什麼叫世俗法？每次開示都跟你說：「佛法就是要除掉煩惱，所以除煩惱時就是要一切都放下，兒子沒考上第一志願，你要放下，兒子自然有他的福氣，不用擔心他；你這樣放下，都不牽掛了，就是開悟了，你自己開悟比較重要。」這樣的法還叫佛法？叫作世間法。你念法時應該要念三乘菩提諸法，不該念世俗法，不該念表相佛法，念法應當如是念。眞正的念法，怎麼念、如何念？請問眞正的法是什麼？眞如！念法應該要念眞如；如果還沒有證眞如，你念法時就得要念：我要證眞如，我要證眞如。就有一個沒有語言文字的作意在，這就是念法。當你這樣念法時一定會努力去把應該有的條件給累積起來，資糧具足時就實證眞如了。實證眞如以後依舊念法：一切都轉依眞如。這才是眞正的念法。

念僧呢？剛剛講過了，別念凡夫僧，要念大乘法中的勝義僧。但是，我們希望大家念僧時把範圍擴大一點，我希望諸位念僧時把親教師也給念進去，因爲禮多人不怪，將來親教師成佛在你前頭；除非你悟了一日萬里，他是一日千里，不必多久趕上他、超越他；那我告訴你，你這一世不用來正覺同修會求悟，你自己就會證悟，可以不用念他，因爲你早就是禪師再來，而他們不久也會是「聖僧」。可是對於一般人來講，就是那三個字，正覺祖師堂那老和尚講的「還早咧」！因爲他們的因緣不具足，所以念僧時記得念「聖眾」，但是自己的親教師別忘記了。有沒有忘記你的親教師是誰？（大眾回答：沒有！），那就是有念，這就是念僧。

當然包括諸地「聖眾」都要憶念在內，包括什麼呢？包括 如來弘法時的諸多妙覺菩薩也要念，因爲他們其實本來是佛，譬如 正法明如來倒駕慈

航來 釋迦如來座下，名爲什麼？（大衆回答：觀世音菩薩。）對！金粟如來倒駕慈航來 釋迦如來座下，名爲什麼？（大衆回答：維摩詰菩薩。）對！那 文殊菩薩是早就已經成佛，又因爲他是七佛之師，目前他不急著在此示現成佛，但其實他也是早已成佛倒駕慈航來的，目前是當菩薩讓我們親近，當然更不該忘記，這也是念僧。那麼〈念僧品〉這個地方點了出來，可以進入下一段了。

經文：【「是人於是語言亦復不得謂諸名相，但集無相無戲論事，是名僧寶，應受供養。得無顚倒眞實義故，是人以是方便念僧，是事亦空。舍利弗！如是教者名善知識。」】

語譯：【世尊接著開示說：「像這樣的人，在我釋迦如來剛剛所說的這一些語言之中，同樣不可以說有這一些名相，因爲眞正的僧人只是集合了無相無戲論的各種事相，才叫作僧寶，是應該接受人天供養的。因爲得到了無顚倒的眞實義的緣故，這樣的人就以這樣的方便來憶念三寶中的僧寶，而憶念僧寶的這個事情也是空。舍利弗！像這樣子教導衆生的人就稱之爲善知識。」

講義：好了，除了那位「開悟的聖僧如何如何」，還有一位大師閉關半年後出來演講，在一個大學的大禮堂裡面演講，講著講著又說：「清清楚楚明明白白就是眞如佛性，你們不要懷疑，聖人說話是不打誑語的。」他心中有聖人，而座下聽眾都被認定是凡夫。但是問題來了，在實相法界中無聖亦無凡，因爲實相法界中，譬如《心經》講「無眼耳鼻舌身意，無色聲香味觸法，無眼界乃至無意識界」，十八界都不存在了，還有聖人喲？很奇怪！到底他有沒有唸過《心經》，我心中還得打一個很大的問號。譬如說，般若諸經中說什麼都無：這個也無，那個也無，佛法也無。連佛法都無，到底是不是無？怎麼說呢？是該說無？還是說有？

對凡夫而言，讀了這樣的經文就說：「對呀！沒有佛法嘛！所以放下就對了，什麼都不要管，你又何必每週都要去跑寺院？」這就是凡夫，依文解義。可是對於信心具足卻不是世間聰明、而且沒有慢心的人來說，他會堅定認爲：「三界中一定有佛、有法、有僧寶，只是我讀不懂。」這也是凡夫，但他心中無慢，不會自以爲是，所以他認爲有三寶。但你實證了以後，到底是有，還是沒有？四個字：非有非無。對凡夫而言，有佛、有法、有聖僧，可是對「無名相法」眞如來說，無佛、無法、無聖僧。

當自己有這個現觀的能力，產生了實相的智慧，所以當眾生來問：「到底經文說的對不對？」你說：「對啊！」又有一個自作聰明的人來問，你就回答他：「不對啊！」第三個人也有智慧，他來問，你就說：「不算是對，但是也不能夠說不對，因爲那要看你站在哪一個立場來說。如果是站在五蘊的立場來說，絕對有佛、有法、有眾生，這些眾生還都是聖僧；可是你如果從實際理地依於眞如的境界來說，就無佛、無法、無眾生。所以我告訴你：非有亦非無。」他這麼一聽，如果夠聰明：「厲害！不墮兩邊，還解了我的疑惑。」能夠這樣爲人解說，才可以說是最基本的善知識。

所以《般若經》中說的那些語言文字，有時一句就幾十個字，你要是用唸的，還得要換氣，有時得換兩三遍氣才讀得完。你默讀，讀在心裡面，這樣讀過去幾十個字，但是覺得如來爲什麼講這麼繁瑣？翻來覆去再翻來覆去，其故無他，都是爲了幫助大家悟後趕快證得非安立諦的三品心，就希望諸位趕快通達無生法忍可以入地，才要這麼老婆。你們要是能夠把《大般若經》六百卷每一個字都給讀完，我就說你眞的夠耐心。然而你只是讀的人，講《大般若經》的 如來呢？是不是比你更有耐心？因爲對 如來而言，這個般若的法義眞是太淺，那爲什麼還要這樣不懼繁瑣、不怕麻煩，要爲大家這樣詳細具足圓滿全部都講，面面俱到。有時候聽的人還嫌煩，可 如來都不煩，因爲希望大家都能隨聞入觀、趕快通達般若。

最後還告訴大家：「於是語言亦復不得謂諸名相，」不可以說經中所說的如來言語都只是名相，你如果認爲那些都是名相，就意味你認爲這一些都不是可以實證的，都不是可以現觀的，才會說那是名相。如果把 如來經中的所說，一一實證、一一現觀，你就不會說它是名相，會認爲說：「如來一切所說，其實就是把所有三乘菩提一切無相法、無戲論的事情，集合起來組織成一部經典爲我們說。」一部經說之不疑，再講另一部經，這樣子成就了三藏一大藏教而不重複。在大乘法中，如果是一個眞正的僧寶，至少得要證眞如；證眞如以後讀到《大般若經》六百卷那麼繁瑣的字句，不會覺得繁瑣，知道那一些語言都不只是名相，只是藉名相來顯示背後的眞實義，那些眞實義都是無相法。

《大般若經》中也說了菩薩在三賢位中應該怎麼樣說、怎麼樣修行的事相，所以叫作「無戲論事」；能夠如此爲人說法，才能說這是勝義僧寶，而這樣的勝義僧寶「應受供養」。所以，你們的親教師如果是穿著僧衣的，或者穿著菩薩衣住在祖師堂是出家人，都是「應受供養」。如果住在世俗的家，像我這樣，就不受供養，只接受法供養。如果是法供養，你送十億元來，我們也收；收了以後，我把整棟大樓買下來，開始往最淺的佛法開始講，讓一大群人都來聽，只是怕會累死我而已。今天講到這裡。

兩個梯次的禪三之後，身體感覺上好像又過了好幾年，但在心情上倒是很愉快，因爲最後一個梯次生了十二頭金毛獅子，破紀錄。（大眾鼓掌…）想來大家跟我有同感，心有戚戚焉，這叫作師徒一心，何愁佛教不興！

回到《佛藏經》，上週講到十六頁第三段第二行前三個字，上週最後說的是，一個實證「無名相法」、「無分別法」的佛弟子，能信受、能勝解「無生無滅無相法」，所以他「心無顛倒」，已經能夠「不受後有」，而且這樣的佛弟子眾是「共相知解」，以同一個法和合共住的，這樣的人叫作「聖眾」。這樣的人雖然有時運用各種言語來爲大家解說佛法，但其實他心中是住在無名相的境界中，所以他所修集的都是「無相」的「無戲論事」，說這樣的佛弟子就叫作「僧寶」，說這樣的「僧寶」是「應受供養」的。

但是上週講到最後這個地方，還有一點來不及講，就是本來講到這裡時，是想要讓大家把這個〈念僧品〉，也就是十五頁的倒數第二行開始把它讀一下（編案：【舍利弗白佛言：「世尊！何等為聖眾？」佛告舍利弗：「舍利弗！若有人能信解通達一切諸法無生無滅無起無相，成就是忍，尚不得我，況得須陀洹、斯陀含、阿那含、阿羅漢？況復得法？況得男女？何況得道？況得如是等事是名聖眾，是亦不得。」】），來瞭解〈念僧品〉講到這第三段，說這樣的人「是名僧寶，應受供養」，有沒有特地指名是出家眾？你怎麼這麼快就搖頭？沒有說表相的出家眾。可見你很用心讀了，值得讚歎！所以「聖眾」是指什麼？有兩類聖眾：第一類聖眾是二乘法中得沙門法的人，稱為聖眾；第二類不但得二乘法中的沙門法而且證得大乘法，就是如實信受勝解這個「無名相法」，能夠現前觀察「一切諸法無生無滅無起無相」，就稱為「聖眾」。但如來並沒有說這樣的聖眾名為僧寶，一定是剃了頭髮出家穿著壞色衣的人，而是以你的實證作為所歸，來看是不是「聖眾」。

二乘法中如何定義爲「聖眾」？是依他是否證果來說；如果證果了，他就是沙門；如果未證果，縱使出家了，只能稱爲表相沙門；因此這是有特別的定義所在。所以《阿含經》中有兩個典故，就是有兩位示現在家相的阿羅漢，他們入無餘涅槃時，佛陀吩咐舍利弗等阿羅漢去供養這兩位捨壽的在家相的阿羅漢，再爲他們火化。也就是說，在佛法中不論三乘菩提中的哪一乘，都不依表相來作依憑，而是要依是否有三乘菩提的實證來作依憑；在〈念僧品〉這裡亦復如是，說能夠信受、能夠勝解「無生無滅無起無相」法的人，能接受而安忍下來，心得決定而不動搖，他就是「聖眾」，也稱爲僧寶，這就是我們每一次三歸依時都談到的勝義僧寶。

所以咱們正覺每一次三歸法會，說到歸命僧寶時是怎麼說的？都說要歸命十方大乘一切賢聖僧，也就是你所歸依的是賢聖僧一類的人，而不是凡夫位的表相聲聞僧。佛在這裡講的念僧亦復如是，可是我突然想：「糟了！我這麼說，將來整理出來流通出去，是不是又要被罵翻了？唉呀！眞是兩難。」然而，佛所說一向如此，在阿含期就已經是這樣，於大乘法中更是如此。所以，佛說的是指定兩個字「是忍」，說成就這個忍，並沒有說這個出家人、這個在家人，而是通稱；不管出家在家，要能有這個忍。於這一些語言也不可以說這些是名相，就是修集了一切無相無戲論的種種法事，這樣的人就叫作僧寶，說這樣的人「應受供養」。所以現在祖師堂或是將來正覺寺中所有的出家人，不論他的色身示現出家相或在家相，都是出家人，應受供養。

接著又開示說：「得無顚倒眞實義故，是人以是方便念僧，是事亦空。」由於已經證得沒有顚倒的「無名相法」，所觀一切境界中之眞實義的緣故，這個人就以這樣的方便來念僧，就是用這樣的智慧而懂得如何方便念僧，不會被表相所繫縛。他依這樣的智慧方便念僧時，所謂念僧的事情也是空；所以在他的五蘊層面來講，他念佛、念法也憶念勝義僧，可是他也看到實際理地沒有念僧這回事，乃至念勝義僧這回事也空。「是事亦空」這個空字有兩個涵義：第一個部分，從五蘊十八界的緣起性空來說，終究不眞實，所以念僧的事是空；再從當下這「無名相法」如來藏的境界來看時，在這個實相境界中沒有念僧這回事。這樣子現觀了，以這個方便來念僧，才是眞正的念僧。

所以「得無顚倒眞實義」，這是不容易的，因爲要能夠不顚倒，眞的非常困難。大部分佛弟子眾，特別是到了末法時代的今天，絕大多數只要能夠依文解義而不錯解就已經很好了，怕的是自以為聰明然後胡亂解釋。不幸的是，末法時代的二十世紀大師們，錯解的情況非常之普遍；直到這二十一世紀初，正覺的法開始廣傳出來了，於是大師們現在比較謹慎，不敢再隨便亂講了。由此可見「得無顛倒眞實義」這個境界很難證得，那麼如何能「得無顛倒眞實義」呢？必須要證得這個「無名相法」、「無分別法」，在第三轉法輪經中說這個法叫作阿賴耶識、如來藏心、所知依；在第二轉法輪《般若經》中則說這個心叫作非心心、無心相心、無住心、金剛心、不念心，有時把祂叫作眞如；在初轉法輪中，如來把這個心叫作「識」，說「識緣名色，名色緣識」，名色的名就有意根和眼識等六識，就有七個識了，可是這名色是緣於另一個識才能在人間存在，而那個識也得要緣於名色才能夠在人間被菩薩們所實證、所現觀，所以才說「名色緣識，識緣名色」。懂得前後三轉法輪諸經中　如來對這個第八識的解說開示以後，才能夠說他眞的「得無顛倒眞實義」。

千萬不要在心裡面抗議說：「你蕭老師這樣講，有錯誤吧？阿羅漢難道沒有『得無顛倒眞實義』嗎？」我卻要告訴大眾，慧解脫、俱解脫、三明六通大解脫雖然都不顛倒，但是沒有「眞實義」，因爲他們只能現觀緣起性空；而緣起性空所觀的內涵，只有針對現象界的五蘊、六入、十二處、十八界的生滅與虛妄去作現觀；他們只斷見惑與思惑，不必證這個「無名相法」眞如。假使有人主張說：「阿羅漢也有證第八識眞如。」我就說：「他們所謂的開悟，充其量只是個解悟，不是眞的開悟；因爲當他們那樣說時，其實是主張說阿羅漢必須要證眞如，也就是必須要證得第八識。」假使眞是這樣，他的言外之意等於在謗佛，因爲佛說阿羅漢只要斷見惑、思惑就成了，從來沒有說阿羅漢要證得第八識。他提出主張，說所有阿羅漢都有證得第八識，是不是在指責佛陀當年所度的阿羅漢們都不是阿羅漢？可是佛明明授記他們已得阿羅漢，而他們也眞的可以「不受後有」，眞是「我生已盡」。

由這一些法義上的瞭解乃至於通透以後，你就可以知道某一些所謂開悟的善知識，或者有人在電視上開口閉嘴都說「開悟的聖者」怎麼說，你就知道他根本沒有悟。假使我的弟子眾中有人那樣主張，我就說他在謗佛，也在謗師，因爲我從來沒有主張阿羅漢要證得第八識如來藏，佛也沒有這樣主張，他卻提出不同的看法。他的想法可能是說學術界很重視創見，因爲學術界的見解不究竟，因此要不斷提出新的說法，是別人不曾提出過的。有創見，在學術界是很寶貴的事，所以他也來提出創見：「如來沒有講的，我現在講出來，我有創見。」可是他那個創見如果是正確的，那就表示 如來還沒有成佛；因為意思就成為：竟然還有究竟法而 如來不知道。那就是謗佛。

但一切如來都是正遍知覺，所應該修的成佛之道一切內涵，如來都已演述完畢，才可以說化緣圓滿，才能示現入涅槃。但他講的這個阿羅漢也有證如來藏的事，如來不曾講過。如來說的是只要斷見惑思惑，就可以「不受後有」成阿羅漢。他提出這個創見，就等於打了十方如來巴掌：「因為我講的是對的，你們十方如來都沒有講出來，你們比我差。」等於這個意思。可是我說佛法中不許有創見。學術界有人研究我的著作，然後說蕭平實很有創見，我都不知道他這話是讚歎我、還是羞辱我？因為我弘法以來一向都說佛法中不許有創見，一切都必須依照 如來的聖教來演述弘傳，自己本身則是要這樣實證，不許違背 如來聖教，因此佛門中不許有創見。

但我從好的一面想，我想他是褒獎我，或者鼓勵我：「你是提出很多佛教界沒有講過的法來。」但老實講，如果依於這樣的標準來講，那《邪見與佛法》書中講的不都是創見嗎？因為佛教界從來沒有人講過，所以當代佛教界大家讀了不敢相信，因此當年有不少道場看見《邪見與佛法》時下令：「不許讀，收集起來燒掉。」甚至連《護法集》也被燒過，在高雄，那法師往年還蠻有名的。但是，我雖然依自心流露而講出了《邪見與佛法》那一些法，經過十幾年，我讀到天竺祖師的論著時，發覺裡面早講過了，不是沒講，所以結果依舊不是創見。只是對於末法時代的大師們而言，我當年講的那些法義都是創見，但是並沒有超出如來與諸大菩薩所說的諸法範圍之外。

譬如《邪見與佛法》裡面說阿羅漢沒有入涅槃，因為阿羅漢入涅槃以後滅掉五蘊十八界自我，就只是如來藏獨存；但如來藏不了別一切法，所以也沒有涅槃可說。而這在天竺《百論》裡面早就講過了，但我當年說的依舊不是創見。如果從四大部阿含諸經裡面去深入探究，如來也是早就講過了，只是大家讀不懂罷了。所以佛法中不許有創見，那麼那位呂先生作了這樣的創見，寫成文字流通出來，他已經成就謗法的重罪；謗法的重罪還輕，他等於摑了　如來一巴掌，那個罪怎麼能了？我都沒有辦法替他設想。

所以弘法的人一定要很小心，千萬不可以偏重學術界而看輕實證。應當要想一想，當他提出來說學術比實證更高時，他應該同時想一想：他今天所有的學術地位，他所謂的佛法上的佛學學術都是從哪兒來的？還不是從實證的正覺修學出來的，只是後來他又走偏了。既然他走的學術路線會走偏了，那學術會比實證高嗎？不言而喻了！因此佛法中不許有創見，一旦有了創見，這個人就是已經「得有顛倒虛假義故」，不是「得無顛倒眞實義故」了。因此，他說的所謂佛學或佛法，只要人家忍受不了，忍之再三，最後忍不了而爆發出來時一定要一一舉證評論他，那時他能回應嗎？不能！因爲他越回應，紕漏就會越大。所以假使他夠聰明就閉嘴，事情將漸漸淡化，否則越扯越大，背後的罪業當然也跟著越來越大。

因此，在末法時代「得無顛倒眞實義」非常非常困難；莫說是末法，如來在世講《法華經》時，都還有五千個聲聞聖僧、凡夫僧當場退席抗議。爲何退席？因爲他們沒有辦法理解「無顛倒」的「眞實義」。當時尚且如此，何況末法時代的今天，所以我雖然把他提出來講了，心平氣和，沒什麼可以生氣的，因爲他都還沒像二〇〇三年那些人一樣，想從正覺法義的根本加以推翻。二〇〇三年那次我都沒生氣了，這件小事氣什麼呢？但是我得要告訴大家，佛法中不許有創見，必須絕對依循聖教。

不肯吃如來的口水就不會成佛，就像古時候老人家說的：「不肯吃父母的口水就長不大。」有沒聽過？有！這是兩個意涵；古時候沒有像現在有打汁機、攪拌機，古人也沒有吃白米，白米是二十世紀才有的；所以古人農忙時，沒有時間把糙米拿來煮成粥，因此吃飯時坐在長板凳上，把那小孩子用兩腿夾著同坐在長板凳上，然後母親就一面吃飯，看孩子吞下去了，就趕快再扒一口咀嚼爛了弄在調羹（湯匙）裡面，就這樣餵孩子。

你們年輕人覺得那樣很不衛生，可是我告訴諸位，我是這樣長大的，而我現在也不過七十來歲。那個年代離現在只有七十來年而已，我就是這樣長大的；當年沒有哪個孩子不吃父母的口水能長大的。縱使後來可以自己吃飯了，還是得吃父母的口水，因爲父母一天到晚嘖口水：「你不可以這樣作，你不可以那樣作，你應該怎麼樣。」如果不肯聽，沒守到他長大成人就夭折了，所以能長大也是吃父母的口水。佛弟子特別如此，因爲三大阿僧祇劫的佛菩提道，整個行道過程中處處岔路。譬如一根喬木一直長上去，有一個中心路線，但總是不斷的有枝芽一直往旁裡長出去，一不小心就走岔了。

所以佛法中不許有創見，如來既然已經成佛了，所說的法一定就是正確而且究竟的，因此我們稱之爲聖教量。聖教量一定不會違背現量，很多佛經中說的事相還不談佛法，單單宇宙的世間相上，現代的科學不就開始一一證實了嗎？至於佛法中說的生命的眞實義，現在有很多醫學，從實證者的角度來看，其實他們是在證明佛法；可是他們有很多都還不懂，就好像器官移植，這裡面有一些內涵，那一些醫學家或者醫生們知其然而不知其所以然，咱們卻知其所以然。所以在禪三勘驗引導的過程裡面，我往往會說到這個部分，但是不常說，因爲那牽涉到密意；但是我講了出來，聽到的同修往往會說：「**啊！原來如此。**」終於知其所以然了。而那個道理是不可推翻的，是可以親自現觀證實的。

所以，三大阿僧祇劫成佛之道的過程中應該修的法，如來無有不知者，所以才能叫作正遍知。既然是正遍知，顯然如來沒有說的佛學佛法，佛弟子就不該說。如果說了出來，一定要符合如來的聖教，否則他就成爲創見。創見在學術界很珍貴，但是在佛法中一文不値，這就是我的看法；這個看法維持到未來我成佛時也不會改變，現在十方諸佛也不會否定我這個說法，未來諸位成佛時也不會否定我這個說法。講個俏皮的好了，假使將來你成佛了，你把佛法都演述完畢，想要示現涅槃前，出了一群弟子弄出很多創見來，你想不想看見？當然不想，因爲你一定不忍心看他們下墮三惡道。

這就是說，眞正的佛弟子在佛法中的修證，每一個階位都不許有創見，乃至於他方世界的 正法明如來示現在這裡成爲 觀世音菩薩，金粟如來示現在這裡成爲 維摩詰菩薩，文殊師利菩薩七佛之師在 釋迦古佛的座下，他們全都不會有創見；因爲前佛後佛，佛佛道同；既是同一個法道，怎麼可能會有創見？我今天這麼講過了，以後假使再有誰提出來說：「人家那個某某佛學家提出來的創見是有道理的。」你一定當場跟他說：「沒道理，他必須要符合如來的聖教。」對方如果問你：「有什麼道理，你這樣說？」你就告訴他：「這不用腦袋想，用膝蓋想也知道。」這樣說就夠了。因爲他的緣如果尚未成熟，你爲他說了再多，他也不信。

回到經文來：「得無顚倒眞實義故，」看來不容易；進了正覺得到不顚倒的眞實義以後，因爲性障所導致，結果又走了岔路，自己搞出佛學創見來，眞是可悲啊！我們看著覺得可憐，但是又能奈他何？因爲他不接受別人的勸識，所以也只能隨順將來的因緣了，此外還能作什麼？對他眞的不能再作什麼。可是對諸位，我卻要把它講清楚，諸位就不會被誤導。這個種子好好種在心田裡，這如來藏裡面含藏著這一些種子，盡未來際有人提出創見的主張，你就不會認同，就不會跟著走上岔路。至於未來世聽見了、不認同時，自己爲什麼不認同，雖然講不出個所以然來，那沒關係，不認同就行了。這個種子在，你就是不會認同，然後你就一步一步依著正道前進，成佛就迅速，而且沒什麼波折，這樣才是越學越幸福、越學越快樂。

那麼「得無顚倒眞實義故」，這個人以這樣的方便來「念僧」時，他是轉依第八識如來藏的，依第八識如來藏的境界而住，五蘊的自己這樣子方便念僧時，卻沒有「念僧」這回事存在，要能如是現觀才能說他這個人是「得無顚倒眞實義」者。然後 佛陀作了個結論就呼喚說：「舍利弗！如是教者名善知識。」特地呼喚舍利弗，然後才說：「像這樣子教導的人，才能說是善知識。」如來已經這樣子教導了，這種人當然是善知識。就像我是來作一個承先啓後的人——承受先前 如來的教導而啓發諸位後學，我得的法全部來自世尊，沒有一點點自創的，不是了不起的人，這是我的自覺，我就依著如來所說這樣教導諸位，那麼我是不是善知識？是！未來諸位也要像這樣教導別人，那麼諸位也就是眾生的善知識，人人都要這樣當善知識。接著下一段：

經文：【「舍利弗！斷一切語言道，名爲聖眾。何以故？於聖法中所因語言說眞實義，如是語言亦不可得，是故當知斷諸語言名爲聖眾。」】

語譯：【世尊又繼續演述下來：「舍利弗！斷離一切語言之道，這樣的人名之爲聖眾。爲何這麼說呢？於如來的聖法中所有因緣藉著語言而演說出來的眞實義，其實這一些語言也不可得，由於這樣的緣故，應當知道已經斷離各種語言的人們就稱之爲聖眾。」】

講義：「斷一切語言道，名爲聖眾」，可別依文解義。在正覺弘法之前，有好多大師、小師、大居士、小居士他們都誤解了，依文解義的結果就是禁止大家說話，因此大殿裡東壁貼著「禁語」、西壁也是「禁語」；出了大殿，迴廊也貼著「禁語」；來到五觀堂，依舊是「禁語」，不論去到何處都貼著「禁語」，所以寺院裡面好安寧，非常安靜，因爲都「禁語」，所以大家講話時都偷講。可是，假使有人來問我：「**如何是斷一切語言道？**」我一定大聲跟他答覆說：「你問得太好了！」緣何如此？我這樣不是在說話了嗎？一般人也許想：「人家來問你『如何是斷一切語言道』？你應該轉身就走，不能跟他講話。」可是我偏偏要跟他講話，而且講得很大聲。爲什麼？因爲眞正「斷一切語言道」就是這樣的境界。

斷語言道就在這個時候斷，可別質疑說：「蕭老師！您這幾個字又講得很大聲，哪裡斷了？」我說：「你想知道喔？好！你再問一遍。」「如何是斷一切語言道？」我就大聲答覆他說：「原來你還沒有斷！」當然言外之意是我已經斷了。可是我明明在講話，何處斷了？所以這要依實相法界來說，當你正在點撥他，當你言語之中奏出了弦外之音時，他如果聽懂了，馬上就知道如何是斷一切語言道了。要是不會，只好隨著我的言語轉去。因此說，學佛不能依文解義，咱們正覺說的寂靜法，從來不叫人家禁語；咱們打禪三給入處時也是一堆的語言，過堂用齋我也是一堆語言；不但如此，這禪三期間一日三餐過堂又講了那麼多，到晚上普說講更多；可是我告訴你，這期間我不曾有過語言，一句話也無。

問題是，你要如何了知我說了這麼多言語，卻是一句話都沒說？「這可奇怪了！」現在心裡面一定很好奇，但我告訴你：「你上我的當了，我就是要你好奇。你要不好奇，就不會想辦法讓自己具足條件去打禪三。」老是懈怠地過那種沒意義的日子，那不是我想看見的；因爲再過不久，我需要很多人，能有一大批來了再有一大批最好。如果老是一小批、一小批，我覺得人手不夠，所以要你們好奇，講剛才那些話跟諸位吊吊胃口。當你胃口上來了：「我非要吃到這一口不行。」那就好了。明年每一回可以辦三個梯次禪三，兒子生越多越好；咱們家財無量，不怕你們來吃這一些法，永遠吃不完的，再多都養得起。所以要吊你們胃口，好奇心一上來：「我非要弄清楚不可。」你就要想辦法上山。大家都上山、都過關了，我就有很多人可以用，何愁佛教不復興。

上山了，拿到金剛寶印，或者還沒有拿到金剛寶印，但是已經觸著了就知道：「喔！原來這就是眞如。」那麼你也就懂得什麼叫作「斷一切語言道」：「原來我每天抱著祂睡覺，每天早上跟祂同時起床，而祂從來不曾有過言語。我儘管嘰哩呱啦講個不停，聲震屋宇，依舊是『斷一切語言道』。」這一下通了；只要這一通了，不退轉了。當然，不退轉是要有福德與定力支撐的；這一不退轉，可就是「聖眾」之一。如來說的就是這樣：「斷一切語言道，名為聖眾。」可是成為「聖眾」之後，「斷一切語言道」了，是不是上堂開示時，每一次都要像禪師這樣上座，看看大家之後一句話都不講就下座了？不是這樣呵！上座之後儘管像我這樣，當一個法師不斷地說法，依舊是「斷一切語言道」。要這樣子才可以說是「聖眾」之一。

如來也解釋這個道理，所以 如來說：「於聖法中所因語言說眞實義，如是語言亦不可得，」就是說，在 佛陀說的這個神聖特勝的微妙法裡面，為了幫助大眾勝解佛法的因緣中，藉著各種語言來演說眞實義，這時的所有語言其實也不可得。今晚我上座說法到現在一個鐘頭了，講了好多話，簡直像個長舌婦一直講個不絕。我上座說法不打草稿，雖然一直講下去，可是我在實際理地依舊沒有任何一句言語。我這五陰無妨有許多言語把佛法告訴諸位，然而這是五陰現象界中的事，而我這個五陰卻是依於我的實相法界「無名相法」的境界來安住，所以在我的「無名相法」眞如境界中沒有任何語言。

所以這一個鐘頭以來，為諸位說了那麼多的語言來闡釋佛法，實際理地竟連一個字都沒有，別說是很多的語言。這是可以現觀的，因為不是只有我一個人能如實現觀，而是我們所有的親教師們、助教老師們，以及增上班的所有同修們都同樣可以如是現觀；因此「無名相法」無境界的境界，不是言語或思想上的玄思玄學，而是實證的境界，也是法界中永不變易的境界。因此，如來所說是誠實語、是不二語，你沒有辦法把它改變。除非有人悟錯了，根本不成證悟，才會說：「如來講的這些話，可能當年如來沒有講，是後人把它加上去的。」其實是他不懂。所以禪宗裡有一公案，萬迴公來見嵩嶽慧安禪師時，兩人才一見面，講話好大聲，好像要講到連天界都聽得到一樣；這兩個人拉著手進了方丈室繼續大聲地講，禪宗典籍記載說侍者傾耳都不能體會。

明明兩個人講話很大聲，侍者不就侍立在旁邊想辦法要把它聽懂嗎？竟然傾耳—把耳朵湊過去聽—依舊都沒聽懂，所以記載說侍者傾耳都不體會。當然他聽不到眞實義，一方面固然是聽不懂，兩個禪師講的是如來藏「無名相法」的境界，那境界裡面連一句話都沒有，他哪能聽得出什麼來？所以說佛法不簡單，這麼不簡單的佛法要叫我寫得很簡單，讓人家一讀就懂、就證悟了，這可能嗎？不可能！最多只是解悟。我有一位兄長說：「你就不能把佛法寫得簡單一點嗎？」我說：「我已經寫得夠白了，有史以來沒有人寫得比我更白了。」那他就沒話講了。

事實上也是如此，九百年前我說法沒像今天講得這麼白；但是白歸白，白中有黑。對啊！道家是懂這個道理，所以才畫了個太極，黑白旋轉著，白中有黑，黑中有白。但我說：道家講的太極只是臆想，眞正的太極，佛家才有。所以他們只是一個推論：太極生兩儀，兩儀生四象……八八六十四卦就出來了。兩儀不就是兩邊嗎？現象界永遠都不離兩邊，可是這兩邊都函蓋在太極裡面，太極其實就是如來藏。我就故意把那本《我與無我》封面畫了個太極，專門等候道家看誰要來跟我談話，至今沒等到一個人。照理講，我寫了那一首偈在那一邊，道家應該要來抗議：「你竟然敢輕視我們沒有證得太極。」可是我也沒等到人！要是說個不客氣的話，不論是太上老君、元始天尊，不論哪一位道家所有的天神都可以來討論看看：太極在哪裡？你實證了沒有？沒有人敢來跟我討論的。

可要有哪一位天神眞的來問我：「那麼請你指點我實證太極吧！」我一定答應，當場會告訴他說：「好！那你問我，我來告訴你。」他當然要問：「如何是太極？」我就回答他說：「好個太極。」我已經告訴他了，他如果智慧不夠也沒奈何，因爲他心通遇到我是沒用的，天眼通遇到我也沒用。所以爲人家解說什麼叫作「斷一切語言道」的眞實義，儘管長篇累牘，說了一大堆言語之後，我依舊沒有言語；得要這樣時才能夠說，一群這樣的實證者同樣是斷諸語言的人，才叫作「聖眾」。那你想，這聖眾難當吧？只因爲正覺還沒有出現。

可是其實也很好當，所以正覺出現之前，臺灣佛教界、大陸佛教界有好多的「聖眾」，大家在七天的禪七中全部都不講話，必須溝通時還得比手畫腳，還是不動嘴，竟沒想到手上腳上都講了語言，對不對？對啊！比手畫腳也是言語，因爲把意思表達了；已經表達出去，對方領受了，那就是言語。所以打電報時摩斯密碼或者別的密碼，或者軍艦打燈號也是言語，猴子叫出不同的聲音代表不同意思，也是言語。有情間互相溝通時，莫非是言語。離言語之道一定是離覺觀的，有覺觀就是會有言語，覺觀本身就是言語。

因此正覺沒有講出這個道理之前，大家都依文解義：「因爲經中說語言不可得，那應該要斷一切語言道。」所以大家都禁語。也有人出家以後一生都禁語，對吧？對了！可是，如果一生都禁語的人就是實證斷語言道者，她不該把眞實義帶走而不曾度得一個、兩個弟子吧？偏偏一個也沒有度得。假使她那些弟子都是十惡不赦之徒，因此不傳這個法，咱也沒話講；可是她的弟子有一些還是不惡，爲什麼就沒度得一個、兩個實證了「斷語言道」的境界？這就是當代佛教界應該要檢討的地方。

那麼「斷諸語言名爲聖眾」，看來在末法時代要當「聖眾」之一還眞的不容易。所幸，正覺冒出頭來告訴大家，「斷語言道」是可以在一切語言之中同時存在的；而且現量上如此，比量上如此，也完全符合聖教量。所以，現在蕭平實的書變成各大山頭、各小山頭、顯密道場都在研究。我倒覺得這是好現象，因爲他們研究的結果，一定會導致一個好現象出現，就是他們的知見被提升了，邪知邪見一定會漸漸被我書中寫的妙法消滅。邪見滅的越多，他們遠離三惡道的機會就越大，這就是我想看到的；與其讓那一些人墮落三惡道，不如把他們救回來保住人身。

當他們保住人身下輩子再來時，佛教界一大片的聲音說：「過去有一個大善知識叫作蕭平實，他寫了這麼多書。」他們一定會信。因爲這一世覺得說：「我是大法師，我是大喇嘛，我憑什麼要學你的法？」所以要讀蕭平實的書，就必定是打板了以後，窗簾拉起來、燈光不要外洩，然後就好好去讀，捨壽前在佛前對四人之眾「公開」懺悔，他們就不會墮落三惡道；下輩子又讀到蕭平實的書，會覺得依稀彷彿好像讀過，那我來世就可以度得他們了。墮落三惡道以後，那些人我就沒得度了，所以要設法使他們留在人間。

千萬不要想說：「蕭老師！您還眞笨，人家在網上或者寫文章、貼文等罵您罵到臭頭，您還要度他們呵？」當然度啊！怎麼不度？我度越多人就有越多人可用，每一個人都是我在法上的資財。你如果把他們都當作資財，一定想多多益善，那你還要記什麼仇？無仇可記了。當你度得越多人時，如來聖教越來越興盛，每一世捨壽時 如來接引一定說：「你這個好孩子回來了。」這就夠了，夫復何求？佛弟子本來就應該如此，何況 如來也沒有虧待咱們。咱們努力時固然辛苦，可是 如來也在暗中幫助大家道業快速增長，也沒虧待咱們。所以咱們應當體諒 如來的心意，如來就是希望大家都可以實證，只要你的緣熟了就幫你實證。

如來沒有要求你給祂什麼，如來是這樣的心態而成佛的；我作為一個承先啓後者，也要以這樣的心態來紹繼 如來家業。我一個人紹繼 如來家業，老實說挑不起來，因爲這家業不能說沉重，但是太龐大。如來的家業太龐大，裡面珍寶無量，一個人能挑多重？頂多給你挑一百公斤吧，算是大力士了。可是 如來珍寶無量，一百公斤只是其中的零頭而已，那是小數點之後排好幾位去了。所以，挑如來家業的人應該是越多越好，大家共同來成就這個大業時福德會越大，因爲成就越大時福德也越大。大家都是同一個福德，將來五億七千六百萬年後，來到 彌勒尊佛座下，彌勒佛聲聞三會在龍華樹下，三次說法時是九十六億人、九十四億人、九十二億人都要成爲阿羅漢，你想，那時 彌勒如來需要多少人幫忙？所以諸位一個都別逃掉，你們都要來幫忙，來幫忙度化那九十六、九十四、九十二億人。

如果你能夠成爲幫 如來教化眾生的人，想想看，如來需要幫你提升到什麼地步呢？想通了，你就知道賺到了。所以要成爲「聖眾」固然不容易，但一定要發這個大心，在 佛前誠懇發願：「將來彌勒尊佛聲聞三會時度那麼多的大眾成阿羅漢，要很多證悟的弟子幫忙，我願意成爲其中的一分子，來襄助彌勒尊佛度化九十六、九十四、九十二億人成阿羅漢，然後再襄助彌勒尊佛度化那一些阿羅漢們都入菩薩道。」要發這個願，發了這個願以後不要懷疑能不能實現，你只管發這個願，在未來九千年的末法時代中總有機會證悟——一定有機會證悟。

證悟後進入勝義菩薩僧的身分中了，繼續進修。法滅之後，大家一起去彌勒內院親炙當來下生 彌勒尊佛的勝妙法義。到時候 彌勒菩薩說：「我再一、二天要下生人間成佛了，你們先去布置吧！」咱們就先來人間布置等候他來。當你們在那個時候不久，將會進修到三地去；也許有的人懈怠一點，進修到初地去，有了如夢觀。這如夢觀使你常常定中看見或者夢見：原來彌勒佛來人間之前，我們提前了一千年、兩千年、三千年來到人間等候彌勒尊佛；還有許多事情，你們那時就會看見；這佛道修行的速度有多快？如果生去極樂世界，提早一千年去極樂世界的人，到五億七千六百萬年後，他們應該是已經往生極樂經過五億七千六百萬又零一千年，依舊住在極樂世界的蓮苞中享受——享受蓮花中的大寶宮殿生活，但依舊是個凡夫，跟你的距離拉得很遠很遠而沒有辦法想像了。你到底要當哪一種佛弟子？就自己抉擇，我不為諸位作抉擇，但我想諸位的抉擇大概會跟我一樣。

這結論是說，實證「斷一切語言道」的人，在一切時中，不論有言語、無言語，都是住於「離語言道」的實相境界中；這樣的一群人共住共同修行，就稱之爲「聖眾」。如來接著又開示說：

經文：【「舍利弗！或有人言：『於此法中無有言說，無有定者，何名爲僧？』舍利弗！我於此法中有如是答：『眾僧名爲示如實事。』此事決定亦不可得，俱同一學一忍一味；是事亦以世俗語故說，非第一義。第一義中無有定實名爲僧法常不壞者；聖人若說言有是法，是即爲汙；所以者何？若人作是分別：『是男是女，是天是龍，是夜叉、是乾闥婆、是鳩槃荼，是法、是非法。』作是分別已，得種種事；得種種事，故作是言：『是坐是臥，是行是住。』聖人得諸法實相故，亦不分別是男是女，是天是龍乃至是法是非法，不分別故不得種種法；不得種種法者，能作是說『是坐是臥是行是住』不？」「不也，世尊！」「舍利弗！若人言『是男是女，是天是龍乃至是法是非法』，是人所說非虛妄耶？」「虛妄，世尊！」「舍利弗！若不入是虛妄者名爲聖眾，不顛倒故名爲聖眾。」】

語譯：世尊又開示說：【「舍利弗！如果有人說：『在這個法中沒有言說，也沒有可以決定者，怎麼還能夠叫作僧呢？』舍利弗！我在這個法中卻有這樣的回答：『眾僧名爲示現如實的事情。』這個事情決定也是不可得的，而所有聖眾都同樣是一學一忍一味；這個事情也是以世俗語的緣故而說的，並不是第一義。在第一義中沒有一個決定眞實可以稱之爲僧、稱之爲法而常住不壞的；聖人如果說眞的有這樣的法，這就是一種染汙；什麼緣故這樣說呢？如果有人作了這樣的分別：『這是男人，這是女人，這是天人，這是龍，這是夜叉，這是乾闥婆，這是鳩槃茶，這是眞正的法，這是錯誤的法。』作了這樣的分別以後，得到了種種事相上的法；由於得到了種種事相上的法，所以講出了這樣的言語說：『這樣叫作坐，這樣叫作臥，這樣就是行，這樣就是安住。』聖人由於得到諸法實相的緣故，也不分別這是男人、是女人，這是天，這是龍乃至這是法、是非法，不分別的緣故就不得種種法，不見一切法；不得種種法、不見一切法的人，能夠這樣子說『這是坐，這是臥，這是行，這是住』嗎？」「不是這樣的，世尊！」如來又說：「舍利弗！如果有人說『這是男人，這是女人，這是天，這是龍乃至說這是法，這是非法』，這個人所說不正是虛妄的嗎？」舍利弗回答說：「虛妄啊！世尊！」如來又說：「舍利弗！如果不會落入這樣的虛妄事相中的人，名之爲聖衆，由於心不顚倒的緣故，名之爲聖衆。」】

講義：如來特地又呼喚舍利弗，然後舉出來說：「如果有人這麼說：『在這個法中既然沒有言說，又沒有決定存在的人，怎麼可以說是僧呢？』」因爲一般人都會依文解義，依文解義時他們想：如來說的聖衆，既然是斷一切語言道，顯然都沒有言說；既然沒有言說，又確定一定沒有離言說的人存在，你無法決定誰是離言說的，你找來找去沒有一個人是離言說的，那顯然就不符合 如來所說「聖衆」的僧寶定義，那又如何能夠有僧寶而被 如來說爲「衆僧」？

一般人都會這樣想，想想看確實如此，所以有些糊塗阿師讀不懂經文，就會指責說：「如來在三乘經典中自相矛盾。」從文字表面上看起來是矛盾，因爲 如來說離言說的人就是「聖衆」，稱之爲僧寶，「可是如來您本身也說一堆言語，在您的法裡面實證了聖法的聖衆們，平常也有許多言語；您又說在這個法中是沒有言說的，可是要找到一個沒有言說的人，決定是一個也沒有，那怎麼可以有人叫作僧寶？」原來他依文解義了，但是 如來這麼回答：「我所說的眾僧其實都是示現了如實事相的人。」「眾僧」要藉各種事相如實顯示出來：他們所證的境界是實非虛，是眞實法，不是虛相法。

咱們針對那些一天到晚講緣起性空的六識論者，說他們所聞、所學、所修都是虛相法。可是如來不講虛相法，如來即使演述二乘菩提教人「不受後有」，所講的仍然不是虛相法；因爲 如來早就講過了，阿羅漢證得涅槃是「常住不變」，所以不是斷滅空；如來是說阿羅漢所證的有餘、無餘涅槃，都是常住不變的。而且 如來也說，阿羅漢們入了無餘涅槃以後，有本際不壞，不是斷滅空，這樣的二乘菩提怎麼可能是緣起性空、一切皆空呢？當然不是虛相法。更何況 如來在二轉法輪時說：現象界中的一切法都空，包括所說的三乘菩提諸法都空，但是有不空者名爲非心心、金剛心、無住心、不念心、無心相心。

所以《般若經》說眞如雖然是無爲法，卻能出生有爲法，而眞如自己的境界中卻是無爲；眞如的有爲性可以支持眾生在三界中流轉生死，也用來支持三乘賢聖可以實證三乘菩提乃至成佛，祂自己卻是無爲的；這顯示有一個實相的存在，所以這個眞如不是虛相。不能像那釋印順胡扯，說什麼「心生起了卻有滅相，滅相不滅，非常非滅，所以叫作眞如」。眞會狡辯，可見他眞的無智，可是這樣無智人說出來的邪法，卻有很多人到今天依舊信受不疑，表示那些信受不疑的人是什麼樣的人？是無智之中的最無智者，才會信受無智者所說的邪謬法。

本來好端端的一個釋印順，二十五歲出家專修佛法，結果變成了一個斷滅論者；然後恐怕被人評爲斷滅，又回頭認取了細意識作常住心，於是重新墮入常見，而平常卻又不斷地演說斷滅法；我說這個人具足斷、常二見，這樣的人都是「示如虛事」，不是佛講的「示如實事」，當然不是佛說的「眾僧」之一。所以釋印順應該改名叫釋如虛，請如虛法師把那個名號讓給他。所以我們會裡面不管是誰，如果出家了，不許取個法名叫作如虛，可以取名如實。佛所說的「眾僧」不是講一天到晚閉嘴不言語，而是說他們顯示了「如實」的事情，「如實」的事情就是實相法界主體，名爲如來藏，又名阿賴耶識、異熟識、無垢識，又名心，又名識，又名所知依，有很多的名詞。

道家說的太極其實是想像這個如實的「無名相法」，但他們不懂，所以落入想像中，說有一個太極不可思議，這個太極出生了兩儀，兩儀裡面白中有黑、黑中有白，陰中有陽、陽中有陰，就有四個法出現了，於是就演變成為八卦，八八六十四就有六十四卦，於是一一演示出來。問題是，從兩儀開始到六十四卦，無一不是現象界中的法；但現象界是生滅的法，這些生滅法為什麼能夠滅了又生、生了又滅呢？總不可能無中生有吧！既然不是無中生有，顯然生滅法不間斷的背後有一個眞實法常住不滅作為所依，於是生滅法可以滅了又生、生了又滅而連續不斷，所以說：有為法依無為法而存在。

哲學界也都知道：現象界的一切生滅現象，一定要依止於一個常住法。也就是說，假有的生滅法都必須依眞實的常住法，所以他們有一句話，在近代的哲學界大家都認同了，叫作「**假必依實**」。連哲學界都懂這一點，結果號稱修學智慧有所實證的印順法師等一派人，竟然不懂這一點，釋印順還號稱成佛了，我就說他的傳記其實是「看見凡夫在人間」，不是「看見佛陀在人間」。對呀！他那本書就要這樣命名，我沒有冤枉他或羞辱他。連哲學界那些凡夫都知道假必依實，他們竟然說假法可以出生假法，有這個道理嗎？虧他還弘揚《中論》，可是《中論》一開始就說「**諸法不自生，亦不從他生，**

不共不無因」，第三句就講「不共」，也就諸法不共生，偏偏他主張的是共生：六根與六塵相觸就可以出生有情覺知心。那不就是共生嗎？他把如來藏否定掉了，又成爲第三句「不共不無因」所破的「無因生」，所以我說，他的智慧其實遠不如哲學界。

他的智慧既然不如哲學界的凡夫們，那他成的是什麼佛？叫作「名字即佛」，他還到不了「觀行即佛」的地步。六即佛最低層次是「理即佛」，然後是「名字即佛、觀行即佛」，「觀行即佛」就是正確的觀行，距離證悟不很遠，叫作觀行即佛，就是諸位之中還沒有破參的人，都屬於「觀行即佛」位，在第三個位階。釋印順聽過佛是什麼、也歸依了佛，可是他的「觀行即佛」是錯誤的，因此不在「觀行即佛」位中，遠不如諸位。至於世間人連佛都沒有聽過的，不知道自己也有佛性，將來也可以成佛，叫作「理即佛」，因爲理上他們也有成佛之性，所以叫作「理即佛」。釋印順只在第二個階位——名字即佛。

諸位來到正覺正確的修學，開始觀行五蘊虛妄、十八界虛妄，開始觀行參禪：如來藏在哪裡？設法要去親證祂。也具足了看話頭的功夫，具足正確的知見與福德，並且開始在觀行了，這就是「觀行即佛」位。若是實證了，就是「相似即佛」位。實證了以後看諸佛時，確認諸佛是這個實相心，我也是這個，所以我跟佛很像。怎麼不像？眞的像啊！悟了以後，假使你有神足通，跑到極樂世界去拜見阿彌陀佛，一看，阿彌陀佛也是這個心。去到東方琉璃光如來等一類的世界，不論你拜見了阿閦如來或者藥師佛，你一看也是這個心，「原來我跟諸佛一樣」——從總相上看是一樣的，但畢竟還沒有究竟成佛，所以叫作「相似即佛」。

那麼又回來釋迦如來座下安分守己繼續進修，終於有了無生法忍，那就是「分證即佛」位，因爲只剩下十個位階，你就成佛了，這叫作「分證即佛」。後來有一天被授記爲一生補處菩薩，在佛法滅了以後生到兜率天，等候人間未來佛法弘傳的因緣成熟了，再來人間降生成佛了，這就是「究竟即佛」位。總共有六種即佛。釋印順最多只到第二個位階，因爲他即使有觀行，但那觀行是錯誤的，不在正確的觀行位中，所以我說他只是個「名字即佛」，連「觀行即佛」都不是；這樣的假佛可以寫一本傳記叫作《看見佛陀在人間》，嗎？當然不行，所以我說要改名爲「看見凡夫在人間」！因爲他沒「示如實事」，說的都是外道斷見加上常見的邪論，都是示如虛事。今天講到這裡。

《佛藏經》〈念僧品〉第四，上週講到十六頁最後一段第二行：「我於此法中有如是答：『眾僧名爲示如實事。』」「眾僧」既然名爲「示如實事」，表示「眾僧」的定義，在《佛藏經》〈念僧品〉中是很嚴格的。也就是說，如果一群人出家住在寺院中，但他們所示現的都不是「如實事」，就不能稱爲「眾僧」。那應該稱爲什麼？這個傷腦筋了，因爲我不太方便講。例如他們之中有人專門在修密宗假藏傳佛教的法，所以號稱顯密雙修。以前顯密雙修這個名詞是表示證量很高，但我們弘法二十來年之後的今天，人家聽到他們是顯密雙修時，縱使沒有當面搖頭，也會露出一個驚訝的表情：「啊？」

他們既然會修密宗假藏傳佛教的法，而且號稱是密宗假藏傳佛教裡面最甚深的、最重要的祕密之法，表示他們修的都是五陰的境界。因爲修密宗假藏傳佛教的法最重要的，就是他們所謂的密不示人的雙身法。那個所謂的報（抱）身佛的境界是具足五陰的境界，都還到不了欲界天的境界，那層次是非常之低的，完全是虛妄法。他們以前都主張：「必須先修好顯教的法以後才能修密。」那麼由他們修密宗假藏傳佛教無上瑜伽雙身法的層次來看，他們對於所謂的顯教諸法其實是都未入門的。也就是說，他們全部落在我見和我所之中；而我見與我所等內容全部都是虛妄法，那他們就是示虛妄事。示現了虛妄的事情而不是「示如實事」，就表示他們不在「眾僧」的身分中——不在眾僧數，所以他們不是「眾僧」之一。

既不是「眾僧」之一，卻又穿著僧衣住在寺廟裡，說他們是菩薩，這沒道理啊！佛弟子眾是不是應該把他們逐出佛門？因爲他們其實就是獅子身中蟲：住如來家、吃如來食、穿如來衣、說如來法，用來破如來法。如果是粥飯僧那倒也罷了，無所謂，大家一樣可以供養，至少是個表相的佛教，可是他們顯密雙修時就已經不在「眾僧」數中了。依照世尊這一句聖教的定義來說，凡是不能「示如實事」，也就是不能實證三乘菩提時就不算「眾僧」之一了。但我們要把這個定義放寬：至少要能夠依文解義，我們就算他們是「眾僧」之一；或者至少當個粥飯僧，不胡亂說法，不誤導眾生，我們也說他們是「眾僧」之一。畢竟現在是末法時代了，我們對這一點可以接受、可以包容。

但是修了密宗假藏傳佛教的雙身法，表示他已經捨了比丘戒、比丘尼戒了，那還能稱為「眾僧」之一嗎？不行！假使他們沒捨比丘、比丘尼戒，修了雙身法時就犯了菩薩戒、聲聞戒，而且全都是重戒，出家人的戒體早就不在了。所以，出家人犯了十重戒之一就已經不算是人了，因為已經失去人的格，註定下一輩子要在三惡道數中。如果他們又不擇親疏、不擇人獸，就像宗喀巴、密勒日巴講的，或者陳健民「上師」講的母親、女兒、舅媽乃至不擇禽獸而修雙身法，那根本就不是人了，何況能夠說他們是「眾僧」之一呢？

所以，佛教界其實到現在法義弄清楚以後，應該要來一個自清運動。以前密宗假藏傳佛教還搞什麼利美運動，其實本質上不利亦不美啦！但是我們應該要呼籲佛教界自清，把那一些冒充佛教徒的外道逐出佛門，因為他們連粥飯僧都不是，連人的格都已經不存在了。所以如來說：「我於此法中有如是答：『眾僧名為示如實事。』」這「眾僧」兩個字的定義，顯然是極嚴格的；雖然是如實的定義，但是這個「示如實事」是依於「無名相法」如來藏的真如境界來定義的。

而這個「無名相法」真如自身的境界中，其實如來所說的「眾僧名為示如實事」這件事情亦不可得，所以如來說「此事決定亦不可得」。這道理我們也演述非常多了，因爲如來藏住於眞如的境界中，祂雖然是眞實而如如的，但是祂的境界中沒有六塵境界中的任何一法可得，所以從事相上要爲大眾解說：要有什麼樣的證境，然後示現出什麼樣的狀態，才能稱之爲《佛藏經》中嚴格定義的「**眾僧**」。

但這是爲還沒有實證的佛弟子們演說的，演說完了卻還得要像《般若經》一樣，在演說的每一個段落、每一個小單元圓滿時繼續提示一下：「**此事決定亦不可得，**」也就是說，在眞如的境界中、在「**無名相法**」的境界中迴無一法可得，哪還會有凡夫與聖人的事情呢？當然所謂的「**眾僧示如實事**」的事情，同樣也就不可得。因爲「**眾僧名爲示如實事**」，這件事情也是在六塵中才談得上——爲大家宣示演繹說明以及示現。但是對實證者而言，這些事情在「**無名相法**」眞如的境界中都不可得。都不可得，並不代表這些事情於現象界中不存在，也不代表「**示如實事**」的「**眾僧**」在現象界中不存在，而是依於這一些賢聖眾僧各自所證的實際理地，來說這個事情也不可得。

那麼「**眾僧**」之中的每一分子，都必須要遵守一件事情，就是如來說的「**俱同一學一忍一味**」。如果有人誤會了般若諸經所說，不管任何人提出任何的法義辨正內涵，他都指責說：「《大般若經》中說一切法都無，你講這麼多幹什麼？」如此制止同一個道場中的實證者出來爲大眾解惑釋疑、出來爲大眾辨正什麼樣的說法是錯誤的，那麼那個人顯然不在「眾僧」數中，他是在凡夫數中；而這樣的人同時違背了 如來的聖教：「俱同一學一忍一味」，因爲他指責了證悟的賢聖爲了救護大眾而作的法義辨正義行，這就違背了如來的教誡。

換句話說，如來之所說是依於「無名相法」如來藏的境界，來弘傳三乘菩提諸法；乃至依於如來藏「無名相法」的境界，來對證悟因緣尚未成熟的眾生演述人天善法。然而，粥飯僧或者啞羊僧誤會了 如來在《摩訶般若經》中的聖教，錯認爲 如來的意旨就是主張一切法空，因此認爲任何法義辨正都無所必要，出世作法義辨正的賢聖們都是多此一舉，而且把佛教界搞得烏煙瘴氣；這就是他們的看法。但他們的看法與作法，實際上違背了 如來的聖教。因爲 如來的聖教在身口意行之中，在在處處顯示了「無名相法」如來藏的境界，在告訴大眾如何是眞實而如如的境界，期望大眾遠離一切虛妄法。

但是在末法時代，也不一定每一個道場全部都是粥飯僧、啞羊僧。當時局清平時，總是會有菩薩出現在人間，延續如來的妙法聖教，那時建立了菩薩僧團，於是如來正法又開始漸次弘揚起來；此時這個道場中的一切人，同樣都必須依於如來聖教，特別是了義究竟的聖教——依如來藏「無名相法」而演繹的一切法作爲依憑。任何人都應該立志成爲菩薩僧中的一分子，然後所有大眾上下一同，全都是「同一學一忍一味」，不應該互有差別。凡有差別就只有層次高低的不同，而所證、所推廣、所弘傳的法是不應該有差別的。所以「學」也如是學，「忍」亦如是忍，「味」亦復同一味，必須如此才能夠共相和合而無諍論。

既然談到「同一學」，應該是以哪一個法作爲共同的所學？當然是如來藏。如來藏又名阿賴耶識，又名心，又名識，又名阿陀那、異熟識、無垢識、所知依、一切種子依，有無量無數名。外道不懂，把祂稱爲大梵天王，婆羅門把祂稱爲祖父，或者近代的外道把祂稱爲造物主，其實他們所說的全都指涉「無名相法」如來藏。因爲能出生有情五陰的就只有一個法，名爲如來藏，再也沒有他法了。

所以「上帝創造世人」這句話講的上帝，實質上應該指稱誰呢？（大眾回答：如來藏。）對了！正是如來藏。所以，諸位遇見了信仰一神教的好朋友臨別時，可以跟他祝福說：「願上帝與你同在。」或者「願阿拉與你同在。」他們當然很歡喜跟你道別。可是回家以後想一想：「不對！我這好朋友是虔誠的佛教徒，據說他在佛法上也有實證，為什麼近來每一次分手，都跟我祝福『願上帝與你同在』（願阿拉與你同在）？一定有蹊蹺！」有一天忍不住了，當你向他們祝福時，一定抓住你不放：「你今天得要跟我講清楚，為什麼每次分手時都祝福我跟上帝同在？」這時你正好跟他講：「你這個身心不正是上帝為你創造的嗎？」他一定認同：「對啊！是上帝創造我這個身心。」你正好告訴他：「上帝如果離開你，你不就該死了嗎？」他一時沒想到這個問題，轉念一想：「也對！如果上帝不在，我就死了。」你就反問他：「我祝願你『上帝與你同在』，有什麼過失呢？因為上帝一定跟你同在一起，不然你就沒命了。你今天還能夠跟我當朋友，還能夠讓我分手時祝福你，上帝一定是同在的。」

他們想：「有道理。」然後你正好點他們：「你看見上帝沒有？」他們一定告訴你：「沒看見，我每天禱告，他都沒有回應我。」你就告訴他們：「其實祂有回應你，是你不知道，我可清清楚楚都看見了。」然後就 Say goodbye，直接就走了，再也不用解釋什麼，讓他們疑三年去，等三年後再說。縱使他哪天找上門來問，也別跟他們解釋：「你自己思考三年去，三年後再說，現在不跟你談。」就這樣讓他們去疑三年。最後非常渴求這個答案時，再來為他們解說。如果這樣也度不了他，你就可以死了心，不用再企圖度他們了。

這就是說，學佛的目的是在求得智慧，而這個智慧並不是世間法中的聰明才智，這是關於宇宙實相中的現觀所得智慧。那麼來到正覺修學以後，瞭解到所學的是這個法，當然就應該圍繞這個法來修學各種次法，以及最後要實證這個法，這樣才叫作「同一學」。如果有人來到正覺，還說他要學南傳的法、北傳的法、密宗假藏傳佛教的法、道家的法、儒家的法，那就表示他不是咱們的同學，因爲既然同學就應該學相同的科目與內容；如果他學的跟你是不同的科目、不同的內涵，他就不會跟你同班，就不是眞的同學。

當然世間法中講的同學，跟我們現在講的同學不太一樣。例如我在學校上課時，書桌上面我捧著的書，外面是課本，裡面是課外讀物；我都是讀一些奇奇怪怪的東西，同學們完全沒興趣。所以我在學校是混畢業的，可以說我永遠都是吊車尾，腳幾乎要拖在地上，這樣被拖過去的。但是我這個人怪，也是同學都知道的事，課業沒興趣，專喜歡一些奇奇怪怪的東西。那我到底算不算他們的同學？應該算吧？好在他們都還承認我是他們的同學，雖然實質上不是他們的同學。

可是畢業後的五十年才召開第一次同學會，現在倒有幾個同學成了我們會裡的同學，又來跟我同學了（大眾鼓掌…）；那我說了：「既然來當我的同學，學的就是我這個法。」倒也不錯，大家都認同。所以他們來到正覺，要認清正覺學的是什麼法，得要跟大家「同一學」，不能有二學。如果有的人來到這裡，又說他要學什麼神通，我就說：「你去學神通是怎麼學的？告訴我。」他說：「我就跟著某法師學。」我說：「我沒聽過某法師有神通，他怎麼教你的？」結果掏出一本書來，我說：「拿來！我看看。」翻開第一頁就知道講錯了，神通不是那個道理，我說：「你從這本書上要能夠學得神通，太陽打西邊出來了！」唉！眞沒辦法。結果二十年後的今天，他有沒有神通我不知道，已經將近二十年沒見到人影了，我想也是沒有；要是眞有神通時，早來找我了。換句話說，當他開始學其他的法，而不跟我們同修會「同一學」，這時就顯示他將會離開；離開以後哪一天想起來，又來找會裡的同學時，他就會發覺雙方智慧的落差已經很大了。

也就是說，我們學的是無所得法，不是有所得法。如果又去會外學有所得法，那麼他的觀念、他的心態，顯然跟我們已經大不相同了，他未來一定會趣向有所得法，他的道業將會延遲，必然會被他自己耽擱了。所以同一所學，意味著所學的法互相不會有差別，只會有廣狹深淺的不同。請問諸位：咱們正覺同修會學的是哪一學？（大眾回答：如來藏。）如來藏，也對！因爲如來藏函蓋三乘菩提。我們可以講得圓融一點、圓滿一點，說我們學的是佛菩提，而佛菩提道函蓋了二乘菩提，同時也函蓋了人天善法。

所以當我們行有餘力，就開始在人天善法中也來作一點；作一點成功了就作兩點，然後就三點、四點、五點，開始繼續作下去。不用個人的名義來作，而以我們正覺同修會的名義來作，因爲咱們同修會的所有善款來自於諸位。我們作了這一些善事以後，諸位可別有人提出意見來說：「我們又爲什麼要作這一些人間善法的善事？我們應該只說法、只弘法就好。」但是我們這樣作，有兩個目的：第一個目的，就是顯示我們六度俱修的菩薩道的形象。因為我們現在行有餘力就應該這樣作，否則恐怕會有少數人想：「你們正覺同修會都不作善事。」他們智慧淺狹，不懂得正覺作的是天下最大的善事——令正法久住而福蔭全球人類，這才是最大的善事，但他們不懂。所以當我們行有餘力了，我們希望改變那一些人的錯誤觀念，也讓他們不再造口業，因此我們也開始涉入人天善法中，改變了正法在他們心中的形象。

第二個用意，說我們為什麼不用個人的名義去作？而以會裡的善款來作，就是把大家在布施行善上面的福德綁在一起。所以這一些福德，你們每人都有一份，我也有一份，你們的左鄰右舍大家都有一份。下一輩子諸位乘願再來時就不愁碰不見我了，可以下一輩子乃至下下輩子一直相遇，那還需要反對嗎？不要了！而且應該舉雙手贊成，對吧？（大眾鼓掌⋯⋯）所以福德綁在一起很重要，因此我們就開始作這一些善事，所以未來世我們大家不是只有正法的因緣綁在一起，還有世間福報也會綁在一起；未來世，咱們大家可能在世間賺錢時就會互相遇到、在世間謀生時就會遇到，然後又開始了佛菩提道的修學。這樣子，大家生生世世相遇，其樂何如？

所以，我們這「同一學」就是佛菩提道，函蓋三乘菩提以及人天善法。我們現在的作法正是時候，也藉這個機會繼續來改變佛教界對正覺的看法。所以今年底提撥明年春節雪中送炭的數額將會增加，可別有人在背後數落說：「怎麼我們的錢拿來用在救濟眾生上？我是要護持正法啊！」但是觀念要改一改，這也是護持正法，讓大家在法上的因緣和未來世福報的因緣都綁在一起，那麼未來世正法就會更有力量，大家更有機會盡快相聚，這不也是護持正法嗎？正是！這就是我們正覺的「一學」。

所以大家應該齊心合力，在法上、也在救濟眾生上面來作，因為我們對某一些所謂的慈善團體是失望的，我們不要從其中領取任何的薪水、車馬費，而要把大家的善款全部用在眾生身上。可別像有一些團體，他們去行善時還領車馬費、還領薪水；不但是佛教，一神教裡面的慈善團體也是如此，他們作事的人都領薪水，甚至於逢年過節還領獎金。而我們全部都是義工，這樣福德增長才會快速，這就是我們正覺同修會現在這「一學」所包含的範圍；將來會不會擴增到別的領域？很難說。如果有必要，咱們就擴增；如果沒必要或者行無餘力就不談它。但原則是不會改變的，所學的是五乘諸法全部具足，這就是「同一學」。

既然「同一學」就得要同「一忍」，不能忍就是不能接受。不能接受，到底是有哪些層面？有的人對同修會有某一些事不能接受，例如有時覺得說：「您蕭老師度量太大，不好！有些人作了不對的事情，您也包容，一而再、再而三，有時甚至三而四、四而五，太過分了。」他不能忍，也就是不能接受。不接受，就只好告假離去，甚至於不告而別了。但是我認為這就是忍的落實或成功，我們不必在某一些人才剛剛出現第一件過失時就把他們開除，因為咱們是菩薩；儒家都還講包容，何況是菩薩呢？應該心量更大，見解更寬廣才是。

有的人還有別的種種不忍就不談它，單說法好了。我們說三乘菩提各種都有個忍字，忍就是接受的意思。所以我演述三乘菩提時會不斷的加以說明，有時還會在重要的地方或容易誤解之處加上一些提示，但有的人依然不能接受，就表示他無忍。例如我說：「在三乘菩提中都說識陰六個識全部虛妄，無一真實。」我講了很多年，他也聽了十幾年，看上去好像接受了，可是當他私心生起來而不能得遂，於是就開始否定正覺的法，說我們證得的阿賴耶識不是如來藏，又說眞如是離念靈知。這就表示，在二乘菩提的斷我見上面，他不能生忍，也在大乘菩提的見道上面不能生忍，不能生忍就是沒有無生忍。

二乘聖者是斷除我見——否定五陰中的任何一法，全部現觀爲虛妄不實的假我，入涅槃時必須全部滅除。能接受了，表示他有二乘法的無生忍。可是他們二〇〇三年發動法難，認定離念靈知就是眞如，由於誤會而宣稱：「我們證得佛地眞如了，這才是眞的眞如。假使我的手割傷了，我叫眞如讓它不流血，它就不流血；我叫眞如讓它不痛，它就不痛。」可是我很想問他：「你什麼時候割了叫它不流血給我看看，反正你可以不痛，也沒有苦可言。」但是當年我公開宣判：「他所謂的眞如就是離念靈知，回墮意識境界，沒有第二條路。」果不其然，證實了。這表示斷三縛結的內涵，他心中不忍，不能接受就表示他退轉了，就沒有二乘見道的無生忍。

他又否定第八識說「這個阿賴耶識不是如來藏」，說「阿賴耶識是生滅法」，也就是說他對於阿賴耶識的本來無生沒有現觀；沒有這個現觀時，心中不能接受。只是因爲我明講而送給他，所以他暫時收下來；但是把祂打包放著沒有用——不懂得怎麼用，因此智慧起不來，才會把這個眞實的眞如法給否定了。他們連我註解的《楞伽經詳解》都不讀，我的註解以及其他的書中，早就引證過如來的聖教說：「阿梨耶識者名如來藏，而與無明七識共俱……」也說阿賴耶識心常住而七轉識生滅不住，但他都不讀。既然佛說這阿賴耶識就是如來藏，他把阿賴耶識否定說不是如來藏，又說阿賴耶識是生滅法，那就表示他在大乘法中的本來無生不曾生忍。所以大乘的無生忍，他也沒有，因此才會發動二〇〇三年的法難。既不能跟我們「同一忍」，於是只好離開。

雖然離開了，我們用不著抱怨，正因爲他們的因緣，才讓我們會裡有機會寫出了《假如來藏》、《辨唯識性相》，以及〈略說第九識與第八識並存…等之過失〉的文章，後來還有《燈影》，我還講了《眞假開悟》而整理成書。所以現在臺灣佛教界共有「一忍」，不是只有我們有這個忍；現在整個臺灣佛教界都同有「一忍」，也就是「想開悟，去正覺」。這是臺灣佛教界的同「一忍」，大家都有這個共識，這是因禍得福。但是因禍得福的事情，在他們剛離開時，我就已經跟親教師會議的所有親教師們講過，後來逐漸發展的結果不也證實我的預記了嗎？所以現在臺灣佛教界同有是忍，這是值得讚歎的。

那麼同「一味」，究竟應該是什麼味？也就是說，菩提之道無上妙法其實法樂無窮，都是因爲同有「一味」就是無味，都沒有味道啊！每週二晚上來正覺講堂聽了我講經，聽得法喜充滿，因爲有好多二乘聖人所不懂的法，全都可以現觀；一面聽聞一面現觀，法樂無窮！可是在法樂無窮當中，或者是回程中回想這一些妙法時，再從實際理地來看這一些法、來看待聞法時的法樂，其實都是因爲沒有味道而引生的。聞法時的快樂，聞法時同時現觀實際理地而引生的快樂——生起實相智慧時的快樂，莫不是識陰中的境界。但是這一些法中韻味無窮，卻是源於迴無一法可得的「無名相法」如來藏，而如來藏的境界中沒有任何「一味」可言。所以若要問正覺同一味是什麼味？應當就是無味。

假使有味，都是五蘊中事，不干實際理地。因此在正覺中開悟了以後，現見實相法界中迴無一法可聞可說。假使有人告訴你說：「我在正覺開悟了，怎麼沒辦法飛行？好像悟錯了吧？」你就該質問他：「你認爲開悟是有所得法或是無所得法？」應該問這個道理。如果他還有一點般若智慧，就會醒覺應當是無所得法；因爲凡是有所得法終究是生滅不住，生滅不住的法不應該是來正覺所應該求證的，因爲一向違背如來聖教。求得有所得法，得而復失是必然的結果；如果得而復失，那又何必求之？因此無所得法才是不生滅法，而且又不像聲聞一樣灰身泯智。因爲正覺所教導、所實證、所弘傳的無所得法，是在無所得中而不妨依舊有各種所得，才能夠世世擁有五蘊身心，來利樂眾生自度度他直至成佛。

既然是無所得法，證了這個法以後，該不該有特別美麗的、歡喜的各種所見呢？是不該有？還是該有？這下疑惑了！其實是不該有，但是又無妨有。當你證得「無名相法」如來藏時，心裡一塊大石頭落地了，心中那十五個水桶也早不見了，心安理得腳踏實地，從此走在佛菩提路上時再也不心虛了。以前總是腳底虛虛的覺得不踏實地，在任何一個道場修學而被印證開悟、頭上蓋了所謂的金剛印之後，走路也是不實在，因爲《般若經》請了出來依舊不懂，禪宗祖師的公案請了出來依舊迷糊，這樣而稱爲開悟，心中是虛浮的。

可要是到了正覺，一拿到金剛寶印，那眞是腳踏實地再也不虛浮，這時心安理得，看見什麼都是美的。甚至於回到家裡進入廚房，一不小心看見了蟑螂在那邊爬，以前都大喊「媽呀！」其實她都六十好幾了這時也還喊媽。可是悟後回來這時一看：「蟑螂菩薩又跑出來了。」稱牠菩薩，這時不覺得牠很醜了，因爲是看見牠的眞如，牠變成菩薩了。這時看見每一個人都是眞如，好美的眞如。美在哪裡？無形無色無不美，這就是美。你這樣看見了又何妨，而你的實際依舊沒有見——什麼都沒看見。

特別是來到十住位時，眼見佛性分明，圓滿了十住心，到處都是佛性，美極了！吃飯時津津有味。有一次禪三，那一次我們何老師剛好見性，看她吃飯吃得很專心、很快樂，我跟旁邊的人說：「她是在『吃』佛性，你知道嗎？」他說：「佛性可以吃喔？」我說：「不然！她是在領受佛性，不是在吃飯。」對啊！就是這樣。花開時，看那樹梢滿滿的花，不看花，看佛性，多美啊！那又何妨？有那麼一個美好的見，也不賴啊！不必像聲聞人一樣，不要看、不要聽、不要嗅，怕被六塵引生了一絲絲的貪念就入不了無餘涅槃了。但菩薩用不著，色盡管見、聲盡管聽、香盡管嗅乃至法盡管聞，全都無妨，因爲成佛之道的每一個過程正要如此；但實際理地依舊不見不聞不嗅不嚐不覺不知也不作主，這就是正法的妙味。所以正法的妙味無味，卻又不妨有種種法味，修學了義正法的人應該同此「一味」。

那麼同「一學」、同「一忍」、同「一味」的人，一定有同「一見」，就是如來剛才所說的開示：「此事決定亦不可得。」正由於這樣的緣故，如來開示說：「是事亦以世俗語故說，非第一義。」因為同一學、同一忍、同一味，結果是無味；不但無味，也無學、也無忍。請問諸位：你證得如來藏到今天，繼續在修學增上慧學，這都是你五蘊的事，你的如來藏何曾有過「一學」。所以大家在正覺同修會中有同一學時，大家的如來藏各自都無學，連一學也無，何況二學？那麼大家證得「無名相法」如來藏時，現見實際理地無一法可得，正是無餘涅槃境界，同有此忍。可是諸位的如來藏自身境界中連一忍也無，何況有二忍、三忍？所以同「一味」也就是無味。

那麼既然如此，方才所說的五蘊中的修學實證諸事，以及如來藏中迴無一法之事，同樣都是以世俗言語的緣故而為大家說明，這其實並不是第一義。那麼請問：第一義的境界是誰的境界？（大眾回答：如來藏。）對！是如來藏的境界。所以正好拿個祖師的公案來印證，學人來問：「如何是第一義？」禪師聞了，轉身休去，不正恰好嗎？恰恰好！因為他要問第一義，第一義是如來藏的境界，迴無一法，離語言道。禪師正好口渴了，想回寮房喝茶，轉身休去，恰恰好！這叫作一舉兩得，既答了那僧之問，也同時可以解決自己的口渴，多棒！如果是那一些瞎眼阿師，該怎麼辦？那就只好忍著口渴，講上一大堆不相干的法，然後自稱那是第一義。

其實第一義中無言語、無覺觀可得，何能有言說？所以世尊把這一些深妙法開示之後，作下這個結論：「是事亦以世俗語故說，非第一義。」菩薩們想要挑剔一下都沒機會，可是那一些外道們到處挑剔，都說如來講錯了。不敢謗如來者就說：「那大乘經是後人創造的，不是如來聖教。」但菩薩們為什麼奉行不已？這就不是他們之所能知。

接著如來又開示說：「第一義中無有定實名為僧法常不壞者；聖人若說言有是法，是即為汙；」第一義的境界中沒有一個決定眞實有的，可以名為僧或者名為法而可以說為常住不壞的。設想一下，假使你還沒有觸證到如來藏，也就是還沒有去找到如來藏，把你的覺知心見的功能、聞的功能、嗅的功能、嚐的功能、觸的功能以及知的功能，全部封存起來不能作用，就好像睡著無夢一樣，在那個境界中有沒有僧可說、有沒有法可說？連粥飯僧、啞羊僧都不存在，連世間流轉法都不存在了，還能夠說有僧有法是常住不壞的嗎？不可能，因爲都不存在了，怎麼可以說是常住不壞？

那麼你所證的如來藏，就有點類似這個模樣。當你這七識心能見能聞能嗅能嚐能觸能知、能作主作決定時，你的「無名相法」如來藏是跟你同時同處——祂跟你同在；但這個「無名相法」如來藏的境界中，卻沒有你這七轉識的任何功能；這時你來看看，在你的如來藏中還能有「一學一忍一味」嗎？還能有「第一義」嗎？不要說對「第一義」的了知，連「第一義」這個名稱或了知都不可能存在，這樣才是眞實的「第一義」。那麼這樣的境界中，還有僧可言嗎？還有法可言嗎？連僧與法都不存在了，何況能夠有僧法的常住不壞可說。

把這個話題拉回來，剛剛諸位跟那個信上帝的好朋友說：「願上帝與你同在。」有一天他終於信受你的話了，你倒是可以告訴他：「你信雖然信了，知道上帝與你同在了，我倒有話要說：上帝既瞎又聾又不會言語，連香與味祂都不知道，呆得像什麼一樣你知道嗎？呆到連癢了都不知道癢，所以祂也不會作主；在什麼都不知道的狀況下，祂創造了你，你信不信？」這一下，他一定覺得很震撼：「上帝既瞎又聾，而且比我還笨，什麼都不知道，笨到不懂得抓癢，豈有此理！」你就告訴他：「哪一天你親自看見了眞正出生了你的上帝，就知道我爲何這麼說了。」讓他再疑三年去。度那一些人就得這樣子，三年給一個題目；三十年給了十題，該捨報了，下一輩子再度他。唉！度眾還眞難，但三大阿僧祇劫攝受國土，就是這樣攝受的，每一世都這樣啊！

也就是說，上帝如來藏的境界中沒有一法可得，因爲祂完全不知任何一法，祂對一切法既不知覺、也不領受也不思惟，但祂就這樣出生萬法。千萬別懷疑這件事情，因爲這是法界中的實相。舉個例子來說，一面明鏡在你眼前，你看著明鏡中的人、雞、貓、狗、雲來來去去，明鏡就這樣出生了這些影像，可是明鏡曾經分別說這是雲、這是貓、這是人、這是狗嗎？不曾。祂都不分別。這樣到底好或是不好？好。有沒有人希望祂能分別？沒有。這眞是有智慧者。假使祂哪一天眞應了某個愚癡人的要求，也開始分別了，我說那個愚癡人他倒楣了，因爲他連起床都有困難：他醒了想起床，但他的如來藏不想起床，想要繼續躺，那怎麼辦？對啊！好不容易妥協好，起床了，到了浴室，他想：「我睡眼惺忪不太想張開眼，我就瞇著眼睛刷牙吧！」但他的如來藏會分別說：「不行！要看清楚才可以，而且先要張開眼，要先洗臉，不先刷牙。」兩個又要爭執了，怎麼辦？到後來乾脆分家，如來藏說：「好啊！分家啊！」如來藏就走了。眞的分家，你就死翹翹了。

所以不應該亂打妄想。如來藏就是不分別，祂的境界就是沒有任何智慧可言，不論是世俗智或者三乘菩提的智慧，一智也無。如果今天晚上第一次來聽經，聽到這蕭平實這麼講，心想：「怪了！怎麼佛法會是這樣的？」因爲他跟著大和尚學佛三十年了，沒聽大和尚這麼講過。我就要跟他提醒一下：「豈不聞《心經》曰：無智亦無得。」這一問，他可就沒輒了，因爲每天課誦的《心經》不能否定；既不能否定只好信，信了可是心中又不能接受，所以我就說他不得無生忍。因此說，實相的境界中迴無一法可得，因爲祂不分別、不作主，當然就不需要了知任何一法；又因祂從來不分別六塵萬法，所以儘管六塵繼續生滅不住，而祂依舊不分別。但是世間有所謂的法與僧，只是在六塵的境界中才有這樣的建立與分別；如果不是在六塵的境界中，也就沒有佛法，也沒有凡夫僧、勝義僧之可言了。

那麼 世尊說：「第一義中無有定實名為僧法常不壞者；」這個第一義正是「無名相法」如來藏的境界，所以在祂的境界裡面沒有凡夫僧與勝義僧，也沒有佛法與世間法，更別談到聖僧與佛法的常而不壞。然後 佛說：「聖人如果這樣說：有僧常住不壞、有法常住不壞。這樣的說法就是汙染。」所以，將來如果還有哪個道場大師拍胸脯保證說：「聖人說話是不打誑語的。」你就寫了條子遞上去：「如來經中說：『聖人若說言有僧法常住不壞者，是即為汙。』」他才拿到剛剛一讀，怕是要耳朵紅了。耳朵如果不紅，表示他無羞恥心，那他會變成怎麼樣？起瞋而青筋暴漲，因為心中想：「誰來跟我挑戰這麼可惡！」因為他不懂佛法，他知道座下有人不服，他便生氣起來。如果他是耳根紅了，表示他知道座下有高人，懂得慚愧：「我還是別亂講，依文解義就算了。」

也就是說，在佛菩提道中實證之後，現見實際理地沒有聖僧可言，因為連凡夫僧都不存在了，還哪來的聖僧呢？如果他這位大師老是說：「我是實證的人，你們應該要常常來供養我。」那表示什麼？表示他根本就沒有實證，所以應該告訴他說：「原來大師您沒有實證，汝不在僧數。」直接說他不在僧寶的數目當中。他也許問：「那麼我供養你一杯茶水，行不行？」你就安心的說：「行！」於是把他那一杯茶水喝了，往桌上一放，只需默默看著他就夠了，這就是良久。他要問你說：「你究竟是證了什麼，值得我這一杯茶水供養？」你就說：「以無所證故，堪受供養。」這時他如果夠聰明，就應該向你好好的讚歎，然後請求開示。

因爲既然答覆說：「以無所證故，堪受供養。」這一定有道理。這話從來沒人講過，大家講的都是：「因爲我有實證，所以我堪受供養。」假使他問你：「那，有所證時爲何不堪受我供養？」你就告訴他：「因爲都是生滅法，不是證得實相的人，沒有第一義可言。」假使因緣剛好，就收這個大師作小徒弟，有何不可？問題是，這一些大師身後都有一位尊者，名爲「啊！難！」——難可得度啊！縱使阿難尊者眞來了，老實講也度不了他，因爲他看中的是現前剩下這二十年的名聞利養，所以捨不得假聖僧的身分。

十幾年前我們剛搬來承德路不久，還有一個佛教居士說他們證悟了，把弟子眾分封爲這是某某菩薩、某某菩薩，自己編寫了經典，凡是他認爲證果了的，都沒有五十二個階位的果位，都是初果到四果，然後證果的人都各發一張證書。如來在世都沒發過任何證書，他倒發證書了。如來還說證果的人都是無果可得，所以這一些凡夫還眞會搞怪。在實相法界中，是沒有任何一法存在的，何況能有僧與法可說？何況能「名爲僧法常不壞者」？所以世尊說：「假使眞的有聖人這麼說，那就是染汙。」他一時不察，落入世間法去了。

那麼如來對這個開示作了說明：「所以者何？若人作是分別：『是男是女，是天是龍，是夜叉、是乾闥婆、是鳩槃茶，是法、是非法。』作是分別已，得種種事；得種種事，故作是言：『是坐是臥，是行是住。』」也就是說，如果有人起了分別心，就會去了別：這是男人，這是女人，這是天人，這是天龍，這是夜叉，這是乾闥婆，這是鳩槃茶，這是正法，這是非法。當他作完了這一些分別以後，心中就有種種不同的事相；當他心中有了種種不同的事相時，才會這樣子說：「現在這樣是坐，現在這樣是臥，現在這樣是行走，現在這樣是安住下來。」因爲他落到事相中了。也就是說，他不住在實相法界裡，落入事相中了。

禪師家就是奉行這個道理，所以假使有時禪師不住在實相法界的智慧中，落入世間法時，也許首座會跟他說：「師父落草也。」說他落草了。草是指什麼？是世間的萬法；落入萬法中，已不住實相了。但禪師說那一些世間法，其實是因爲他當上了住持，不得不談這一些世間法，不然誰來決定寺廟裡面大大小小的事情呢？但禪師也承認說他當時是落草了，所以自放一棒說：「也好領狀，自承自打。」就是說，這個罪狀自己領了，我自己打吧！就這樣，就像皇帝下罪己詔一樣。也就是說，實相法界迴無一法可得，如何會有這麼多世間事？

因此當你證悟了如來藏時，從如來藏來看一切有情，證實一件事實：一切有情莫非如來藏。所以，當你從如來藏來看一切有情時，無男無女。你如是看，正好有人來問：「如何是佛？」你就答：「非男非女。」沒錯啊！聰明人會解釋：「我知道啦，師父是說如來藏沒有男也沒有女。」可當他來向師父報告這個體悟時，沒想到他師父一棍就打過去了，原來師父講「非男非女」不是這個道理。這其中的密意，再怎麼思惟也想不透。如果這個道理想不透而說他證悟了，那叫作自欺欺人；等到哪一天終於會了，他這一世度人也就會用這一招，人家來問：「師父！當年您問『如何是佛』，師公答覆您說『非男非女』，我不懂，請師父開示。」他就會說：「那你再問，我就爲你開示。」這徒弟又重問一遍：「如何是非男非女？」沒想到他怎麼答覆呢，他說：「你不是我。」然後就走了。

他這一世都會這樣度人，因爲這是他的家風。你要是跟上了這樣的師父，是福也是禍。爲何呢？因爲你跟上了一個有很深入實證的師父，是你的福氣；但你可能就這樣子跟他參學，最快二十年才能悟入，這就是你的禍事。那糟了，到底遇上這樣的師父，是福還是禍？你要是問我，我就告訴你：「福禍兼俱。」也就是說，他既在現象界中，同時也在實相界中；不妨在現象界中指示了實相法界給你看見，你如果看不見就是一場禍事，你如果看見了就是大福報。所以禪師永遠都是腳踏兩條船的，但是那兩條船永遠都駕馭得很好，不會出事，因此不論誰遇見了禪師，都無可奈何。

但是諸位不應該以當禪師爲足，還應該要向上進求無生法忍，這才是正覺同修會住在人間的目的。因爲正覺不是只要教人家眞見道，正覺所弘傳的法是一個完整的佛菩提；不但法上如是，事行上面亦復如是。所以我們既可在世間看見是男是女、是天是龍、是夜叉、是乾闥婆、是鳩槃荼，是法、是非法，但同時迴無一法可得，住第一義境界。聽起來好像很玄，其實不玄；雖然不玄，其實非常玄。因爲即使有神通也弄不懂，所以說般若甚深極甚深，難思難議，不爲無因。但是我們在事相中繼續運作，五蘊可以不斷地有所作爲而不違背實相法界，這樣才符合《維摩詰經》的開示，因此咱們不妨說：「是坐是臥是行是住，而同時無坐無臥無行無住。」這樣才是眞正的實證者。

那麼如來又開示說：「聖人得諸法實相故，亦不分別是男是女，是天是龍乃至是法是非法，不分別故不得種種法；」也就是說，眞正的聖人是證得諸法實相的，而諸法實相是如來藏的境界。由此可見「無名相法」如來藏是眞實存在的，是可以驗證的，是可以現觀的，祂是出生一切諸法的根本心；但是祂自己的實相境界中不分別男與女、天與龍、「法」與「非法」，因爲祂不分別的緣故，所以祂的境界中不得種種法。就好像一面明鏡出生了一切的影像，可是明鏡不去分別那一些影像，所以在明鏡的表面看來，有各種無量變化的影像，但是明鏡自己的境界中不分別的緣故，連一個影像也沒有，所以就別提無量無邊的影像。「無名相法」如來藏的自性就類似、就好像明鏡，祂變現了前世的張三、這一世的李四、下一世的王五，無量無數的五陰過客在如來藏這個旅店來來去去，一世又一世不斷更新，但是祂都不去分別，從住在旅店中的旅客五陰境界來說，這個如來藏旅店裡面有這麼多勝妙的東西，只由五陰去作分別，但如來藏自身不作分別，所以說「**不分別故不得種種法**」。今天講到這裡。

《佛藏經》上週講到十七頁第一段第四行第一句為止，我想我們後面的講解漸漸地會越講越快，因為前面實在講得太慢了，也因為前面已經把那些甚深的法義解釋過了，所以後面就容易講了；當然後面容易講也是因為前面的內涵不容易懂，所以現在比較容易講了。例如我們以前去南部講《心經密意》，那麼最後說《心經》「**是大神咒、是大明咒、是無上咒、是無等等咒**」，所以最後「**即說咒曰：揭諦！揭諦！波羅揭諦！波羅僧揭諦！菩提薩婆訶。**」我講最後這首咒時，其實是很短就把它講完了，可能不到一、二分鐘就把它講完了。正因為它太深，所以很快就把它講完了，也正因為已經先把前提講清楚，所以這最深的咒就可以很快講完。

但是其實《心經》眞正的密意就在這首咒裡面，這咒大家都會唸，不論是唸梵文，或者梵文音譯成為中文來唸，或是拿它的意思來唸也行。譬如說，這一首咒的意思是說：「去吧！去吧！去解脫的彼岸吧！大家都去解脫的彼岸！圓滿修證菩提。」這就是最深的密意，整部《心經》就濃縮在這裡。可是問題來了：「這我聽懂的，怎麼會不懂？這有什麼祕密？」是吧？是啊！很多人都這麼想，聽起來就是這樣。其實這就是密意。如果有人要問我：「這個密意到底是什麼？」我就告訴你：「東山水上行。」「那『東山水上行』的密意到底是什麼？」我就請老趙州來告訴你：「六六三十六。」如果再問：「六六三十六是什麼？」我就請雲門來答：「花藥欄。」儘管有人來提出無窮問，除了請祖師來答以外，我還可以無窮答。

最後終於回頭又問起來：「你講這麼多，這跟《心經》的大明咒、大神咒有什麼關係？」我說大有關係。豈不聞一即萬法、萬法即一？給你那麼多的答案不就是萬法嗎？但是萬法都是一，包括《心經》最後直接告訴你密意的這首咒，也是同一個道理。如果會了，這時一定是拍案叫好：「果然是大神咒。」所以你看，那大神咒是最難講的吧？但我講《心經密意》時不過一、二分鐘就講完了，那不是最好講的嗎？眞是最好講的啊！但是這個最好講也是因人而異；對於已經會的人是很好講，照唸一遍就好了，完全用不著爲他解釋。

家裡人如果來問，根本用不著全部都唸，只唸「揭諦」兩個字就好了，他一聽就懂了。如果有人不信邪，再來問，你就繼續跟他答「揭諦」。如果第三人又來問：「揭諦是什麼意思？」你就答：「波羅僧揭諦。」一次給他一個句子就夠了。如果是下下根器來問，怎麼辦？就像德山那樣一棍把他打出門去，這一棍跟《心經》最後的密意—那一首大神咒—是一樣的，這樣終於懂了，所以說「是大神咒、是大明咒、是無上咒、是無等等咒」。其實聽到那一首咒才懂的人，祖師聽了會罵他「機遲」，是說：「你會得的機鋒太遲了，應該在祖師提出來說《心經》『是大神咒』時，就該會了，還要等到那首咒唸完！」

所以你看，佛法是這麼深；這麼深的應該最難講，可是你看祖師們答得多快？「如何是大神咒？」「揭諦！」他就答完了。如果不會，再來個「揭諦」，不然再來個「波羅僧揭諦」，要不然最後跟你講「菩提薩婆訶」。所以最難講的也是最容易講的，可就是苦了那一些依文解義之徒，他們絞盡了腦汁要把它講清楚，要顯示他們是懂的，偏偏越講越離譜。離譜，在內地有一句話是相反的，叫作「靠譜」，有沒有？靠著譜去演奏雖然不會很勝妙，至少不會奏錯了，一定不會有人指責說「你演奏錯了」。可是如果離譜呢？人家一聽，說你根本就亂彈一氣。這是害死那些依文解義之徒，因爲前面我們很詳細地把這「無名相法」的自性境界，依著佛陀的開示，而以現觀智從各層面解釋過了；所以接下來後面這些講起來也就快了，但是「快」也顯示其中的意涵難可了知，所以諸位聽聽看，未來整理好、出版了，讓佛教界讀讀看。

言歸正傳，今天要從第四行的第二句開始：「不得種種法者，能作是說『是坐是臥是行是住』不？」「不也，世尊！」上週最後講到證得「無名相法」的人，住在這個無名相而離分別的如來藏境界中，迴離一切分別；既然都離分別了，表示祂不住在六塵中；不對六塵作任何了別時，連了別與不了別的事都不存在，何況能有男女乃至坐臥行住呢？所以世尊最後作了一個小結論：「凡是他所悟的境界之中連一法也無的人，他能夠這麼說『這樣就是坐，這樣是臥，這樣是行走，這樣是安住嗎』？」舍利弗當時就回答說：「不可能的，世尊！」世尊又開示說：「舍利弗啊！如果有人說『這是男人，這是女人，這是天，這是龍，乃至說這個是正法，這個是非法』，這個人所說難道不是虛妄嗎？」舍利弗回答：「虛妄啊！世尊！」今天就要從這裡開始講。

爲什麼是「虛妄」？先聽聽大師怎麼說。大師們的解釋是說，因爲他已經分別這是男女，這是天龍，這個是正法，這個是非法，因爲他有分別所以虛妄。那麼到底他們講對了沒有？（有人答，聽不清楚。）沒有講對喔？是啊！他們依文解義時是對的啊！換句話說，對就對在依文解義，但是他們其實不懂。世尊說的是：因爲「無分別法」、「無名相法」如來藏的境界中，是沒有分別與不分別可說的。因爲一切分別以及所謂的不分別，都是在六塵境界中才能成立。諸位現前觀察一下，如果不是在六塵境界中，有沒有辦法作分別？如果不在六塵境界中而說能分別，或是在六塵境界中說是無分別，就表示他們不知道什麼是無分別。所以眞正無分別的境界，是不知道有分別，也不知道無分別的，根本就沒有這兩個法存在。

那麼以離念靈知來壓抑自己打妄想分別的習性，那他其實已經知道自己當下是「無分別」的；當他知道自己當下無分別時就表示分別已經完成，已經完成了分別說「我現在是不分別的」；當時雖然心中都沒有語言文字，但已知道自己現在是「不分別」的，當他知道時其實就是分別完成了。所以三界中沒有一件事情，可以叫作「我知道我沒有分別」，因爲「知道」就是分別。眞正的不分別，不會知道自己不分別。

那麼分別與不分別，都是在六塵境界中的事；大家可以看看，不論多麼深細的離念靈知境界，下從欲界中的離念靈知，中如往上色界天的離念靈知，最高如無色界的離念靈知，莫非是在六塵中。既然在六塵中，就不可能全無分別，只是分別的內涵多少、或者廣狹、或者深淺的差別而已，沒有不分別者。所以那些大師們才能夠說「我坐到一念不生而不分別」，才能夠說他了知自己當下不分別，其實那時就已經是分別了。只有離開六塵，不住在六塵境界中的才能夠眞的不分別；眞正不分別時就不知道自己可以不分別，當然就是「無名相法」、「無分別法」第八識的境界，除此以外，再也沒有第二個法是不分別的。

所以很多人不懂這道理，十年前還曾經有人在網路上貼文來罵：「你蕭平實不是說你不分別嗎？你證了不分別時，爲什麼一天到晚在說三道四、在分別別人的對錯？」二十幾年前還有個密宗假藏傳佛教外道，那時我們根本沒什麼名氣，他竟然為我們花了四百多萬元，在幾個大報紙上登了半版的彩色廣告，還指責我說：「你既然說意識虛妄，說意識是分別心，說你證得無分別，那你寫書時是用什麼心來寫？不正是分別心嗎？證什麼無分別心？」所以這些附佛外道也眞的……要叫作什麼？應該說是：林林總總無數無量，什麼樣的奇怪想法都會有。

他們沒智慧瞭解我所說的法，但我說得很清楚：是用這個能分別的意識心去證得無分別的如來藏，你所證的境界是無分別的。沒想到他們把能證與所證混為一談，這麼簡單的道理都聽不懂，還登在報紙上替我打廣告。那時四百萬元比現在的錢大，可是我們用不到十萬元，只印了一萬冊書回應就解決了。然後我開始期待會不會有第二次的廣告，我們將更有名氣，整個臺灣佛教界都會特別注意正覺；但是等不到，有點失望。這就是說，他們不懂法。所以十幾年前還有人指責我說：「佛說的是不分別，你一天到晚在分別、在說人家的法不是正法，說你自己才是正法，那你不是一天到晚都在分別嗎？所以你根本就沒有開悟，你是大妄語。」好像他具足了善心所，想要救我免下地獄。但其實他是誤會了 佛所說的法義，就會產生破法的行爲，然後自以爲在護持正法。

例如，佛說如果有人說這個是正法，這個是非法；這一句經文原文是：「若人言『……是法是非法』，是人所說非虛妄耶？」舍利弗就答：「是虛妄。」但這是從實相法界來說，可不能從現象法界的諸法拉過來套用。如果他們把敘述實相法界的法義套用在現象界中，這樣的邏輯若是可以成立，請諸位把四大部阿含諸經請出來看看，總共是兩千多部，單單《雜阿含》就有一千三百多部，都請出來看看，佛一天到晚都在說：這樣才是法，那樣是非法。不都是這樣嗎？那是不是指責 佛陀所說虛妄？所以他們的問題就顯現出來了：現象界的虛妄，不能套用在講實相法界的法義上。

因此學佛人讀經時應該先瞭解 佛所說的諸經，是從實相界的層面來講的，或者是從現象界的層面來講的；這兩者一定要切割開來，要區分清楚，可別把 佛依實相界講的內容，拿來套用在現象界上，然後指責善知識，其實就等於指責了 佛；因爲 佛在三轉法輪諸經中也講了很多，說這個叫作非法，然後說這個才是正法。這是 如來的爲人悉檀，不是第一義。但因爲很多人會誤會，所以如來在《佛藏經》中總是一個段落講完時，就會再補充一句說：「即使是這樣的講法，也仍然不是實相境界。」原因就在這裡，因爲怕有的人誤會。但如來這麼老婆心切反覆地講、反覆地提示了以後，那些凡夫大師們依舊誤會，也眞無可奈何。

誤會久了，積非成是，所以後來證悟的人出來弘法時就變成異類。異類，當人類指稱某些有情是異類時，是說那一類的有情不是人，所以叫作異類。可怪的是，有時那些密宗假藏傳佛教的信徒亂罵一通，說我是邪魔外道，說我是異類，我都還承認呢！我眞的承認我是異類，但我對「異類」的定義不一樣。譬如說，每一個人都叫作人，因爲都有人同分；菩薩也可以是人，一樣有人同分。如果下一輩子不再來人間，到色界天去了，那就叫作天同分，無妨也是菩薩。可是菩薩還看見一種不能叫作眾同分的眾同分，叫作如來藏。如來藏是人嗎？如來藏不是人，我轉依如來藏而以如來藏爲眞我，那我當然不是人。我怎麼會是人？所以我承認我是異類，他們也無可奈何。

因爲他們不斷捏造莫須有的事實在網路上貼，就是希望我生氣，沒想到我接受了。我是邪魔外道嗎？是！當然是邪魔外道，因爲跟他們不一樣。他們自認爲不是邪魔外道，我跟他們不同，當然就是邪魔外道，但邪魔外道有另一個名字叫作如來藏。所以罵我是邪魔外道，我也沒有異議，仍然繼續弘揚他們認爲的外道法如來藏。這樣看來還眞的怪，原來屈棒有人願挨，原來羞辱有人願受；可這不奇怪，因爲菩薩本來就是要來人間給人家辱罵的，罵得越多業障消得越多。豈不聞《金剛經》中說「**若遭人輕賤者，是人業障悉皆消滅**」？（編案：《金剛經》原文：「受持讀誦此經，若爲人輕賤，是人先世罪業應墮惡道，以今世人輕賤故，先世罪業則爲消滅，當得阿耨多羅三藐三菩提。」）

所以菩薩來人間給人家罵，對自己是好的，因此後來大家聽我說法，都不再列印網路上罵我的話給我看，因爲每一次我都說：「**這個正常，這個正常。**」所以後來反正有人罵了列印給我看時，也都說是正常的，是正常就不用印了。他們以爲我一天到晚會上網去搜尋，看到底有誰在罵我什麼事情；沒想到我從來不搜尋我自己，我的名字是要給人搜尋的，不是要給我自己搜尋的。未來也是一樣，我不要去研究別人，我是要給別人研究的；因爲大師們寫的那一些東西沒有什麼好研究的，不管大師小師寫的，有必要時我都是一目兩行，一本書只要一個鐘頭便讀完了，有什麼好研究的？

所以說，所謂的「是法非法」一定要弄清楚：這是從現象界爲了救護眾生的爲人悉檀，不是第一義悉檀；這是依實相法界而說的法義，是要增進悟後的菩薩們的智慧，是第一義。例如 佛陀這一段話說的可就是第一義悉檀：「若人言『是男是女，是天是龍乃至是法是非法』，是人所說非虛妄耶？」舍利弗答：「虛妄，世尊！」因爲這是在講實相法界的事，不能取來在現象界中說事情。如果「是法」以及「是非法」不許作辨正的話，如來在人間又要如何度人？沒辦法度人了。弟子眾如果誤會了法，落入非法中，佛陀糾正說：「你那樣講不對，應該要這樣講才對。」那 佛陀不是也在講「是法是非法」嗎？那豈不是所言「虛妄」呢？所以現象法界的事或實相法界的事，兩者一定要區分清楚，不能混同在一起搞成一團漿糊，什麼都不能用。因此這個「是法」與「是非法」，一定要弄清楚究竟是從現象界或者實相法界上來說的。

那麼世尊接著又說：「舍利弗！若不入是虛妄者名爲聖眾，不顚倒故名爲聖眾。」這是告訴我們說，聖眾很清楚了別實相法界與現象法界的差別，以及互相之間的緊密關聯，因此現象界的法爲何是生滅虛妄的，聖眾們如實了知；對於實相法界為什麼是眞實而常住，為什麼是不壞而成為萬法的根源，一樣如實了知。所以雙觀現象界與實相界時，都很清楚知道現象界中一切法都是非法，實相界中只有一個法是正法、眞法；但在實相界中的「無名相法」如來藏的自住境界中，沒有一法可得，所以也沒有「是法、是非法」的這件事或這個了知存在。這樣對實相界與現象界都無有疑惑，了然分明，導致他們心中沒有顚倒，由於不顚倒的緣故才叫作「聖眾」。

否則，同樣是一個人，他們又沒有多長了一個眼睛，沒有多長兩隻手，也沒有多長一個頭，為什麼他們叫作「聖眾」？聖從何來？所以聖的最重要根本因素就是所見如實、不顚倒。譬如二乘聖者為什麼稱之為聖？雖然在菩薩道中來說，他們都還到不了初地，稱不了聖，可是對凡夫而言，初果就不得了了。但他為什麼會被稱為初果聖人？一定有一個緣由，也必定有所依憑，就是他對於解脫之道有第一分的不顚倒。諸位到同修會來覺得說：「初果人算啥？」心裡往往這麼想的。沒有這麼想？原來你們還眞的能尊重法。對啊！你到同修會來，想想去打過禪三的人有多少？沒有破參的人很多，但至少懷裡也拽個水果回來，那個水果叫什麼果？就叫初果。除非沒有定力支持他的初果智慧而不得忍，那就另當別論了，因爲變成乾慧。

但是初果之所以稱爲聖者，是因爲他對解脫道有第一分的不顛倒，能夠知道身見的內涵而加以斷除。身見的內涵就是五蘊、六入、十二處、十八界，把這些全部內涵執以爲實，認取全部或局部自我爲眞實我，那就是身見。他斷了身見，所以某些有情是否已實證初果？而有情能否斷身見、證初果，他心中沒有疑，因爲自己已經親證而能簡擇了，他心中完全無疑惑；然後回過頭來檢查天下所有大師們，那一些大師們之中，某甲有斷身見，某乙未斷身見，他都看得清清楚楚，所以於諸方大師不疑，這個疑見也斷了。

然後外道們說，你如果想要解脫，每天得要打坐兩個鐘頭；每兩個鐘頭算一座，要連續坐六百座不中斷，心中都不起語言妄想，那你就一定可以證阿羅漢果。這初果人聽了會笑起來，因爲他知道那個大師的戒禁取見分明存在，因爲他施設那個修行的法門與境界都和解脫無關。正因爲他對於解脫之道的第一分得不顛倒，所以稱之爲聖，他的神聖身分是從這裡來的。二果人進而修行薄貪瞋癡，三果人五下分結斷，知道自己從此不回欲界了，都是因爲不顛倒而能夠次第邁向無餘涅槃。

最差的三果人對無餘涅槃無顛倒，他知道該怎麼樣到達無餘涅槃，所以逐次往上繼續受生，最後成為阿羅漢得涅槃，就在天上入涅槃，所以三果之所以成為聖者，是因為他對於解脫之道不顛倒，阿羅漢亦復如是。那麼在佛菩提中道理亦然，由於佛弟子眾對於實相法界的親證與現觀，所以有少分的不顛倒、多分的不顛倒、具足的不顛倒，因此成為「聖眾」之一。如果有人錯把解脫道當作佛菩提道，就知道他心行顛倒、知見顛倒，雖然他的傳記叫作《看見佛陀在人間》，很響亮、很能唬人，但一樣是顛倒，何況他講的解脫道還錯了。

所以想要自稱為聖人，先要有第一個條件：至少在二乘解脫道這個層面心不顛倒；第二個條件就是菩薩於實相法界的現觀，產生了不顛倒的正見。這樣才能夠自稱為「聖眾」之一。可是當他自稱「我是聖者」時，沒想到後面老和尚一棒就往他後腦勺敲了：「阿哪個是聖者？」就質問他了。等他回過神來，回答說「如來藏是聖者」，講得理直氣壯；沒想到老和尚又一棒打來：「這是什麼所在？有聖有凡？」你看他被打了，人家說「摸摸鼻子走了」，他是連鼻子都不敢摸就走了。所以只要有誰告訴你說他是聖人，你就知道他是凡夫。

你們有沒有聽過我們哪一位親教師上課時跟你們說「我是聖人」？沒聽過啦！永遠也聽不到，因爲他們都知道實際理地無凡無聖，聖的是如來藏。人證得如來藏以後，有這個不顚倒的智慧，所以假名爲聖者。既然假名爲聖者，是眞正的聖者嗎？沒有啊！因爲他們自己心裡面的看法：如來藏才能夠稱之爲聖。五陰聖在何處？又不是悟了以後就死不掉，因爲五十年後還是要扛到山上去埋，聖在何處？但是因爲有這個不顚倒的智慧，所以就名之爲聖者；而聖者心中的見地，並沒有聖這一回事，這樣才是眞正的不顚倒。

如果他能夠現觀說：如來藏實際理地一法也無，所以無聖亦無凡。但是當他這樣想時，師父就說：「你已經落草了。」爲什麼？因爲這是從現象界來說的，第一義中並沒有無聖亦無凡的認知或見地。但是菩薩在人間利樂眾生，既然四悉檀都得修，當然得要修爲人悉檀，所以偶爾得要落落草。你若永遠都不落草沾點泥、沾點水，如何救得眾生？老是在高空來來去去——高來高去，眾生覺得你高不可攀，每次看見你都覺得：「你天生就是菩薩，我們永遠沒辦法當菩薩。」眾生面對你時，這樣的覺受永遠都會存在。

如果你是來人間受生，來取得人同分，跟大家同事利行，大家看著就想：「**他可以證悟，我也是人，應該也可以吧？**」假使我每次來講堂講經時，都用神足通飛過來，上座時也是飛到座上坐下來，不論我說的再怎麼親切，諸位也會想：「**那是您才可以悟，我們不可能。**」一定會這樣想。所以得要來人間投胎跟大家一樣，寒了穿衣，餓了吃飯，渴了喝水，到晚上累了睡覺。於是大大家想：「**原來您跟我們一樣，您既然可以開悟，我應該也可以。**」於是大家就有信心了。否則 如來就不必來人間受生了，因為大家會想：「**您本來就是如來，我們是凡人，再怎麼修行也不能成佛，那我們苦修幹嘛？**」這是一定的事。

這就是告訴我們說，「**聖人**」之所以為聖，是因為「**聖人得諸法實相故**」，是從現象界中人類這個五陰實證了不顛倒的境界之後來說的；但是在實相法界中無聖亦無凡，因為那裡面沒有六塵；六塵的境界中是三界的境界，是有分別的境界，有五陰十八界存在，就可以區分說：「**某甲心行顛倒，某乙心行不顛倒；顛倒者名為凡夫，不顛倒者名為聖眾。**」所以「**聖眾**」要這樣定義，而不是裝得一副很神聖的樣子，走起路來刻意慢慢走、說話刻意慢慢講，後面跟著一大群人又幫他擎著寶蓋；那叫作裝模作樣，因為那完全都是意識的心行，意識在作怪才會裝模作樣。

你看那些證悟的禪師們有哪一個裝模作樣？證悟的禪師們講話很粗魯，不跟你文謅謅的來，文謅謅的禪師是少數。有時大禪師連大便都拿出來講，那雲門不就這麼講嗎？雲門禪師難道還不夠格稱之為大嗎？夠大了吧！卻講「乾屎橛」，不就是乾掉的大便一根？所以「聖眾」之所以為聖，要在心不顛倒而不是裝模作樣，裝模作樣只能度凡夫。有智慧的「聖人」不裝模作樣，就跟大家一樣同事利行，但是他卻是不顛倒者。因此是否為聖人要從顛倒或不顛倒來作判斷，這個定義是放諸遠古以及未來的無量世以後永遠皆準。接下來 世尊又開示：

經文：【「舍利弗！所有不善，所有可知，所有可得，如是一切諸不善法，皆以名相為本。此賢聖法中斷諸名相，又不念名相，不得名相，云何當言是聖是眾？斷諸名相名為聖眾。若有法處，可破可斷；賢聖法中無名無相無有語言，斷諸語言，無有合散；若言無僧，則破聖眾，是亦不得。所謂名相虛妄想故，著種種邪見；因是邪見更受後身，貪著諸見則五陰生。舍利弗！五陰皆是虛妄貪著，是名惡道，是名邪見；賢聖眾者無有此事，但知虛妄緣故起於三界，知是事故名爲聖眾。】

語譯：世尊開示說：【「舍利弗！所有的不善，所有的可知，所有的可得，像這樣一切種種的不善法，全部都以名相作爲根本。在這個賢聖法中是斷離了種種的名相，而且也不憶念名相，並且也都沒有名相可得，爲何應當說這樣是聖是眾呢？如是斷除了種種名相的人就名之爲聖眾。如果有法這一處，可以破斥可以斷除；但是在賢聖法中沒有名、沒有相、沒有語言，斷除種種的語言，也沒有合與散可說；但是如果因此就說沒有僧眾，那又變成了破壞聖眾；而破壞聖眾這件事情，在『無名相法』的境界中也不可得。所說的名與相都是虛妄想的緣故，是執著種種的邪見；因爲這樣的邪見而不斷地再接受後有之身，貪著於種種的見解以致於五陰繼續出生。舍利弗！五陰都是虛妄貪著，這就稱之爲惡道，這也稱之爲邪見；賢聖眾中沒有這回事情，只要是知道虛妄的各種因緣而生出了三界來，知道這樣的事情所以就稱之爲聖眾。」】

講義：世尊第一句話就把一切全部都歸納在「名相」裡面：「所有不善，所有可知，所有可得，如是一切諸不善法，全部都以名相為根本。」諸位可以現前觀察看看，三界中各種的不善法、不善業、不善的分別，是不是能夠離開名相？當然不能！這名相，我們說過兩個意涵，第一個意涵是指受想行識運行的法相，第二個意涵是指各種語言所指涉的各種法相，也稱為名相。三界中所有的不善，假使離開了受想行識，就不可能存在。單說人間好了，因為色界天、無色界天沒有什麼不善可說，只有一樣就是我見或者我執。

我們說人間，人間最大的不善是什麼事？是殺人放火，是不是？（有人答話，聽不清楚。）是喔？謗正法？謗正法已經算是修行人，不說他是人間，好不好？人間最大的惡事（有人說「殺父母」），殺父殺母？不大。政客幹的事情才是最大的惡事，一個政客幹了一件惡事會害死很多人，殺父殺母不過兩個人。對啊！有時一個政客下了一個決定，會餓死幾千萬人；有時一個政客下了決定，把整個經濟社會搞壞了，導致很多人自殺：我不殺伯仁，伯仁因我而死；還有直接受害的人，所以政治是很齷齪的。（咱們從來不碰那一塊，怕髒了手，不然就髒了嘴。）

但諸位看看，這個惡事算是最大的惡事了吧？對啊！甚至於，比如一個國王或者總統，爲了耀武揚威去對他國加以殺伐，會害死多少人？諸位看看，伊拉克不是說有核子武器嗎？美國人去把它徹底翻遍了，也沒找到一個核子武器；推翻了集權的政權，但是死了多少人？這還不打緊，現在有個 ISIS 出來了，爲什麼他們可以出現？因爲那些國家被搞壞了，才有機會出現，然後又拉別國一起來打這場仗，才能賣武器，賣武器是最好賺的。但 ISIS 出來以後殺了多少人，各國又要打回去再殺多少人，這就是政客幹的事。所以你們剛才講什麼殺父殺母是最重罪，那不過殺兩個人，但政客們殺死多少人的父母。

那麼請諸位來觀察一下，那些政客幹了那麼多事情，有沒有哪一個人能夠離開名相而幹的？沒辦法，一定要依於人同分這個名相，依於人的受想行識等名相運行的過程產生出來那些法相，要這樣去完成的。這個最大的不善事尚且如此，何況是小的惡事呢？小的惡事——最小的惡事，比如兩個剛剛會坐的孩子坐在那邊，有人拿了幾塊餅乾放在他們兩人中間，其中一個拿來吃了，他乖乖地吃；另一個拿一片放在嘴裡吃，右手再抓一片，左手再抓一片，然後看到對方有半片正在吃，他還去搶過來。我想很多人看過這類事情，但這個不善業算是人間最小的了，能不能離開名相而有？也不能！所以說，所有的不善都要依名相而有——「皆以名相為本」。

當大人看見了，說：「這孩子為何這麼惡劣，心腸這麼壞？兩手抓得滿滿的，還要搶人家嘴裡的。」當他在說這個孩子不善時，能不能離開語言名相與受想行識名相等諸法？也不能，所有不善法都以名相為本。如果不是因為受想行識這個名相，那孩子以及大人嫌那孩子壞的口行，不都是以名相為根本嗎？

那麼世間人說：「我知道這個，你不知道這個，所以我能賺大錢，你賺不了。」所以現在講知識財產權、智慧財產權（其實應該叫知識財產權，不該叫智慧）。所以懂得某些技術的人，藉那個技術賺錢，賺了很多，這個技術就是他的所知。二十世紀到二十一世紀，現在科學進步一日千里；以前大家想天眼通、天耳通多麼難練，現在好像大家都有了，對不對？視訊電話一打開，再遠也可以互相談話，這不是天眼通加上天耳通了嗎——現代人的天眼通、天耳通。好了！請問這些事情能不能離開名相而得？不能！不論是視訊通話的那些機器以及製造，到達最後端的雙方通話等事，全都不能離開名相，但這些也是人類之所知。

假使未來有個人夠厲害，發明了光速的太空梭。我想是不可能，因爲光速太空梭除非很堅固；堅固其實也沒用，因爲再怎麼堅固，你用光速進行時，一不小心撞上了哪個星體石頭，就算太空船沒壞，人也死掉了，那是幾倍ɢ力？那ɢ力很大，人身承受不了的，所以我認爲目前是不可能。人類盡可以把它列爲理想，但我認爲可預見的將來仍不可能。假使有一天人類發明這東西出來了，這個所知可就夠高超了吧？但這個所知其實不夠高超，因爲來到一個初果人面前就開不了口；因爲他是個凡夫，因爲他對名相都不瞭解。

初果人智慧應該很高超了吧？其實不然，來到阿羅漢面前也開不了口。可是三明六通大解脫的阿羅漢來到第七住滿心菩薩面前，依舊開不了口。七住菩薩夠偉大了吧？夠啊！阿羅漢都不敢開口與他論法，可是來到初地菩薩面前，七住菩薩又像個小老鼠一樣畏畏縮縮地。從初地、二地進修來到八地、九地，夠厲害了吧？不夠啦！十地、等覺到了如來面前又是畢恭畢敬。這樣看來，如來的所知絕對是最圓滿、最具足、最高超了。可是諸位看看，如來的所知能不能離於「名相」？依舊不行。假使如來只剩下無垢識，所知又如何顯現出來給眾生知道？所以還得要依於「名相」，所以才說「所有可知……皆以名相爲本」。

那麼「所有可得」，諸位想想看「可得」，到底有多少是「可得」？一個人臨命終時想：「我七老八十，活夠了，吃得也夠了，我這一世財富也賺夠了。」他想：「一切所得，我都很滿足了。」這是他的可得之法，而他沒辦法帶去未來世；因爲未來世是另一個名相，不是這一世的受想行識；縱使他未來世是同一個受想行識，只要他換了個色身，人間就不認帳了，一定如此。假使一個人有宿命通，宿命通其實也是依新一世的受想行識而有，因爲所有受想行識不能去到未來世，那就用宿命通將前世與此世連貫起來；有一天他想起來：「我上一世姓甚名誰，幹了什麼事業；我上一世有幾個兒女，留了多少財產給他們。」但他都沒有布施，此世沒什麼錢財，然後他想：「我這一世現在還年輕，沒什麼錢可用，可以把上一世的財產拿一點來花。」所以他找上門去了，開了門說：「兒子、女兒！我是誰，你們知道嗎？」他們說：「我們不知道。」因爲他換了個身體和新的受想行識。縱使他清清楚楚告訴孩子們說：「你什麼時候幹了什麼事被我責罰，忘了嗎？女兒妳又作了什麼事被我罵了，也忘了嗎？我今天回來是要拿一點錢來用。」但兒子女兒不會給他的，一定說：「這個人神經病。」

只有一個情況，他可以拿來用，就是他一直偷偷藏著私房錢，孩子們都不知道。他就說了：「我上輩子留給你們的，由你們繼承的，那就算了；但我有一筆錢藏著，你們都不知道，我可以拿走吧？」孩子們想想：「反正也不知道，也找不到，就當作試驗吧！」所以說：「你如果找到了，就算你的。」他終於去找了出來，孩子們當然說：「你眞會藏，藏在那個地方。」他拿到了，畢竟可以拿回去了，那也是一個少數，因爲，若不是存在銀行帳戶裡的，能有多少錢？你看，他的「名相」顯示出來，證明眞是他們的老爸重新再來，人家還不肯認帳；表示這個「可得」，還是因爲他顯示出了往世名相中的一部分，讓孩子們勾起那個回憶，半信半疑說：「有可能這是我們老爸投胎再來。」但財產依舊不肯給。

莫說不肯給，就算去法院告了也沒用，因爲法條明白寫著：「人之權利義務，始於出生，終於死亡。」他死了就該他兒女的，沒他的分了，告了也沒用。就算他證明眞的是上一輩子張三再來投胎也沒用，因爲法律規定他不可以再擁有，法律只承認這一世。這樣看來，那些草擬民法憲法的人好像都是唯物論者，因爲全都是依這個肉身來講法律。現在我們不談它，因爲這要談下去並且要加以執行，茲事體大，恐怕哪天政府單位找我去談話了：「你是要顚覆法律嗎？」可是你看看，這個「可得」還得依「名相」而得。

如果講所得，雖然說我們講三乘菩提的實證都是無所得，但無所得中有所得，有所得就是指：你證得三乘菩提以後，你這個五陰中的「名相」受想行識得到了那個智慧，稱之爲「可得」。但是諸位觀察看看，你對於三乘菩提智慧的所得，不也都是要依於「名相」而有嗎？若不依「名相」而有，你就不用乘願再來。因此「所有可得」同樣要依名相爲根本。如果不幸的是，「所有可知，所有可得」都是在不善法上用心，去造作惡業而得到的，其實一樣是以「名相」爲根本，所以全部都依「名相爲本」。這樣舉例來說明，應該就函蓋了一切法了，諸位舉一反三以此類推就懂了，因爲諸位很有智慧。

但是 如來說「此賢聖法中斷諸名相」，賢聖法中之所以稱之爲賢聖之人或者賢聖之法，正是因爲「斷諸名相」；爲什麼是「斷諸名相」？因爲所證的眞實體離諸「名相」，無量劫前直到如今，從現在去到未來無量劫後，依舊離諸名相。那麼你依於所證的「無名相法」如來藏境界而住，就說你「斷諸名相」。佛法之難解正在於此，因爲一般人讀了經文，依文解義時會覺得很矛盾，既然「賢聖法中斷諸名相」，你們菩薩就應該沒有「名相」，爲什麼又聽得懂我說話？爲什麼時間到了，又懂得托鉢要飲食？明明是有「名相」；可是你們卻又宣稱「斷諸名相」，這話講不通吧？

在他來講，確實講不通，因爲他是凡夫。在菩薩來講，通啦！不論怎麼說都通。因爲菩薩之所證是實相法界，實相法界只有一法叫作如來藏，如來藏是「無分別法」、「無名相法」。既然如此，祂本身無「名相」，就表示祂不是受想行識，也沒有受想行識運行過程的任何法相；當祂沒有這一些「名相」時，當然就是離一切法。菩薩證得這一個離名相法之後，轉依這個「無名相法」而住，所以自心境界是離「名相」的；無妨五蘊之身繼續有「名相」中的一切諸法，互相並無妨礙。會有妨礙，一定是雙方都有「名相」，那就有妨礙了。如來藏無名相，受想行識有名相，所以就沒有妨礙；因爲你走你的陽關道，我過我的獨木橋——如來藏行於無名相的實相境界，受想行識等名相法則行於各種名相境界，互相沒有妨礙啊！

如果兩個都有名相，每天吵架，不要三天就鬧精神病了。人間之至親無過父子母女，可是你有沒有看過哪一對父子、哪一對母女，或者說哪一對父女、哪一對母子不曾吵過架？沒見過吧！為什麼會吵架？他們不是至親嗎？至親還會吵架，很怪呵？不怪，因為有兩個「名相」同在。有沒有人不曾跟父親或者不曾跟母親其中之一吵過架的？有沒有？請舉手！有幾位？我希望有個一位、兩位，怎麼沒有？終於有一位加上我兩位，因為我已經舉手了。我不曾跟父親吵過架，從我少小長大，到我出來弘法之後父親過世，我沒有跟他吵過架，但這是極少數。

這是極少數，畢竟不是通例；如果沒吵過架，其實是應該把它延續，所以也就不要跟兒子吵架。很難嗎？很難喔！我教諸位，如果妳還在當媽媽，就教育他什麼事情可作、什麼事情不可作，是什麼原因，要教導他：「以後你如果作了不該作的事，將來有什麼後果，要自己承受；你為了糾正自己不斷的犯過，要保護自己這一世未來生活得很好，現在起假使犯了過失，你就要自己處罰，加深印象，未來長大以後就不會再犯錯。」孩子若還小，你硬是打他沒什麼用，要教他自我管理。我就這樣教兒子，所以我教了他以後，就不需要跟他吵架，不需要講得面紅耳赤說：這個不對，那個不對。

你講一大堆，他不接受怎麼辦？你就慢慢告訴他：「如果犯錯了，你自己來規定，這次犯錯應該接受什麼處罰，你自己下決定。」讓兒子自己下決定，然後你說：「我來替你當執行者。」你不是生氣罵他，只是執行而已，下決定的是他。他假使說：「我這一回犯錯，應該罰藤條三十下。」你就說：「好，哪一天執行？」你不必馬上執行，讓他自己定時間；是他自己定的，就心甘情願接受。到了那一天：「兒子！要不要執行？」好了，就執行了。你開始打他時不能笑，那時你一定不會生氣，但是不要偷笑，偷笑時他會覺得受傷害；你就面無表情，一下兩下就這樣數。也不用全打完，你可能打到十下、十五下，兒子一定說：「老爸！停、停、停、停。」你就問他爲什麼，他大概會跟你說「記帳」。「行啊！給你記帳，可是以後如果再犯呢？」他會自己說「加倍」，「好，那就記帳了。」以後他就不會再犯了。

這樣，你不用生氣，也不用吵架；他也不必跟你吵架，就自己管理自己，以後就變好了。這個好辦法，教給還在當媽媽、當爸爸的人。所以你就不必跟他吵架，跟孩子不用吵，跟父母更不用吵。但是你來看看，既然你不必吵架了，就看別人在吵架時，觀察看雙方是不是一定都有「名相」？一定啊！就因爲雙方各有受想行識，但因爲受想行識各人的認知不同，所以吵起架來；因爲這樣子，所有吵架的不善法出生了。有時甚至只是因爲所知的不同而吵架，所以有時朋友之間爲了一個觀點不同，爭得面紅耳赤。他們本來是歡歡喜喜喝酒相聚，結果因爲見解不同而爭得面紅耳赤，那酒瓶拿起來往桌腳一敲，破酒瓶就這樣戳過去了；但他們本來是好朋友，那問題出在哪裡？出在兩個人都有「名相」，偏偏兩個人都沒智慧，有智慧就不會吵架。

所以，不論你任何可知的一切世間法、出世間法、世出世間法，任何可得的世間智慧、出世間智慧、世出世間的智慧，乃至於世間無情等各種財物，一樣是你的「可得」之法，但都是依「名相」作根本。如果有色身而「名相」終止運作了，送到法院去核准下來認定他是「禁治產人」；譬如植物人，如果某甲用他的名義寫了取款條去蓋了章，要去銀行領款，章子也沒有錯，但銀行如果知道他已是植物人，有權利拒絕某甲領款的；可是他的身體還在，他還沒死，爲什麼銀行可以拒絕？因爲他已沒有行爲能力。沒有行爲能力的原因，是因爲他的「名相」消失了——他沒有受想行識，或是失去大部分受想行識的功能。

沒有受想行識等「名相」時，在法律上說他沒有行爲能力，說他不能「表示意思」。如果他能正常地表示意思，表示他有行爲能力；可是能「表示意思」跟行爲能力如果是不成熟的，也會被限制。所以假使有一個七歲的孩子，拿了五百塊錢去買一個簡單的 3C 產品，這父母要是事後帶著孩子來說要退貨品、退款，那店家得要退，因爲他是限制行爲能力者，表示他的受想行識不夠成熟。如果一個人不滿二十歲，拿了五、六千萬元現金要去買一戶豪宅，買成了，但是他的父母帶孩子來了說「我們要退貨」；想要退款，這個官司有得打了；因爲他是限制行爲能力者，他不可以自己買這樣的財產，不可以自己處分那五、六千萬元現金。這表示什麼？表示法律上認定他的「名相」還不夠圓滿，仍不是法律上所規定最圓滿的條件，除非父母事先已帶孩子去法院登記爲具足行爲能力的人，就是雙方都已具足成人的「名相」了。假使建商跟他抬高價錢，拿個兩千五百萬的房子賣給他五千萬，這就成爲很大的不善法；但這樣的不善法，如來說「皆以名相爲本」。如果不是「名相」，這一些不善法都不可能存在；而「賢聖法中斷諸名相」，所以「斷諸名相」的「賢聖」可不可以欺詐眾生？如果欺詐眾生，表示他不是「賢聖」，表示他對於「名相」沒有眞的斷。

如果有人來正覺得了這個如來藏妙法，但後來藉這個法去賺錢：「你們來上我的課，三天就開悟了，每一個人十萬塊錢人民幣。」有錢人想：「便宜啊！十萬塊人民幣就可以當聖人，太好了。」於是大家趨之若鶩。請問，這一個收錢幫人所謂「開悟」的人，假設他說的密意也是正確；當然我說的是假設，因爲不可能正確；假設也正確，請問這個收錢的人有沒有斷「名相」？沒有！顯然他還執著這個「名相」，才會依於這個「名相」想方設法聚斂錢財。如果會裡有人藉這個法，宣稱：「我到學術界去發展。」但他心裡想的是：「這一些學術界都被我度了以後，我就成爲學術界的泰斗，我可以廣爲招生，名聞利養就全都有了。」假設他所說的密意是正確的，請問他有沒有「斷諸名相」？沒有！諸位都很清楚，他也是落在「名相」中，那就表示他不是眞的證悟。所以很簡單，誰用這個法去搞錢財、搞名聲、搞利養眷屬等，我就說他沒有開悟；他讀懂我的書也不算開悟，因爲他的心與「無名相法」

的眞如境界不能相應；也顯示他所謂的實相般若沒有運轉，沒有運轉是說他對實相般若無法運用，那就不算開悟，這是很容易瞭解的事。所以，一定是「**斷諸名相**」才能稱之爲「賢聖」，世尊都說了：「**此賢聖法中斷諸名相。**」藉這個妙法去搞錢財的人當然不是賢聖，不是眞正開悟者——轉依沒有成功。

接著說「**又不念名相**」，這就要來檢查看看，或者說要來瞭解：這個斷諸名相的「**無名相法**」，祂會不會憶念名相？（大眾回答：不會。）諸位答得直接了當，因爲如果你所證的「**無名相法**」會憶念「**名相**」，表示祂也有念心所；祂之所以會有念心所，一定是也有勝解心所；有勝解心所就表示祂一定有「**名相**」，否則不能夠生起勝解。祂有勝解就有「**名相**」，才會憶念，會憶念表示祂有名相；祂有名相的話，顯然就不是「**無名相法**」了，這是很簡單的事情。所以佛法中很重要的一個觀念，就是開悟時既然稱爲開悟，在開悟這個法中，一定有一個能悟者，另有一個所悟的內容，所悟者不在能悟、所悟兩邊；但是能悟者跟所悟者，從能悟者來看就有兩邊，能悟者是住在現象界中，所悟之法是實相法界。

所以假使有一個人說：「我開悟了，我悟的是離念靈知，這就是我開悟之標的。」但這個開悟之標的卻知道開悟的內涵，也知道自己開悟了，意味著什麼？意味著能悟與所悟是同一個；能悟與所悟既是同一個，那就是同一個「名相」。換句話說，他依舊未離我見；身見分明，只是個凡夫。因此一定要弄清楚能悟的這個受想行識，參禪而後證悟了，是悟得另一個沒有受想行識的、不知道悟爲何事的第八識「無名相法」；然後轉依於這個無名相的第八識而住，就說是「斷諸名相」；而第八識「無名相法」本身不知道什麼「名相」不「名相」的事；有「名相」、無「名相」祂都不了知，證明祂不住六塵中，當然就無所謂「名相」可言。「無名相法」完全不了知「名相」，祂怎麼可能憶念名相？所以如來說「又不念名相」。

然後接著說「不得名相」。能悟的你是有受想行識而具足「名相」，也能了知各種語文等名相；你所悟的「無名相法」如來藏是沒有「名相」的，祂既然不知道自己的境界中沒有「名相」，所以祂也不知道自己有得「名相」或不得「名相」。要由你設身處地換個立場站在所證的「無名相法」的境界中來看，就知道原來「無名相法」的境界中任何「名相」都無，因爲祂都不了知「名相」，何況能「得名相」？所以祂的境界中「不得名相」，而你轉依祂的境界而住時，就方便說：「我不得名相。」

那麼回到世尊的開示來，說「此賢聖法中斷諸名相，又不念名相，不得名相」，那怎麼還可以說這是聖人、這是聖者之眾？對啊！因爲你轉依「無名相法」以後，心中沒有名相；但是你的受想行識依舊存在，還是有「名相」，而且你受想行識中還是依舊知道種種語文等名相，所以看見貓來知道貓有覺知心、有「名相」，狗來也有覺知心、有「名相」；乃至看見了螞蟻，也知道牠有覺知心、有名相；牠們如果有機會覺悟了，仍然可以有「名相」，但是無妨所悟的實相法界依舊沒有「名相」。既然名相都斷了，你轉依祂時就稱爲「斷諸名相」。「名相」都斷了，哪來的聖？哪來的眾？所以在「無名相法」的境界中，「聖眾」亦不可得；也就是這樣「斷諸名相」的一群人，才可以叫作「聖眾」。如果大家都住在離念靈知中，那是受想行識的境界，我們就說「他們不得聖眾」。但小心呵！不是「無名相法」的不得聖眾，而是那些人根本就不是聖眾，因爲他們落在名相中，而如來聖教說：「斷諸名相名爲聖眾。」

如來又說：「若有法處，可破可斷；賢聖法中無名無相無有語言，斷諸語言，無有合散；若言無僧，則破聖眾，是亦不得。」修行人大多很清楚知道六塵是虛妄的，所以都能把色聲香味觸這五處觀察為虛妄。十二處總共有六根與六塵，六塵是十二處之局部，所以稱為六處。那麼六處裡面的色聲香味觸，一般學佛人都知道是虛妄，因為知道不可久常——剎那生滅不久就會過去。對於色等五處，大約都不會認定為常住法，只有笨到癢了還不知道要抓的密宗假藏傳佛教喇嘛、法王們，才會說那是常住法；就像宗喀巴《菩提道次第廣論、密宗道次第廣論》說「這個雙身法的快樂境界是常住的」，所以他把男女根的樂觸命名叫作俱生樂，說那是常住的。

這眞要叫作笨到癢了都不知道要抓，因為世俗一般人都知道，那件事作完了之後就過去了，就是無常。但他們笨到想要把那個淫樂延長到十六個鐘頭，然後明天再來十六個鐘頭，後天再來十六個鐘頭，說要日日夜夜年年世世劫劫如是。問題是，今天給他修十六個鐘頭不間斷，十六個鐘頭後呢？他每夜都不睡覺嗎？縱然他能撐個幾日幾夜都不睡，之後還是睡覺了，睡覺時有沒有中斷？斷了！竟然還寫在論中說是常住的樂。所以我說他們是笨到連癢了都不懂得要抓的人，才會去學、去信、去推廣那個《廣論》，跟著愚人說那叫作常住法。但是，一般有基本智慧的佛弟子就不會認定那是常住法，因爲從來不離五塵，可是很容易落入法處之中，就把某一種法當作常住的，因此誤認爲離念靈知這個法就是常住不壞的。

那我們來說說離念靈知這個法是不是可破可斷？正是「**可破可斷**」。因爲午睡時就中斷了，晚上累了睡覺後也中斷了；再不然，當他精神正好罵人罵得興高采烈時，後腦勺一記悶棍，一樣也中斷了，眞的是「**可破可斷**」，所以我們一直在破、一直在斷它。可是問題來了，爲什麼佛說「**若有法處，可破可斷**」時，這也算是邪見？爲什麼？因爲「**無名相法**」的境界中沒有任何一法「**可破可斷**」。對這個題目留下一團謎惑也沒有關係，我們下週再來分解。

今天終於有一點像秋天了，但還不是冬天。我記得讀高中時，那是幾年前？那是一九六三、六四年的事，那時是十月還有秋老虎，十一月就鐵定沒有；但現在已經十一月了都還有秋老虎，這隻老虎好像打不死，越來越長壽。現在不閒聊了，我們上週《佛藏經》講到十七頁第二段第三行中間：「若有法處，可破可斷。」還沒講完，最後談到這八個字，說這是邪見。為什麼「有法處，可破可斷」就是邪見呢？因為這表示他悟錯了。如果不是悟錯，在他所證悟的如來藏妙眞如性的境界中是無一法可得，因為這是無所得法；如果所悟的智慧境界中竟然還有法存在，可以讓其他證悟的「賢聖」提出來破斥，要求他必須要斷除，表示他已落入邪見中——一個證悟者所應該要斷除的五利使中的邪見，他還沒有斷除。所以說，如果有人落在法處中，那個法處都是「可破可斷」的，是自己應該把它加以否定、破除，然後要把它斷滅而不應該繼續留存。換句話說，所證悟的境界當中不應該有法處，如果還「有法處」，一定是「可破」也是「可斷」的。

我們弘法二十幾年，同修會成立至今也差不多二十年了，但我們所說的法從來都不改變，沒有人能說我們所證的法「可破可斷」。就好像武俠人物有英雄氣概，所以當人家問起來，他就回答說：「咱家行不改名，坐不改姓，某某某是也。」我們正覺就像這樣，打從一開始弘法時就是眞如與佛性，不論終始，絕不改易。很多道場所謂的開悟境界得要一變再變，甚至還有三變與四變；可是實相不應該變也永遠都不會變，即使只變一次的天翻變也不應該有。

天蠶變只變一次。你們看過那個武俠故事沒有？沒看過？有人看過了。那是三十幾年前的電視劇，所以你們還太年輕，沒看過也不奇怪；但這也表示我老了，才會講出你們沒看過的電視劇。所謂好漢不提當年勇，如果老提當年勇就不是好漢，叫作老人；那天蠶變在變了一次以後就武功蓋世，不需要變了再變。如果編劇者寫出的是要再變兩次、三次，讀者一定罵翻了，就不可能被編成電視劇了。因爲表示這個能夠再變、三變的就不是最高境界，也就不稀奇了；一定是一變就到底，叫作爐火純青。我記得以前現代禪李老師也說：證悟的菩薩其實是應該行俠仗義。我記得讀過他一篇文章這樣講，而我們出來弘法就有這個味道；凡是誤人子弟的，我們都要加以破斥，把被誤的人家子弟拉上來、救回來，這也算是行俠仗義。但這意思在說明，我們打從一開始弘法，就是眞如與佛性，始終都不改易。既然說始與終，就表示未來也不會改；不管誰怎麼樣攻擊否定，我們就是不會改變。不會改變的原因是因爲這是實相的法界，祂是必然如此而無可改變。

我們所悟的眞如境界中迴無一法可得，就別提十二處了；既然連法處也無，當然就不可能具足十二處。十二處，諸位在禪淨班都學過了，是六根與六塵；六塵裡面的法處，比五塵要微細很多。那法處就是在五塵上面附帶著，只能由意識來領受。而意根所接觸的法處，是非常粗糙、非常簡單的，只是五塵上有沒有什麼大變動的法塵而已，其他都不了知，所以法處裡面的所有內涵，總而言之就是給意識作了知的。

那麼意識所了知的法處，內涵就很多了。世間人說的，比如有人幹了壞事要被砍頭時講：「老子今天被砍頭，不過碗大一個疤，二十年後依舊是一條好漢。」他臨刑時還這麼雄壯地講出來，可他不知道的是二十年後，可能他已經被宰殺很多次了，因爲他如果死後去當豬的話，比如被判刑殺了以後，下一輩子罪不至鬼道，可能去當豬；當了豬，出生養到大需要多久？快則八個月，慢則一年四個月就得被宰了，人家總不會供著牠到老死。所以二十年後他被殺幾次了？這個不難算，所以說他落在邪知妄想之中。可是實相法界中迥無一法，他這個邪見也算是一個法，落在法處之中，那就不是眞實法，就是「可破可斷」的。

世俗法不談，講白講多了也沒意義，因爲諸位是要來聽佛法，不是聽世俗法。那我們就講佛門中吧，佛門裡的大山頭們都說：「當我們打坐到離念時，清楚了然、澄澄湛湛、一念不生，這時就是眞如。」那麼我們可以觀察看看，這些大師們所謂的這種眞如，是不是還有意識及意識所有的境界在？第一、仍有意識，否則他怎麼會知道澄澄湛湛等？第二、有沒有意識所了知的法塵？有！既然有這兩個法了，那意識是否要依意根而存在？是！那又是另一個法。第三、意識與意根可以在當下運作持續不斷時，能不能外於這個五色根而存在？不能！那又有五色根，這樣有多少法了？

所以你看，光落入一個法處就有這麼多法。心所法就不談它，單單是住在離念靈知境界中，住在這個法處中就有這麼多法。這一些法無一不可破，無一不可滅；因爲這五色根，在這個時劫最多百歲出頭，少則五、六歲就死了，叫作夭折。而這定境中的法塵，當他一出定就沒了，所以這法塵也是生滅法。縱使他像諸位這樣修得動中的定力，晚上睡著了也不見了，就別提將來死後還有一個最細的意根。但即使連他們都不知道的細心意根，依舊是可破的；我們怎麼破祂呢？我們說這意根在阿羅漢捨壽以後就永斷無餘，也是「可破可斷」的法，所以阿羅漢能夠把祂斷除。我們就用這個道理把他們的主張給破了。所以離念靈知一念不生—他們自稱眞如的境界—依舊不離法處，佛說了：「**若有法處，可破可斷；**」如果他們繼續堅持那是常住的眞如，說是不可破的、不可斷的，那就是「**邪見**」。

但是「**邪見**」的存在，在佛門中已經很久了，不是現在才如此；因爲在像法時就已經很興盛了，否則弘揚如來藏妙義的無著菩薩不會被毀謗，提婆菩薩也不會被暗殺。一直到現在，都已經是末法很多年了，當然「**邪見**」的存在一定很普遍，所以我們要說明：如果還有法處存在，那都是「**可破**」的、都是「**可斷**」的。如果有人還落在法處裡面，而說他證的就是如來所說的眞如，他就是具足「**邪見**」。

這個「**邪見**」，不幸的是很難斷除，所以 如來特地告訴大眾說：「**賢聖法中無名無相無有語言，斷諸語言，無有合散；**」佛法中的賢聖，他們所證的法中沒有名、沒有相、沒有語言。名——受想行識，是眾生最看重的自己。假使有人講了他一句話，他聽不中意，於是大發雷霆；縱使沒有大發雷霆，他也會在私底下去作報復的動作，因爲他覺得自尊心或利益受損。但問題來了，世俗人可以如此，很正常；如果一個證悟者被人家寫了文字貼上網，作了許多莫須有的指控，結果他生氣起來，那表示他跟世俗人一樣，就是他覺得名聲受損，那就無異於世俗人。所以證悟的賢聖不去理會那一些人，只會為那一些愚癡的「邪見」凡夫們設想，如何為他們講解清楚而不是為自己辯解，是希望救他們遠離「邪見」。

所以我被法師誣告了，也不生氣，甚至還要度她開悟；可是她不接受，她說：「你弘揚你的如來藏，我不學如來藏可以吧！」那我就沒轍了。所以我最初提出的和解條件中列了好多條，就是要她好好來學習，然後幫她洗刷聲聞僧、凡夫僧的惡名，結果她不同意。她不同意就算了！但我現在有一點慶幸說，好在她當初沒有來學，要不然我幫她悟了，她還一天到晚到處去鬥別人，那不壞法才怪。所以有時眞的不可以濫慈悲。一個證悟者所轉依的境界中無一法可得，既然無一法可得，他計較什麼自尊？他要計較的是：事情有沒有作好，作好了以後，這事情對眾生有無利益。他要計較這個，不是為自己計較。自己這個受想行識被羞辱……等，那無所謂，因為他所轉依的境界並無一法可得。所以如果所證悟的境界還落在法處之中，他就是有名有相；有名有相的人會想方設法去爭執，說「我悟的才正確，你否定我，我既無法回應，就到處誹謗你或去法院誣告你。」因為他落入名相，落入名—受想行識—之中，就會有很多的世間相讓他無法脫離，於是他心中就生起了很多的語言。

語言就是口行，口行在《阿含經》中說就是覺觀，因此覺觀就是語言。為何這麼說？因為語言的來處就是覺觀，如果不是有覺觀，就不會出生了語言。且不說全無覺觀，單說具足覺觀之中，只要差了一樣功能「聞聲」，他就沒有辦法有語言，人間才會有啞巴。所以天生的啞巴都是聾子，因為他聽不見而學不會語言。現代終於有人發明了一些方法幫助他們學習講話，因為他們現在可以聽見大部分聲音了；但是你聽他們說話時要很用心聽，不然聽不懂，因為他們發出來的聲音自己可能聽不清楚，也聽不清楚別人的發音，所以無法完全修正自己的發音。那諸位想想看，他們的覺觀都還存在，只差了聞聲的功能就已經如此，在語言上就產生困難了。

所以在發音說話的這一個現代方法、現代教學法還沒有發明出來之前，都是用手語，但手語也是語言。那手語這種語言，請問諸位：聽者以及說者能不能離開覺觀？也不能。離開覺觀時，你看不見他在比什麼手勢，那個比的人根本也無從學起，因爲同樣沒有覺觀，就沒有辦法來學這個手語，所以凡是語言都要由覺觀來。既然有覺觀就有語言，所以動物在野外生存大不易，牠們就得要用語言溝通。所以單單是猴子，聽說牠們就有二十幾種語言，也就是發出不同的聲音，每一種聲音代表不同的意涵。雖然只是聲音，但別的猴子聽了馬上知道怎麼回事，於是大家都知道，一聽到聲音就同樣去應變。這表示牠們有覺觀，所以有語言。那麼覺觀、語言其實都來自「名相」，都來自受想行識在運行過程中的法相，否則不會有覺觀，也就不會有語言。

賢聖所證悟的實相境界中，既沒有受想行識，更不會有受想行識運行的法相，當然也不會有語言，因此賢聖菩薩所證悟的境界中「斷諸語言」，「斷諸語言」是離覺觀的，表示不在六塵境界中。既然不在六塵境界中，諸位想想看，那一種無六塵的境界中有沒有聚合與分散可說呢？所謂的聚合與分散，都是在覺觀的境界中才有。既然「賢聖」所證悟的實相境界中連「名相」都不存在了，當然不可能有覺觀，就不可能有語言，那就不可能有「合散」可說，所以如來說「無有合散」。「合散」這個事相在世間法中非常平常，但世間人看不透，所以老爸、老媽走了，他痛苦得不可開交。不說老爸老媽，說爺爺奶奶好了，那已經是二等親了，比起老爸老媽又隔了一層，但他們突然走了，他一樣是痛哭流涕，胃口皆無。

至於我們學佛人，特別是實證到如來藏的人—親見眞如境界的人—應當要轉依眞如，現見眞如法界中無「名相」、無覺觀，迴無一法可得時，還會有親人的合與散可說嗎？沒有！所以老爸老媽走了，該爲他們作的事要全心全力去作，但不應該太悲傷。要求諸位不悲傷，其實是陳義過高，因爲你都還沒有證得阿羅漢果，憑什麼要求你這樣？如果我眞這樣要求，一定有人罵我：「你這個人好無情！」可是如果你已經入地了，就應該要想通、也看清楚了，因此假使哪一天你的親教師走了，就不必痛哭流涕，能爲他作的努力去爲他作。他假使掛念的是：「有沒有把密宗假藏傳佛教趕出佛教了呢？」你就在這上面努力去作就好，不用痛哭流涕。

這是大家應該要有的觀念，但是如果那一天到了，結果你痛哭流涕，我也不怪你，因爲這是人之常情；你是菩薩，菩薩是有情，不是無情。所以很早以前有人問說：「菩薩到底是有情還是無情？」我說：「你就把菩提薩埵翻譯成中文，直譯時叫作什麼？」就是覺悟的有情；既然是覺悟的有情，當然不是無情，這個道理要懂。如果你於 如來出世時親隨於座下證得俱解脫果了，如來示現涅槃時你一樣痛哭流涕，我該不該責備？（有人答話，聽不清楚。）大聲一點！對啊！不該。因爲 如來在世時親自攝受了你，你與祂那個情分是不一樣的。假使你親身跟隨在 如來身邊，感受到的不但是無比的威德，也是無比的慈悲。所以俱解脫阿羅漢遠遊而不在 如來身邊，如來示現涅槃的訊息傳來了，他聽到時也是會痛哭流涕，這都是正常的；因爲弟子四眾對 如來的依戀，是很自然的流露，無可厚非，我不會覺得奇怪。

話說回來，這個「合散」諸位來看看，即使 如來示現在人間，八相成道之後示現入無餘涅槃，終究是跟弟子眾分散，這個分散是依名色而言。可是 如來的無垢識、弟子眾們的眞如心不管叫阿賴耶識或叫異熟識，這第八識境界之中迴無一法可得，所以俱解脫大阿羅漢聽到訊息說 如來已經入涅槃了，他們痛哭流涕嚎啕大哭，那時是他們的五蘊領受不捨之情，所以嚎啕大哭，可是他們的「無名相法」眞如心依舊如如不動，因爲他們的眞如心境界中無一法可得，連「名相」都沒有，就不可能有覺觀，更不可能有語言，於是不會有合與散的觀念，更何況是了知「合散」的事實，所以「賢聖法中無有合散」。

如來又說：「若言無僧，則破聖眾，是亦不得。」如果有人誤會了如來的開示，他就說：「你看賢聖的境界中是無名相的、無語言的、無覺觀的，也沒有合散，所以事實上沒有聖僧、也沒有凡夫僧的存在，一切僧都不存在。」這種話或者說這種開示，諸位一定有人聽過或者讀過，因爲我也聽過。我這一世剛學佛那幾年，聽過、也讀過別的善知識這樣寫，所以這不稀奇，因爲他們不懂 如來的聖教，誤會了。如來的聖教從兩方面來說，會從實相法界講，又回到現象法界來講，然後兩個一起講，最後怕人家誤會，又有所吩咐。這裡也是一樣：「若言無僧，則破聖眾，」所以如果有人誤會了——因爲他依文解義，因此就說：「所以實際上沒有聖僧、沒有凡夫僧可說，既然無僧，那你跟我講什麼供養僧寶？」他還振振有詞質疑，其實只是捨不得花錢而已，終於找到聖教中的藉口，於是太歡喜了馬上提出來質疑。可是問題來了，如來有吩咐說：他這樣講「則破聖眾」。說他這樣講就是在破壞「聖眾」，這眞是嚴重的事情。

說到「僧」，我倒有一個笑話講給諸位聽，今天發生的。有位比丘尼打電話去正智出版社，問正智出版社的書，義工菩薩告訴她：「蕭老師的書有一百多本，妳要問哪一本？」她又不知道了，然後她就問：「請問這平實導師是在家人，還是出家人？」義工菩薩告訴她說是在家人，這比丘尼說：「喔！這樣喔！謝謝，謝謝。」就掛掉了，這都是什麼年代了，還有這樣的比丘尼？你認為怪不怪？她就好像是封閉在一個——那不叫象牙塔，封閉在一個乾井裡面的修行人一樣；像是萬丈的乾井，她一個人住在裡面，外面人家正覺的法已經變成臺灣佛教界的顯學了，她竟然都還不知道，還要再問：「這平實導師是在家人，還是出家人？」如今佛教界還有人不知道平實導師是在家人？好怪。所以你看，這樣的人恐怕信位還要修很久，這個很久不是一生、兩生的事。

也就是說，「破聖眾」的事在凡夫眾僧之中一向都存在，但他們並不警覺這個問題的存在或嚴重性。就像《般若經》裡面說三十七道品等法亦不可得，最後講「不可得亦不可得」，這意思是說，在眞如法界中沒有三十七道品可說；大乘法中的三十七道品是你五蘊的事，但你這個五蘊證得眞如而有三十七道品了，而你所證的眞如境界中依舊沒有三十七道品。但是 如來接著點出來：「當我釋迦如來說三十七道品不可得時，這個不可得也不可得。」因爲在眞如的境界中，沒有可得或不可得這件事，所以如來說法面面俱到。

你看這三句「若言無僧，則破聖衆」，先從現象界中點出來；也就是說，不要誤會了如來的意旨，然後就說：「既然一切法都無，所以沒有聖衆可說，因此聖衆是不存在的。」然後他就否定聖衆，找了個藉口從此不再供養僧寶。有人眞的會這樣，所以如來接著又指點說：「是亦不得。」意思是說，「破聖衆」的事情不可得，而所說的「若言無僧，則破聖衆」這個事情也不可得。有智慧的人一聽，就知道如來慈悲，怕人家誤會，還特地這麼吩咐。

可是依文解義、拔一毛以利天下而不爲的那一些世俗人，他們想：「這樣最好，因爲我破了聖衆以後，破聖衆的事情也不存在，所以我儘管把聖衆給毀謗都沒有關係！因爲這個事情不存在，是如來說的啊！」他還賴到如來頭上去，唉！誤會大了。所以大乘之法甚深難解不可思議，其故在此。你得要親證了眞如，然後依著如來在《般若經》中的教導這樣現觀，才可以確定本來如是；縱然還沒有親證，至少聽眞正的善知識再三乃至再九、再十不斷宣演之後，也建立了這個正確的觀念，把邪見擋在外面，依止於這樣的正見，一天一天去熏習，把正知見不斷地熏習增長，最後還是可以不誤會如來的聖教；接著繼續修學實修，有一天終究還是會實證的。

所以不要看《般若經》裡面說沒有四聖諦、沒有五根五力、沒有七覺支、沒有八正道等，然後就說：「唉呀！反正就是一切法空。」所以把般若系列諸經當作是講一切法空，落入頑空中；卻不知道如來在般若諸經所說的空，是指這一個眞如心出生的一切法緣生性空的當下，有一個空性叫作眞如。所以這個如來的意旨一直淹沒不彰，直到正覺出來弘法才改變了佛教界這個現狀。

那麼這樣看來，諸位是有福的人，無福的人哪能夠聽見這種法，總是在那些依文解義者的邪見裡面打轉，轉來轉去始終轉不出來。甚至於有人在正覺弘法二十年以後，他們依舊在六識論的邪見裡面轉，依舊轉不出來，這就表示他們比一般的凡夫眾生、比那些不學佛的人還要無福，否則怎麼會進了寶山而否定那一些眞正的珍寶？假使兩個人進了寶山，某甲一看：「這是黃金，這是紫磨金，這是白金。」另外那個某乙看見了都說：「這個又不能吃，這個沒有用；那個也不能吃，那個也沒用，什麼都不要。」結果他只在寶山中拔了幾棵菜，跟著某甲出來；某甲口袋裡塞得滿滿的紫磨眞金、黃金、白金等，結果他滿口袋都塞了菜，還笑某甲好笨：「這可以吃的，你竟然不想要。」

但這種人其實蠻多的，你看那些六識論者到現在還在執著六識論。《阿含經》中有一位迦葉菩薩，這位女菩薩率領五百比丘遊行人間；她講了一個譬喻，說兩個人結伴出遠門去尋寶，來到一個村莊四望無人，村莊裡面有一些麻皮，是人家從麻桿剝下來的皮沒帶走；兩個人就去綁了，一個人一擔挑著繼續遠行，看未來有沒有機會遇到更好的東西再換掉。他們接著到了另一個村落也沒有人，可是看見有個人家把麻都析好變成細麻了，這更有價值，於是某甲就捨了原來麻皮，換成麻絲挑了走；那某乙不換，依舊挑著麻皮走，某乙說：「我從甲村挑到乙村來，好辛苦，因此我捨不得換掉。」

於是兩個人又繼續走，到了另一個村落，某甲又換了細麻編成的麻布，某乙依舊捨不得換，他想：「我又挑過另一個村落了，挑更遠了，我更捨不得換。」於是某甲挑著一擔細麻布，某乙挑著那一擔粗麻皮繼續走。他們就這樣一個地方又一個地方一直走，到最後某一地到處是黃金，某甲就把那些好的布帛全部丟了，專門只要黃金就好，別的都不要，就把黃金挑回來；某乙這時更不肯換，因爲他挑到現在走更遠了，更捨不得換。所以兩個人回來故鄉時，某甲的親戚好友遠遠看見他挑著黃金回來，大家都跑出來歡迎，因爲如果能夠分到一塊也不錯；某乙的親戚遠遠看著他挑著粗麻皮回來，沒有人要理他。

諸位看看，現在佛教界的六識論者，有誰要理她們？但她們依舊眷戀著師徒之情（已經跟著原來的師父走了一段路）而沒有捨棄麻皮（六識論），竟然不想要黃金（如來藏妙法）。現在人家只要聽說她們教的是六識論，立刻說 Bye bye 就走了。當然這個 Bye bye 其實是講一句「**阿彌陀佛**」就轉身走了。現在正是如此，我就比喻說諸位的名字叫作某甲，她們的名字叫作某乙。所以能不能如實解知如來的意旨，就看你有沒有智慧去簡擇自己應該要選擇什麼、摒棄什麼。諸位是有智慧的，所以這網路上一搜尋正覺，結果出來一大堆毀謗的語言；可是有智慧的人會分辨，這一大堆毀謗的語言之中，有時正覺的師兄師姊會上來回應一下，回應的人心平氣和都在說理，不作人身攻擊，但那些否定毀謗正覺的人都只作人身攻擊，不談法義，有世間智的人一看就知道了。

這就是說，從實證與非實證的心境在運作時，會顯示出二者心境是不同的，因此所作所爲就有差異，有智慧的人一看就懂了。所以你們說：「不管人家怎麼毀謗，我就是要進正覺；正因爲他們這樣毀謗，讓我看清他們的手腳。」所以進了正覺以後繼續修學終於實證，於是對如來的聖教就不再誤會。不再誤會時就已經是跨出一大步了，因爲這一步跨入內門來，從此以後修菩薩道再也不是外門廣修，而是內門廣修六度萬行了。這個內門廣修六度萬行很珍貴，但是古來沒有多少人能夠眞的進入內門來修。

但是進入內門修六度萬行之前，當然是要證眞如，而證眞如之前得要先破「名相」、斷「名相」。如果不能破「名相」、斷「名相」，永遠沒有機會證眞如；就算善知識濫慈悲幫他悟了，未來還會退轉，依舊回墮於「名相」之中。這是我們弘法二十來年親自遇過的事情，而且不是只有一次，總共已經有三次法難了。所以必須要先瞭解「名相」是虛妄的，又是如何的虛妄，爲什麼是虛妄，所以如來開示說：「所謂名相虛妄想故，著種種邪見；因是邪見更受後身，貪著諸見則五陰生。」

要從這裡來揣摩一下　如來是不是很老婆心切？把佛弟子們在佛法修證上面最重要的盲點指了出來。凡是「名相」都是施設，受想行識也都是虛妄，所以如果有人把佛法的「名相」當作是眞的，他就是一個愚癡人。譬如說，修學佛法證眞如之前，首先要實證的基礎就是斷我見——斷身見。那麼斷身見是不是像某位大師講的：「只要把我見這個名詞和它的內涵從我心中砍掉，這樣就是斷我見，不必管受想行識是不是虛妄。受想行識是眞的，你只要把我見這個名稱斷除了，了知解說我見的那一些文字語言都斷除，再也不會從你的心中出現了，你就是斷我見了。」諸位接不接受這樣斷我見？都不接受，可是人家大師接受而且還寫在論中廣爲流通，直到現在都還有好幾大批人在學著呢。

他寫的那部論很有名，叫作《菩提道次第廣論》，原來那位大師叫作宗喀巴。你看，有這樣顢頇的人！他自己顢頇也就罷了，結果歷代達賴喇嘛都推崇他是法王。宗喀巴已經夠笨了，顯然歷代達賴比他更笨。就好像人家說：「身體長了瘡以後就要把它割除掉，不應該留著。」人家這樣開示當然正確，可是他怎麼解釋呢？說你只要把身上有瘡的這個觀念，以及這些語言文字都割掉，那瘡就不見了。對啊，邏輯正是如此，可是你看達賴十四世到現在還在奉行，你說他笨不笨？笨！那種人就是在政治手腕上很聰明，可是在佛法上笨到無以復加。

這就是說，他們不曉得我見（身見），不曉得如來藏、或者眞如、或者解脫、或者成佛等名相，都是 如來爲了利益修道的人而作的施設；但是 如來作這一些施設的目的，是要讓大家如實理解受想行識虛妄，而受想行識運作過程所顯示出來的法相也一樣是虛妄的。那麼這一切的「名相」，不論是語言文字等名相，或者受想行識等四個「名相」運作出來的法相，全都依於虛妄想的緣故才會生起及存在。如果不是因爲我見、我執等等虛妄想，根本就不會受生於人間，連受生於色界天、無色界都不可能，何況能夠有「名相」？所以說，「名相」其實都是虛妄想而引生的。

如來又說：「執著受想行識的運作過程，認爲眞實有我的人，都是執著於種種邪見。」眾生對「名」—受想行識—這四個法的自身其實不是很執著，大部分都是執著在「名」—受想行識—運作過程的法相認作是我，落在行陰之中的多。例如有一個人學打坐，學到後來就問某甲師兄：「我們打坐想求得一念不生的境界，這樣有意義嗎？」某甲說：「有啊！因爲這樣才能夠生起定力。」然後他反問說：「有定力的人就是一天到晚一念不生，一念不生就什麼事也幹不了，我不如去吃喝玩樂去。」怪不得他打坐老是修不好，因爲他不喜歡制心一處的境界，他喜歡的是受想行識可以不斷地運行，而且是不斷大幅度地運行。

坐在那邊一念不生，他認爲是被綁住了，沒辦法作什麼；他認爲這樣就是不動，所以他對於受想行識不動的境界不接受。某甲也許告訴他說：「你這樣想不對，應該好好修定，藉各種修定的方法把妄想壓制下來，一念不生以後發起了定力，將來死後可以生到欲界天去。你只要能夠一念不生，生到天上去，來世有五百個天女奉侍你，每一個天女還有七個婢女，這麼多女人奉侍你一個人，這樣不好喔？」他轉念想一想：「對喔！有這個好處。好，那我要修。」

如果某甲到此打住，倒也好，可惜某甲老婆心切，又繼續講：「你如果繼續再修，修到後來發起初禪，可以生到初禪天去，那更好。」他這一想：「還有更好的初禪天？」興趣來了就問：「那初禪天是怎麼回事？」某甲告訴他說：「初禪天是六根六塵六識中少掉了兩個三，總共少掉六界。」他想：「什麼叫兩個三？」某甲告訴他：「這舌根、味塵以及舌識等功能不見了，是三個；還有一個三，那就是鼻根、香塵以及鼻識同樣不見了，這樣更清淨啊！」可是他一聽：「不行、不行！我沒有了鼻識、沒有了鼻根，我又沒有了舌識、沒有舌根，那我吃什麼東西都沒味道，我聞到什麼都沒味道，才不要。」某甲跟他說：「在色界天不用吃飯，不用吃東西，所以不必聞香也不必嚐味。」他一聽更不得了，抗議起來：「我才不要，原來那邊沒有好東西可以吃。」你看就是愚癡，所以喜歡的是「名」在具足六塵的法界中運行的過程；你叫他定在那邊，他就不願意了。他只是因爲被某甲引導說：「欲界天有五百天女會奉侍你，個個都比世界小姐還漂亮。」是這樣而想去的，所以他喜歡的是「名」運行時的法相，因爲可以不斷地攀緣。如果是定境，他可沒興趣了，因爲他覺得這個覺知心被綁住了不能作用。所以眾生都是最執著於「名相」——執著受想行識運作的法相。

末法時代的學佛人一樣執著「名相」，密宗假藏傳佛教就不談它，單說顯教中的修行人，你要他否定意識就不得了了。所以你看大法師小法師們、大居士小居士們，到現在有誰出來聲明接受正覺說的「意識是虛妄的」？一個也無。他們大家都希望：「我這個離念靈知可以常住不壞。」還有一種人專門研究佛學，有哪些經典他們都知道，專門在搞研究，然後學術論文寫了出來發表，我們眞是不忍卒睹，可是他們心中得意洋洋。也有一些學佛人跟這種人一樣，他們對於經中的各種佛法名相非常執著，認爲把那一些弄懂了、思惟清楚了，說就是證悟了。所以釋印順認爲他把《般若經》中的文字都讀懂了，那就是成佛了；他又延續宗喀巴的邪見，認爲唯識是不了義的，認爲一念不生時都住在直覺中就是成佛了，才會同意他的傳記命名爲《看見佛陀在人間》，這是嚴重執著語文「名相」的人。

這一種執著「名相」的人一定會有很多邪見，以前臺灣佛教界沒有人知道印順法師的書中處處邪見，當我們把他書中重要的、比較大的邪見寫了出來辨正時，他不敢回應一個字。但他卻被臺灣佛教界尊稱爲導師，那些人都願意被他引導到邪見中而甘之如飴，不曉得到底是麻木不仁，還是愚癡不懂，因爲我們已經再三針砭了。你們看，我那麼多書寫了印順法師的錯誤出來，眞的叫再三針砭；這是針也扎了，尖的石頭也拿來刺了，可是那些六識論的比丘、比丘尼們依舊醒不過來，都是繼續「著種種邪見」。看來我對釋印順的針砭好像效果不彰，也許因爲我講得太深入，那一些人沒辦法讀懂那麼深入的法義。

現在我們臺中講堂游老師寫了辨正的文章出來，講淺一些的、比較標題性而不要發揮太多，一針見血直接了當，所以就在《正覺電子報》上開始連載。我想這會有很大的用處，因爲對那一些釋印順的信徒們講太深入的法，他們讀不下去。往往我寫了出來，他們第一句就讀不懂了，後面再讀也是不懂，乾脆不讀，如何救他們？游老師寫得可好，簡單扼要，這樣效果可能會更好；但不妨礙我以前所作的法義辨正，因爲那一些哲學教授們拜印順爲師，我就用這一些對治他們。所以高階層的、低階層的全部都對治，釋印順的應成派中觀大邪見，應該幾十年後就消失了。

有鑑於此，所以我們現在比較大的力氣要花在西藏密宗假藏傳佛教身上，看能不能再把覺囊巴的他空見給發揚起來，要讓他空見這個如來藏妙義回到西藏，把那四大派邪見轉移掉，這樣才能夠從根本上對治密宗假藏傳佛教，才能救得了藏胞；否則來自印度教性力派的邪見終究會繼續潛伏在佛教中，未來一百年、三百年之後可能死灰復燃，那時又得再麻煩一次了，所以這一些邪見我們得要把它破除掉。如果不把他們那些邪見破除掉，他們流轉生死將會更長久。但我說這話，是秉承 如來意旨而說的，來看下一句 如來的開示：「因是邪見更受後身，」由於這樣的邪見，不管是哪一種邪見，只要有邪見在，就離不開「名相」——永遠離不開受想行識，於是錯認受想行識的全部、或者局部、或者少分作爲眞實我，就會因爲這樣的邪見，繼續再領受後有之身。

假使斷了我見而繼續領受後有之身，最多不過七次人天往返，畢竟會出三界生死苦。所以我有時候開玩笑說初果人就是喝了七喜汽水——7up。對吧？對啊！因爲他喝了七喜汽水，所以到天上下來一次，死後上天再下來一次，就這樣總共七次往返，最後一次來到人間就成爲阿羅漢，捨壽就入無餘涅槃；這就是極盡七有人天往返，必入涅槃。也就是說，眞斷我見的人，不管他怎麼懈怠，最懈怠就是七次人天往返，一定會取涅槃——「不受後有」。可是只要我見有一絲一毫未斷，必然會繼續接受後有。這類眾生，如果沒有定力就繼續生在人間，如果有定力還沒發起初禪就生在欲界天，如果有禪定生到色界天，有四空定生到無色界；但這個邪見沒有斷除，在天上福報享盡了依舊下來人間，所以說「更受後身」，而這個「更受後身」的原因都是因爲「邪見」。

有了「邪見」必然會有種種的見解，所以有人想：「我不可能是自己無中生有，觀察父母也沒有說在我住胎時，今天幫我做一根手指，明天再做另外一根，全都沒有啊！所以我這個身體一定是有一個造物主爲我出生的。」於是就推崇造物主，一天到晚開口閉口都講造物主。有的人不是這個觀念，推崇說：「我父母沒有生我，我父母的父母也沒有生了我的父母，一代一代都是這樣，這表示一定有一個上帝出生了我們，所以出生我們的是上帝，不是父母。」於是他崇拜上帝，都不去簡擇說：「上帝在《聖經》中親自告訴大家說他喜歡吃生鮮的肉，最好帶有血的，那不跟夜叉一樣嗎？不跟羅刹一樣嗎？」他們不想這個。

婆羅門教倒好一點：「我們都是梵天所生，而梵天住在哪裡呢？住在色界。」問題來了，住在色界的有情怎麼能出生欲界的人類？又不是像人間有男女根，要怎麼生他們？於是他們又發明了一招：「我們是從梵天口中化生的。」結果沒想到被　釋迦如來當面破斥：「你們曾有一個人不是從娘胎出來的嗎？有沒有一個人敢說話？你們誰能夠證明自己是從梵天口中化生的？」無法證明，因爲首先他媽媽就會出來抗議。如果他老爸是個粗魯人，一定當下腦袋這麼一槌：「老子生了你，你還不認我！」他會這樣，大老粗就是這樣罵人的。其他的說法就不必都講解，什麼冥性、極微……等，那些都不談，只談這些就好。請問造物主、上帝、大梵天，他們有誰能證實有情是被上帝、大梵天、造物主所生的嗎？沒辦法證明。

但我們承認能生萬物及有情的所謂「大梵天、上帝、造物主」的存在，祂的名字叫作如來藏，我們可以現前證實確實是由如來藏所生，而這個如來藏眞實而如如，永遠不改眞如性，所以又名眞如，在《佛藏經》裡面就說祂叫作「無分別法」、「無名相法」。所以不能實證的人因爲我見而有種種邪見，有種種邪見時就會衍生出來非常非常多的見解；甚至於只是爲了某一個見解他要堅持到底，於是改變了他的一生。你看，有的人羨慕乞丐，喜歡當遊民，覺得心中什麼負擔都沒有；反正時間到了，去領個盒餐或麵包吃。「沒有水洗澡？那沒關係，深更半夜公共廁所總有水龍頭吧，我就沖一沖。」睡覺，找些紙箱蓋在自己的身上當棉被，一晚也就過去了。他喜歡當遊民，認為這樣子很安逸，這也是一種邪見。可是當你跟他談論這個問題時，他會覺得說：「我這樣才是眞自由。」他為了眞自由這個見解就這樣堅持下去。

有的人另一種想法：「我要過原始的生活。」所以他去住在荒郊野外或深山裡面，沒有自來水、沒有電，自己在外面打獵，或者摘野菜來吃；頭髮好長、鬍鬚好長，就這樣一個人過生活；他可不管人生有沒有意義，只為了那個見解叫作「原始生活」。這種人林林總總非常之多，各種不同的想法，他們的一生就因為那一個見解而改變，就這樣過一生。諸位想想看，如果身在北極，北極好不好生活？一年到頭都是皚皚白雪，他們在那裡怎麼生活？他一個人把家人都拋棄了，跑到北極去住；家人有時供應他一些子彈，他在那邊打獵過生活；有時茹毛飲血，當那些肉被冰凍了以後，有時無法生火，他就這樣切下來生吃。他們為了一個理念：「我要過很單獨、都沒有人干擾的原始生活。」都沒有想過他那一把獵槍就不原始，竟認為他這樣是原始的生活；然後秋天就趕快去砍木頭預備著冬天的生活，否則沒辦法過，因為那裡太冷。

但他們爲什麼會過那個生活？都是落入種種見解裡面，貪著於那些見解，於是就一生都過那種在我們看來完全沒有意義的生活；而且那種生活還有罪，因爲在那裡不能種菜，沒有糧食，得要吃肉，一生都要殺害眾生；而他們自己也知道愧疚，殺害了眾生；一槍打中了以後，要把肉割下來帶回去，在要動刀之前先摸摸獵物的頭說：「謝謝你！」這樣一謝，罪就沒了嗎？他們也知道其實有罪，因爲殺害了眾生，但他們就願意這樣過生活。諸位想想看，這一種層次很低的人，「**著種種邪見**」而這樣生活的人，後世一定會再「**五陰生**」；因爲「**著種種邪見**」就表示落在我所中，落在我所裡面連「名」——受想行識——都還不知道，還不懂得受想行識的虛妄。

他們都是世俗人，我們回頭來看佛教界大師們，他們一天到晚要跟人家辯論法義，也不檢討自己的法義是對是錯，反正是要爭執到底，這叫作戒禁取見。有戒禁取見的人進一步就成爲見取見。見取見以鬥爭爲業，所以只要誰說的法跟他不一樣，他就要把對方鬥倒。因此有的人不斷地寫文章要鬥我，卻沒想到我都不回應；因爲不管他在網上怎麼貼，我都看不見，我要怎麼回應？我也不必作回應，因爲我沒那個時間，除非哪天美國發明了一種援助叫作時間——給我美援的時間，我的時間用不完，就上網多少回應一、二次，那也行。可惜我沒有美援的時間，所以不回應。若是落實在文章書刊上面，自然也會有親教師出書回應，正智出版社可以再賺一點錢來供養佛法，也不錯，我依舊不必回應。

但那一些人著於各種見解，這就是我所。我們很清楚告訴他們：不但色陰虛妄，受想行識亦復虛妄；而那一些錯誤的見解都因受想行識而產生的，這是我所，已經不是我了。可是他們都聽不進去，依舊要爭執說他們講的見解才是正確的；那表示他們都落入我所之中，所以諸見永不可壞。當諸見永不可壞時，佛陀早就預記他們的果報如何，所以 如來說：「**貪著諸見則五陰生**。」因此凡是貪著於見解的人，不願意聽善知識是怎麼說的，更不願意如理作意加以思惟，繼續執著自己的見解，這種人後世五陰復生，永無了期。這就是說，先從我所來講，如果我所斷不了，那麼要把「我眞實」的邪見斷除就更不可能了。

我所破除了以後，如來就開示說：「**舍利弗！五陰皆是虛妄貪著，是名惡道，是名邪見；**」五陰—色受想行識—都是虛妄貪著。在正覺弘法之前，大多數的道場都不講五陰十八界，這實在很奇怪，卻又都宣稱證悟了，結果所證悟的境界都不外於五陰、十八界。所以末法時代很奇怪，眞的很邪門。剛開始我想不通爲何這麼邪門；都當到佛教界的大法師了，應該這一些基礎佛法都懂才對啊！沒想到竟然都不懂。他們也都宣稱開悟了，可是所謂開悟的境界卻是五陰十八界裡的境界；然後也有人被推崇爲導師了，依舊是依文解義還解錯了。所以，他的門徒們以及臺灣四大山頭中有三個，一天到晚開口閉口都講「印順導師」；而這樣的「導師」連五陰十八界也弄不清楚，他的成佛境界竟然還落在意識心所法裡面——直覺。

印順法師說禪宗開悟的標的就是直覺，說直覺就是涅槃，那表示他落在意識的心所法裡面。「直覺」說白了，大部分是五遍行心所法，其中一小部分是五別境心所法中的「慧」心所的一小分功能，不過如此；那就是意識的心所法，正是我所。這樣的人自認爲成佛了，仍然是落在五陰之中。一開始，我覺得他們很奇怪，對於滅除五陰我見的事情始終都不熱衷，後來我終於瞭解原來他們是被應成派中觀所誤導，於是要開始推究應成派中觀到底是怎麼來的，那當然要加以破斥，所以就請我們孫老師寫了《中觀金鑑》。考證出來，原來就是聲聞法中的部派佛教末流，就是佛護、清辨那些人弄出來的，才會有應成派、自續派中觀在人間誤導學佛人。

這些都是六識論的產物，可是他們爲了要維護自己所修的密法，就必須要認定五陰是眞實的。這個道理很淺顯，諸位想想看，他們所謂的大樂光明，所謂的樂空雙運，所謂的無上瑜伽，宗喀巴說那個淫樂是俱生樂，說是常住不壞的常住法。可是諸位都能夠很輕易觀察出來：假使沒有生滅性的五陰，哪來的樂空雙運？樂是五陰的我所，空是意識所生的邪見，全部都是我所。爲了維持這個我所的正當性，他們就必須要主張五陰是眞實的，說五陰不該滅，所以要滅的是「**我眞實的見解或想法**」，把這個見解或想法給滅了就是斷我見，而五陰是眞實的。

宗喀巴的《菩提道次第廣論》中明說五陰眞實，但明明 佛陀早就講過了：過去色、現在色、未來色，遠色、近色，粗色、細色，全都是緣生緣滅，受想行識亦復如是。佛早都說了，他們就偏偏不信，繼續堅持說五陰是眞實的。所以他們所謂的「我見」，就只是一個名詞而沒有我見本來的內涵；因此他們所謂的成佛，也是個名詞而沒有成佛的眞正內涵。這樣一來，如來藏也可以是只有名詞，般若也是只有名詞，所以印順才會說般若諸經的意涵叫作性空唯名——本質不存在，只是一些名言而已。你看這種大邪見，是怎麼來的？是因爲他不懂五陰虛妄的道理，於是繼續貪「著五陰」，才有那麼大的膽子甘冒大不韙，同意人家尊稱他是佛陀，都是對五陰和般若的內涵不瞭解。

我們說明五陰十八界全部虛妄，也辨正了許多大師，說他們是凡夫，那些大師們都不讀正覺的書嗎？才怪！所以讀了以後，現在人家指責說：「妳這一尊宇宙大覺者到底是誰的雕像？」她可不敢承認了，只好說：「那是佛陀的雕像，不是我釋證嚴。」可是那面貌、身材，不就是妳釋證嚴嗎？明眼人一看就知道了。因爲妳釋證嚴又不是像我蕭平實永遠不拋頭露面，妳是一天到晚在電視上亮相，人家一看就清楚確定那是誰的雕像，而她的信徒們心裡也都認定那雕像就是她，才買下來供奉的，爲何不敢承認？因爲怕有後果；一旦承認了，後果就紛至沓來。不必我們正覺問，許多佛門賢達就會問了：佛有十號，請問妳有哪一號？佛有三念住，妳有哪一念？佛的五根五力，妳有哪一根、哪一力？就這樣一一要問了。妳既然自稱成佛，要有佛地功德接受檢查。我從來不自稱成佛，所以我不用被人家檢查，對不對？沒有人會以佛果的功德檢查我，因爲我沒有明說或暗示我成佛了。

正因爲我們講解佛法的法義不斷流通出去以後，被她內定爲繼承她的佛位者讀了以後總是要去問：「師父！我能繼承您的佛位嗎？看來我不行。」然後最核心的弟子可能看看四下無人就問：「師父！我跟您講悄悄話，蕭平實說您是凡夫，我們還是別承認成佛比較好。」這事情一定會發生，因此這一回，慈濟內湖那一塊地申請不當使用出了問題，若眞的准了而建設起來，對居民一定會造成大傷害，居民當然會聯合起來抗議。然後有一位比丘尼爲她打抱不平，跳出來卻是幫了倒忙，這一下終於弄到她身上來；於是人家質問她這一尊「宇宙大覺者」的像，她只好說：「那是釋迦如來的雕像，不是我的。」等於否定自己已經成佛了。好在她否認了，否則來世就沒辦法繼續住在人間了。這樣看來，我們也算救了她很多世了，因爲萬一這一世下去惡道，何時能上來？那不是一劫、兩劫的事——以人間的壽命來算應該是幾世呢？

這就是說，這一些大師們的問題歸結起來，就是不懂五陰十八界的內涵。如果稍微懂一點佛法的人，都會知道他們的問題就出於對五陰十八界沒有具足瞭解；一直都落入五陰十八界中，卻不知道自己正在五陰十八界中，這是學佛人的大病，末法時代的大法師們也都不曾跳出這五陰十八界的範圍。因此五陰十八界的內涵，我們得在書中不斷地再三、再四、再九、再十把它重複宣說；假使有人這一本沒讀到，讀到另一本時，就有可能深入了知，然後會去檢查：「**我所謂的眞如原來還在五陰中，我所謂的眞如原來還在十八界中。**」他這一世就有可能改變，儘快滅除大妄語業；如果不能夠改變，那後果就嚴重了。

佛已經說了：「**五陰皆是虛妄貪著，是名惡道，是名邪見；**」爲什麼對五陰加以「**虛妄貪著**」會叫作「**惡道**」？因爲對五陰很貪著的人，他的見解一定很虛妄，一定不正確。見解不正確的人當然不信因果，於是爲了貪圖這一世的所有，下焉者燒殺擄掠無惡不造，當然異生性種子一定會發芽滋長壯盛，結果就是死後墮落惡道；這都是因爲邪見而產生，不瞭解五陰的虛妄。對五陰加以貪著的結果，他的異生性就會非常強盛，於是死後墮落異生。因此說，不瞭解五陰虛妄而加以貪著的人，就是惡道，就是邪見。今天講到這裡。

《佛藏經》上週講到〈念僧品〉第十七頁倒數第二行，今天要繼續從倒數第二行開始講：「賢聖眾者無有此事，但知虛妄緣故起於三界，知是事故名爲聖眾。」前面五行多講了很多法義，說明如何稱之爲「聖眾」，最後如來作了一個結論：「賢聖眾」之中沒有這一些邪見。接著說明：「賢聖眾」之所以名爲「賢聖眾」，只是因爲知道由於虛妄的緣起所以產生了三界有，知道這一些事情的緣故就稱爲「聖眾」。

換句話說，假使不能理解三界的所有境界都是藉著各種虛妄不實的因緣來生起的，將這一些生滅虛妄的三界中境界執以爲實，那就不名「聖眾」。不能稱爲「聖眾」，反面的解釋就是凡夫。末法時代佛教界的大師之中，在在處處可以看見這類事相；凡夫的大師們不是少數，而是在在處處都可以看見。爲何我們這樣子說？一定有緣故，總不能一竹篙打翻一船人吧。有時人家罵：「你怎麼一竹篙打翻一船人！」那是很嚴重的指控，是說不分青紅皂白亂指控，因爲整整一船人之中不是個個都該打。可是我們現在這一句話，正是一竹篙打翻一船人，因爲整船的末法時代大師們都該打。我也是因爲這樣得罪了很多的大師，無可奈何呀！

也就是說，當大師們都在主張：「只要我們打坐修定到了離念時一念不生，這時的離念靈知就是眞如佛性，這是常住之法，這就是眞如永遠不壞。」可是他們都不加以檢視，這離念靈知是不是在三界中才能存在的？他們都不檢討這一點，因爲他們所謂常住的涅槃心—離念靈知—不能離開六塵境界而存在。然不能離開六塵境界而存在—特別是不能離開人間的六塵境界而存在—顯然是三界中法，不是三界外之法。也就是說，這其實是藉著人間各種虛妄的助緣才能現起的境界，而這個離念靈知境界所憑藉的助緣，不論是意根、法塵以及必須伴隨同時存在的五色根，全部都是虛妄法；藉著這樣的虛妄法作助緣而生起的人間離念境界，不能夠說它是三界外之法，當然不是涅槃心；因爲三界外就只有一個如來藏心可得，再無其他任何一法存在。

所以凡是認定三界中的覺知心作爲常住的眞如法，作爲常住的涅槃心，他就是落入三界中，不外於「虛妄緣起」，不外於「虛妄貪著」。顯然他對於邪見的意涵是不了知的，顯然也對眞如不曾了知，才會落入三界中法而誤認爲是三界外的涅槃心。然而「聖眾」不然，因爲現見五蘊、六入、十二處、十八界以及輾轉所生的一切諸法，莫非是「虛妄緣起」，知道這樣的事情所以名為「聖眾」。

假使有活的「佛」、死的「佛」，一概函蓋在內，他們自稱成佛了，但是對於五蘊、六入、十二處、十八界的內涵，竟然一問三不知而說他們成佛了，這顯然連「賢聖眾」都不是。因為三賢位中的菩薩只要到達六住滿心了，都知道三界一切境界以及三界中一切諸法全都是「虛妄緣起」，怎麼可能落入這五蘊之中呢？這表示他們都是大妄語人。大妄語人，在大小乘諸經中，如來說他們是什麼種性呢？對了！你們要講大聲一點，是地獄種性。大妄語人就是地獄種性，因為他們會貽害眾生，因為這一類人不是自己大妄語就滿足了，他們還要寫很多的文章、出很多的書去誤導很多眾生同樣大妄語；他們誤導的不是只有這一世的眾生，還遺毒後世，導致他們死後幾百年了都還有人讀了以後誤信而犯大妄語業，所以這些人都不是「賢聖眾」。

舉凡「賢聖眾」，不論是二乘或大乘賢聖眾，都不會落入三界法中，同樣知道「虛妄緣起」，因此稱之為「聖眾」；差別只是二乘「聖眾」未證實相不知眞如，而大乘第七住以上的「賢聖眾」已知實相、親證眞如。所以聽完

《佛藏經》的〈念佛品〉、〈念法品〉、〈念僧品〉之後，或者將來整理出來印成書籍流通，讀完了《佛藏經》的〈念佛品〉、〈念法品〉、〈念僧品〉以後，就應該對於大乘「賢聖眾」有所了知，對於二乘的「聖眾」也有了知，更必須對於大妄語的假名賢聖有所了知，否則就是聽不懂、讀不懂《佛藏經》的〈念佛、念法、念僧品〉。但是念僧之時，對於「賢聖僧」所住的智慧境界應當有所了知，所以 如來又有開示：

經文：【「舍利弗！凡所有見，於聖眾中皆不可得，謂我見、眾生見、壽命見、人見，男見女見，天見地獄見，畜生見餓鬼見，陰入界見，貝聲見鼓聲見，地聲見水火風聲見，持戒聲見毀戒聲見，正道聲見邪道聲見；垢聲淨聲、禪定三昧八聖道聲、須陀洹果斯陀含果阿那含果阿羅漢果聲見，解脫聲見、得果聲見，佛聲見、法聲見、僧聲見，滅聲見、涅槃聲見；舍利弗！是名虛妄音聲等見。賢聖眾者，於第一義不得是見，通達種種音聲一相，所謂無相；無違無諍，成就不顚倒法忍故，名爲聖眾。舍利弗！是不顚倒法忍即是無相，無相故無取無捨、無逆無順、無生無滅；是中自然歸滅，無修無壞

無起無得；不分別此彼故，心常捨離。所以者何？於是忍中無此岸無彼岸，無分別無非分別；通達無相，成就是忍，名爲聖眾；破和合故，名爲聖眾。」】

語譯：如來開示說：【「舍利弗！舉凡所有的見，在聖眾之中都不可得，也就是說我見、眾生見、壽命見、人見，男見和女見，天的見解和地獄的見解，畜生見解與餓鬼見解，陰入界等見解，貝聲見解和鼓聲見解，地聲的見解與水火風聲的見解，持戒聲的見解與毀戒聲的見解，正道聲音的見解以及邪道聲音的見解；汙垢聲與清淨聲、禪定三昧八聖道聲音、須陀洹果斯陀含果阿那含果阿羅漢果聲音等見解，解脫聲音的見解、得果聲音的見解，佛聲的見解、法聲的見解、僧聲的見解，滅聲的見解、涅槃聲的見解；舍利弗！這一些都稱爲虛妄音聲等等的見解。賢聖眾等一類人，於第一義之中不可能有這樣的見解，通達了種種音聲都同樣是一相，也就是無相；沒有相違背、沒有相諍鬥，成就了不顚倒諸法的安忍的緣故，就稱之爲聖眾。舍利弗！這樣的不顚倒法忍就是無相，無相的緣故而無取無捨，所以無逆無順、就無生無滅；在這當中自然而歸於滅，沒有修行、沒有毀壞、沒有生起、也沒有所得；不分別此也不分別彼的緣故，所以心中經常捨離。爲何這麼說呢？因爲在這個法忍之中沒有此岸也沒有彼岸，沒有分別也沒有錯誤的分別；通達了無相，成就這樣的忍，所以稱之爲聖眾；也因爲已破五蘊和合的緣故，所以稱之爲聖眾。」】

講義：請親教師們來公證好了，如來這一段開示是說，凡是所有的見解、認知，在「聖眾」中全部都不可得。我們說常見、我見、身見、邊見、戒禁取見等，無非都是見；那「見」到底是什麼？「見」的意思是說，所有的認知或者見解都從「見」而來；如果不能「見」，也就是不能了知，那就沒有見解、沒有認知可言。譬如我們講常見與斷見，說之爲兩邊；那麼常的見解爲何被叫作常見？因爲把生滅的自我，當作是常住不壞的眞實我，生起了這樣的見解所以叫作常見。斷見的道理是相同的，他認爲人的五蘊、十八界全部虛妄，斷滅了（死了）以後永遠空無，歸於斷滅而無一法可得，這樣的主張就叫作斷見。他認爲，我們有情身心之中，所能夠找到的一切法終歸於斷滅，無有一法可以去到未來世。因爲他不知道有如來藏、不知道有意根，誤認爲他觀察出來的所有法全部虛妄，又不信有常住法可以去到未來世，因此堅持說人死後歸於斷滅，這就是斷滅見；這也是唯物論的一個重要思想依據，既然如此，就認爲人之所以存在是因爲這個身體，如果身體壞了，精神也就壞了，就沒有前世、沒有後世。

西方醫學不同於中國醫學，西方醫學認爲有情之所以出現是由於物質，西方醫學一向是這樣看待的；他們爲什麼會走入這個死胡同？因爲他們看見人的覺知心只要色身壞了就不能存在，所以西方人認爲人類的起源是恐龍演變出來的，而恐龍是魚類演變出來的，而魚類又是更簡單的某些蟲演變出來的，然後就一直推究到雙細胞、單細胞等。那麼問題來了：既然有的有情可以從魚類演變成恐龍、演變成人，現在的魚類爲什麼還在當魚？再說，跟人類最像的就是人猿，猿比猴子「進化」很多；猴子比起猿來，牠的智慧差太多了。猿人與人類很相近，據說基因的相似度達到98%；那麼問題就來了：這些猿已經那麼久了，都幾十萬年了，爲什麼現在還當猿而無法演變成人類？

爲什麼狗現在還在當狗？牠們都知道當人最好，遠勝於當狗，爲什麼牠們不趕快演化成爲人，還要繼續當狗？他們一樣無法解釋。不說無法解釋，他們連想都還沒有想到這些問題；或者有人想到了，故意漠視它，不理會它，因爲無法解決，無法解決就不理它。就好像一根箭射到身體，沒有辦法處理時把它鋸斷就好，然後厚衣服穿起來就說：我沒有中箭。所以說他們不懂得有情身心的緣起，妄想要從物質中去找到生命的起源；但他們將永遠找不到，因爲從物質不斷追究下去，追究到最後就叫作鄰虛塵，也就是四大的極微。但四大極微還是物，那麼依他們的理論，就變成物能生心了。可是當你問他們：物能不能生心？他們又說不能。我說他們還眞矛盾！

可是那一群所謂的物理學家、醫學家，到如今還在那邊迷濛，還往死胡同裡繼續鑽。所以有智慧的人不走那一條死路，要找出一條活路，這就是學佛人。也就是說，精神之所從來一定是由心來，不可能由物來，但是心有一個特性就是能見。「見」是一個統稱，見的意思是說能夠了別、能夠認知，所以叫作見。也就是說，「見」所函蓋的各種見解的由來，都從能見而來，「見」的意思就是了知、分別。所以當你看見、聞見、嗅見、嚐見、觸見時，都附帶一個「見」。

因此唯識學中說見分，爲什麼不說是了別分而說爲見分？因爲相對於相分時，相分是被了別的，六塵境界以及物質都是被了別的，都有外在的形相，就稱之爲相分；引申到能被了別的六塵也都叫作相分，因爲都有形相；而能夠了別自己的身體、物質，能夠了別六塵的覺知心，就稱之爲見分。見分能夠了別的緣故，就會去了別：這個是生滅不住的，一段時間就會壞滅；然後再往自己身上去了別，原來人的覺知心會斷滅，只要悶絕了就斷滅，眠熟了就斷滅，死亡了以後也斷滅，所以正死位中沒有覺知心。於是，由於這樣的了別，由於這樣的觀察，也就是他在這上面有所「見」的緣故，就生起了這樣的認知，說這是無常，死後會斷滅，因此他叫作斷見論者；因此死後歸於斷滅空的見解，就在他心中建立了，卻沒看見或了別到另有一個常住不壞的眞實心，能去到後世再出生另一個五陰。

那常見外道，不論佛門內或佛門外的常見外道都一樣，也是因爲他們有所見，但他們的所見跟斷見外道一樣是不正確的；他們看到了就說：我們人死了，是因爲這個色身壞了叫作死，然而死了以後覺知心會去到未來世。他們認爲覺知心的自己可以去未來世，但他們的智慧不如斷見外道；因爲斷見外道認爲，如果這覺知心從前世來，那應該可以記得上一世姓甚名誰，幹了什麼事業，然而他們主張覺知心常住的人們，現見一切人都無法了知；而身等五色根及覺知心等一切法，全都是會斷滅的無常法；所以斷見論的外道遠勝過常見論者，因為他們的觀察比較正確——能現見五陰十八界全都虛妄不實。

而常見論者對自我比較執著或者非常執著，明明看見這覺知心悶絕了就斷滅，眠熟了就斷滅，偏偏要主張說：「**不！我這個覺知心是常住的，我死後去到未來世還是同一個覺知心。**」這叫作一廂情願，一廂情願的歇後語或者註腳要叫作什麼？簡單的說叫作失敗，講詳細一點叫作永遠不能成功。譬如說《西廂記》，如果單單西廂那個女孩子崔鶯鶯有意思，但是東廂那男生張君瑞對她無情意，能不能成就好事？不行的。反過來也一樣，所以一廂情願—另一廂不願—是沒有效的，代表不能成功。

但佛門內外的一切外道，那些常見外道們，他們的想法都是一廂情願；因為一個很簡單的道理擺在眼前，現前可以證明的是：假使這覺知心是從前世來的，才可以往生去後世；如果不是從前世來的心，就不能去後世。但問題來了，當他們主張這覺知心可以去後世，就表示這覺知心一定從前世來；若是從前世來的，應該記得上一輩子的父母，前世兩位尊長的大名不能忘記吧？那應該也記得上一輩子習慣的言語，當他這一世剛出生時首先要作的第一件事情，就是要喊一聲媽媽，然後說「您辛苦了」。有沒有誰剛出生時這樣謝謝過？有沒有？沒有！而且什麼都不懂，哪位是媽媽、哪位是爸爸都不懂，都還要經過很長時間教導才懂，可見這覺知心不是從前世來，怎能說是常呢？

好在中國人聰明，那洋人就沒這個智慧，比如中國人發明一個東西叫孟婆湯：「因爲死了要去投胎以前，要先喝孟婆湯，喝了就會忘記前世，才能去投胎，當然這一世我出生就忘了，所以覺知心當然是從前世往生過來的。」好有一說，可是誰能證實眞的有孟婆湯？凡是提出一個主張時，一定要可以證實的才能說之爲眞。例如我們說的佛法都是可以證實的，而我們如今證實說沒有孟婆湯，而且想要忘記前世的事情也不用喝孟婆湯，因爲這一個覺知心六識心是依於意根、如來藏，還要再加上如來藏所生的此世五色根，共同來變現了六塵才能出生；而這一世的覺知心是依意根和這一世的五色根來變生的，當然是新生的，不從前世往生過來，自然不記得前世。

好在有一個意根，不然練了宿命通也不會記得前世；這證明有念靈知、離念靈知全部都是「虛妄緣起」。他們不懂，就因爲自己的所見錯誤——觀察了別錯了，當作這個離念靈知是眞實的自我：「因爲我昨晚睡著了以後，今天早上又繼續存在著。」就這樣依此類推而認爲說：「我這一世死了，下一世還會繼續存在。」但是他這個認知、這個了別、這個見解是錯誤的，成爲非常計常，因此我們說他叫作常見外道。

但不論斷見或常見，這樣的「見」功能，都是從見聞覺知而來，都是因爲有所「見」才會產生，所以一切見解都把它叫作「見」。因此，有沒有看見？有啊！有沒有聞見？有啊！聞聲的又不是眼睛，怎麼會叫作見？例如問你「有沒有聞見？」是這樣問的，對吧？有沒有嗅見？有沒有嚐見、觸見？乃至連意識的部分也把它叫作「見」，所以你看閩南話現在也是這麼講的：「您（你們）有聽見嘸？（臺語，「您」字是指「你們」。意謂你們聽到了沒？）」對吧？問：「你們聽見了沒？」明明是聽，還是有那個「見」字。爲什麼都叫見？因爲見就是覺知。所以認知錯誤時，就產生了常見或斷見。

但菩薩所見是正見，二乘聖者所見也是正見，請問：正見是不是見？一樣是見。既然是見，就是三界中法。所以出三界的涅槃境界中，也就是說，當你這個第八識如來藏處在三界外，不在三界中流轉，這時就沒有見了。因此說：「凡所有見，於聖眾中皆不可得，」為什麼不可得？這時也許有人心中打了個問號，因為他第一次來聽我講經；他被親朋好友邀約，終於進了正覺講堂，結果聽見這蕭平實這麼說，心想：「到底有沒有道理？凡所有見，不管它是常見、斷見或者三乘賢聖的正見，全都叫作見，而這個『見』在賢聖眾中明明存在，怎麼說不可得呢？如果沒有正見，為何可以稱為賢聖？」

可是明明　佛在這裡說：「凡所有見，於聖眾中皆不可得，」那問題在哪裡呢？在於沒有弄清楚這裡講的是第一義的境界，不是現象界裡的事。三乘賢聖在人間遊化一定有所見，總不可能說證悟佛菩提以後就什麼都不見而變成瞎子，不可能如此！如果真是這樣的話，成佛以後就變成瞎子了，還能說出弟子們的姓名「你是某甲、你是某乙」誰都看得見？那為何　佛陀卻說「凡所有見，於聖眾中皆不可得」？這是因為證悟之後成為實義菩薩了，他的五蘊身心依舊是本來的同一個五蘊身心，但他所證悟之標的「無名相法」如來藏的境界中，其實無一切見；他轉依於如來藏這個境界，所以才說在這樣的「聖眾」之中，「凡所有見皆不可得」。並不是說，證悟佛菩提以後就使六識功能都失去了。

也就是說，一切的見都緣於六識心的見聞覺知去作了別，不管那個了別是正確的或者錯誤的，全都叫作「見」。所以了別法界實相之後錯誤了，就叫作外道見；了別後是正確的，就稱爲三乘賢聖的正見。但是大乘第七住以上賢聖的正見，是依於無所見的境界而住，因爲他轉依了眞實法「無名相法」如來藏，而如來藏的境界中無一法可得，沒有見聞覺知。有見聞覺知的心，悟後依舊有見聞覺知，卻無妨這樣轉依如來藏而安住。所轉依的是沒有見解的，沒有見解的緣故，所以三十七道品都不存在；因爲實相境界中連眼耳鼻舌身意都不存在，六塵六識也都不存在了，所以這個實相境界中沒有所謂解脫或輪迴可言，因此如來才說：「凡所有見，於聖眾中皆不可得。」

那麼所有見，如來大略舉出一部分來說：所謂的見就是指我見、眾生見、壽命見、人見，男見女見，天見地獄見，畜生見餓鬼見，陰入界見，貝聲見鼓聲見，地聲見水火風聲見……乃至於佛聲見、法聲見、僧聲見，滅聲見、涅槃聲見。爲什麼要這樣說？我見、眾生見、壽命見、人見，我們在《金剛經》講過了，這裡不必再重複。例如男見女見是小時候就開始學的，所以有時這男孩子三歲、二歲，看見姊姊穿裙子，裙子印得花花綠綠的，小孩子單純，他覺得姊姊這樣穿很好看，提出要求：「我也要穿裙子。」媽媽就要教他：「你是男生，不是女生，不可以穿裙子。」然後他就問：「我為什麼是男生，她為什麼是女生？」這時候父母要大費口舌了。日本人教起來最簡單，因為都是一起洗澡，就說：「你看她沒有你這個，所以她叫女生；你有這個，就叫作男生。」他就這樣認清楚了，等他長大一點再慢慢教他更多的分別。那他為什麼能夠開始分別男生女生呢？因為他有見，所以父母親教導時，他能夠觀察；而這個觀察緣於見，能見就能夠觀察，因此就有了「男見女見」。

至於「男見女見」為什麼會產生對立的差別相？這要廣說，那就有非常多的內容可以講。但是我如果都在這上面講，那會叫作世論。我們是講佛法的，幹嘛要講世論？所以就不用去講它。同樣的道理，懂了一些人間的事相以後，開始聽見老人家說：「這個人一天到晚都在為別人設想，每天都在行善，他死了以後將來會生天享福。」看到另一個人時，老人家說：「那個人整天都在計算別人，專幹惡事，死後一定下地獄。」於是這少年青年聽完了以後，開始有一些瞭解了，原來有天也有地獄，行善生天享福，造惡下地獄受苦，於是他經由聞聲而生起這樣的認知，就有了「天見地獄見」。但是他心中有了「天見地獄見」，卻是緣於他的聞見功能。如果不是聞見，他也不會有這一些認知，就不會有這樣的見解；但他聞見時不可能單單有聞見，同時還要有看見——看見當面有幾個老人如是談論，於是他才有了「天見地獄見」，也是由覺知而來。至於「畜生見餓鬼見」，更是如此，那就不必再說。

那麼「陰入界見」呢？諸位來到正覺同修會禪淨班中，親教師們到了最後那半年，都會教導諸位五陰的內容、六入的內容、十八界的內容，都會教導諸位。以前不瞭解什麼叫作五陰，也不瞭解這五個法爲什麼要叫作五陰，更不瞭解爲什麼有時叫作五蘊而不叫作五陰。例如阿羅漢以及諸地菩薩都叫作五蘊而不叫作五陰，三賢位的菩薩以及三果以下就叫作五陰，爲何如此？當然不很瞭解。但是漸漸地學久了以後終於瞭解了，因爲經由見聞然後加以思惟，終於瞭解：「原來如此。所以正覺或正智的書中談到阿羅漢們、諸地菩薩們時，都叫作五蘊而不叫作五陰，原來是這個原因。」漸漸就瞭解了。但大家是如何瞭解的？因爲看見書裡面的所寫，聽見上課時親教師的教導，這些莫非是見的作用。對五陰的內涵具足瞭解，對六入、十八界的內涵具足瞭解以後，就有了「陰入界見」。但「陰入界見」是存在你五陰身中，於如來藏的境界中並不瞭解陰入界諸法，所以祂心中也沒有「陰入界見」。

至於「貝聲見鼓聲見」也是如此。當人家說：「別怕！別怕！這是貝的聲音。」小孩子聽見說明以後漸漸安定下來，否則那小孩子第一次聽見人家吹貝時，他會覺得恐怖，因爲他不知道那是什麼怪獸。貝，我們小時候還聽得見，你們現在都沒有人聽見，這表示我老了。我們小時候鄉下，人家把單車後面放著木架子，上面還有個木案放著豬肉，騎出來賣；後來進步一點就改爲小三輪車。他們每去到一個定點或每一個巷口都會停一下，拿起螺貝來吹：「噗——」大家聽見就知道賣肉的來了，就去買肉。可是小孩子以前沒聽過，第一次聽見時會覺得恐怖，這時大人就要告訴他：「那個沒事、沒事！只是賣肉的來了，我帶你去看；我們去買肉，帶你去看那是什麼聲音。」然後去到那邊，見了那個賣肉的老闆就請求：「老闆！你把螺貝吹一下，讓我孫子聽一聽。」於是他拿起來一吹，孫子就懂：原來是這個。以後他聽見就不怕了，他就知道這個叫作「貝聲」。有一天另外一個同年紀的小朋友沒有聽見，跟他爭執說那不是貝的聲音，他就會堅持說：「不！這是貝的聲音。」

這時表示他有「貝聲見」，另一個小朋友沒有「貝聲見」。同樣的道理，「鼓聲見，地聲見水火風聲見，持戒聲見毀戒聲見」，莫非如是。

接下來「正道聲見與邪道聲見」。當你進了正覺學法三年、四年以後，你吃飯時打開了電視機，轉到宗教臺聽大師們在說佛法，聽了就知道：「這大師講的是正見，因爲他在講五蘊虛妄、六入虛妄，這是正見。」表示你聽了那個演說正法之聲音時，知道那是正見所講出來的聲音——「正道聲見」。然後轉到另一臺聽到一個喇嘛胡說八道，你聽了就說：「這個根本就是邪道，所以他發出的一切聲音都是邪道聲。」顯示你心中有了「邪道聲見」，都因爲你能夠了別。能了別的原因，依舊是由於你有見聞覺知的心，不管是聽見、看見……等，總之你了別之後就會有見解。

比如說兩個人，一個是瞎子，另一個是瞎子又是聾子。有一個人拿了柔軟的東西來跟第一個瞎子搔耳朵，搔過以後又換另一個東西再跟他搔耳朵，問他說：「你能不能分別這兩種東西是什麼？」他說：「不能。那你來告訴我，這兩種到底叫作什麼。」於是重新再搔時，那個人就告訴他說：「這個是羽毛。」他就知道這一種搔癢的感覺叫羽毛；然後另外拿了一支草跟他搔癢說：

「這個叫作草。」「那我知道了。」以後這兩種東西再拿來跟他耳朵一碰，他就知道這是草、這是羽毛，表示他有那個「見」，道理是一樣的。所以凡是「見」—認知—之所從來，就是由於他有見聞覺知。他現在算是曾經觸見了，另外一個人沒有接觸過。另外一個人既是瞎子又是聾人，你不論用哪一個去跟他搔耳朵，他都不知道那是什麼，爲他說明時他也聽不見，就無法產生對兩種所觸物的見解來。

所以一切「見」都由見聞覺知來，你因爲有這個見聞覺知，在正法中修學已久，所以你聽到人家在說法時，心中就有「正道聲見」或者「邪道聲見」。但這個「正道聲見邪道聲見」，在「聖眾」之中皆不可得，因爲「聖眾」五蘊境界中跟你同樣有「正道聲見」也有「邪道聲見」，但他所轉依的實相境界中是沒有一切「見」的，他所轉依的境界是「無名相法」如來藏的境界，因此沒有這一切見。同樣的，「垢聲淨聲、禪定三昧八聖道聲」，道理也是相同的，若面對這些聲時，心中有著聲見，也都是由於有「見」的功能而產生的。

所以菩薩心中沒有所謂的證果，菩薩當然知道自己現在於解脫道上是初果、二果、三果或四果，當然知道；也知道自己在佛菩提道中現在是五十二階位中的哪一個階位，當然都知道；可是他所轉依的「無名相法」如來藏的境界中，卻沒有四果與凡夫的差別，也沒有五十二個階位與不學佛者的差別，所以對須陀洹果聲音的見解、斯陀含果聲音的見解，對阿那含果、阿羅漢果聲音的見解，都不會存在，就不會有「須陀洹果斯陀含果阿那含果阿羅漢果聲見」。假使有人在宣說解脫之法，所說解脫之法是正確的，你一聽就知道這是「解脫聲」，顯示你有「解脫聲見」。假使有人講錯了，你馬上知道這是「邪見聲」，顯示你有「邪見聲」見。

當你聽到某一位阿羅漢爲他的弟子印證說：「你不用懷疑，這樣就是第三果。」你才一聽見，馬上知道這是「得果聲」，顯示你有「得果聲見」。可是這一些見解，在阿羅漢心中就已經不存在了，還不說菩薩們，因爲阿羅漢們很清楚知道證果是無果可得的。很多人證果的認知是：「我只要一證果了，就會有天眼通，就有天耳通，就有神足通。」那其實是有所得。但證果是無所得的，即使三明六通大阿羅漢依舊是無所得，雖然他有六通，但他心中是無所得的，因爲他很清楚知道證得阿羅漢果，最後就是進入涅槃中一切皆空；而一切法空的當下不是斷滅，因爲還有本際獨存，所以證果是無所得的。

（未完，詳後續說。）

佛教正覺同修會〈修學佛道次第表〉

第一階段

* 以憶佛及拜佛方式修習動中定力。
* 學第一義佛法及禪法知見。
* 無相拜佛功夫成就。
* 具備一念相續功夫—動靜中皆能看話頭。
* 努力培植福德資糧，勤修三福淨業。

第二階段

* 參話頭，參公案。
* 開悟明心，一片悟境。
* 鍛鍊功夫求見佛性。
* 眼見佛性〈餘五根亦如是〉親見世界如幻，成就如幻觀。
* 學習禪門差別智。
* 深入第一義經典。
* 修除性障及隨分修學禪定。
* 修證十行位陽焰觀。

第三階段

* 學一切種智真實正理—楞伽經、解深密經、成唯識論…。
* 參究末後句。
* 解悟末後句。
* 透牢關—親自體驗所悟末後句境界，親見實相，無得無失。
* 救護一切衆生迴向正道。護持了義正法，修證十迴向位如夢觀。
* 發十無盡願，修習百法明門，親證猶如鏡像現觀。
* 修除五蓋，發起禪定。持一切善法戒。親證猶如光影現觀。
* 進修四禪八定、四無量心、五神通。進修大乘種智，求證猶如谷響現觀。

佛菩提二主要道次第概要表——二道並修，以外無別佛法

佛菩提道——大菩提道

十信位修集信心——一劫乃至一萬劫

遠波羅蜜多

資糧位（外門廣修六度萬行）

初住位修集布施功德（以財施爲主）。

二住位修集持戒功德。

三住位修集忍辱功德。

四住位修集精進功德。

五住位修集禪定功德。

六住位修集般若功德（熏習般若中觀及斷我見，加行位也）。

見道位（內門廣修六度萬行）

七住位明心般若正觀現前，親證本來自性清淨涅槃。

八住位起於一切法現觀般若中道。漸除性障。

十住位眼見佛性，世界如幻觀成就。

一至十行位，於廣行六度萬行中，依般若中道慧，現觀陰處界猶如陽焰，至第十行滿心位，陽焰觀成就。

一至十迴向位熏習一切種智；修除性障，唯留最後一分思惑不斷。第十迴向滿心位成就菩薩道如夢觀。

初地：第十迴向位滿心時，成就道種智一分（八識心王一一親證後，領受五法、三自性、七種第一義、七種性自性、二種無我法）復由勇發十無盡願，成通達位菩薩。復又永伏性障而不具斷，能證慧解脫而不取證，由大願故留惑潤生。此地主修法施波羅蜜多及百法明門。證「猶如鏡像」現觀，故滿初地心。

二地：初地功德滿足以後，再成就道種智一分而入二地；主修戒波羅蜜多及一切種智。滿心位成就「猶如光影」現觀，戒行自然清淨。

解脫道：二乘菩提

→ 斷三縛結，成初果解脫

→ 薄貪瞋癡，成二果解脫

→ 斷五下分結，成三果解脫

入地前的四加行令煩惱障現行悉斷，成四果解脫，留惑潤生。分段生死已斷，煩惱障習氣種子開始斷除，兼斷無始無明上煩惱。

近波羅蜜多　　大波羅蜜多　　圓滿波羅蜜多

修道位　　究竟位

三地：二地滿心再證道種智一分，故入三地。此地主修忍波羅蜜多及四禪八定、四無量心、五神通。能成就俱解脫果而不取證，留惑潤生。滿心位成就「猶如谷響」現觀及無漏妙定意生身。

四地：由三地再證道種智一分故入四地。主修精進波羅蜜多，於此土及他方世界廣度有緣，無有疲倦。進修一切種智，滿心位成就「如水中月」現觀。

五地：由四地再證道種智一分故入五地。主修禪定波羅蜜多及一切種智，斷除下乘涅槃貪。滿心位成就「變化所成」現觀。

六地：由五地再證道種智一分故入六地。此地主修般若波羅蜜多——依道種智現觀十二因緣一一有支及意生身化身，皆自心眞如變化所現，「非有似有」，成就細相觀，不由加行而自然證得滅盡定，成俱解脫大乘無學。

七地：由六地「非有似有」現觀，再證道種智一分故入七地。此地主修一切種智及方便波羅蜜多，由重觀十二有支一一支中之流轉門及還滅門一切細相，成就方便善巧，念念隨入滅盡定。滿心位證得「如犍闥婆城」現觀。

八地：由七地極細相觀成就故再證道種智一分而入八地。此地主修一切種智及願波羅蜜多。至滿心位純無相觀任運恆起，故於相土自在，滿心位復證「如實覺知諸法相意生身」故。

九地：由八地再證道種智一分故入九地。主修力波羅蜜多及一切種智，成就四無礙，滿心位證得「種類俱生無行作意生身」。

十地：由九地再證道種智一分故入此地。此地主修一切種智——智波羅蜜多。滿心位起大法智雲，及現起大法智雲所含藏種種功德，成受職菩薩。

等覺：由十地道種智成就故入此地。此地應修一切種智，圓滿等覺地無生法忍；於百劫中修集極廣大福德，以之圓滿三十二大人相及無量隨形好。

妙覺：示現受生人間已斷盡煩惱障一切習氣種子，並斷盡所知障一切隨眠，永斷變易生死無明，成就大般涅槃，四智圓明。人間捨壽後，報身常住色究竟天利樂十方地上菩薩；以諸化身利樂有情，永無盡期，成就究竟佛道。

七地滿心斷除故意保留之最後一分思惑時，煩惱障所攝色、受、想三陰有漏習氣種子全部斷盡。

煩惱障所攝行、識二陰無漏習氣種子任運漸斷，所知障所攝上煩惱任運漸斷。

斷盡變易生死
成就大般涅槃

圓滿成就究竟佛果

佛子蕭平實　謹製
（二〇〇九、〇二　修訂）
（二〇一二、〇二　增補）

佛教正覺同修會 共修現況 及 招生公告　2021/04/21

一、共修現況：（請在共修時間來電，以免無人接聽。）

台北正覺講堂 103 台北市承德路三段 277 號九樓 捷運淡水線圓山站旁
Tel..總機 02-25957295（晚上）（**分機：九樓**辦公室 10、11；知客櫃檯 12、13。 **十樓**知客櫃檯 15、16；書局櫃檯 14。 **五樓**辦公室 18；知客櫃檯 19。**二樓**辦公室 20；知客櫃檯 21。）
Fax..25954493

第一講堂　台北市承德路三段 277 號九樓

禪淨班：週一晚班、週三晚班、週四晚班、週五晚班、週六下午班、週六上午班（共修期間二年半，全程免費。皆須報名建立學籍後始可參加共修，欲報名者詳見本公告末頁。）

增上班：瑜伽師地論詳解：單週六晚班。雙週六晚班（重播班）。17.50～20.50。平實導師講解，2003 年 2 月開講至今，僅限已明心之會員參加。

禪門差別智：每月第一週日全天　平實導師主講（事冗暫停）。

解深密經詳解　本經從六度波羅蜜多談到八識心王，再詳論大乘見道所證眞如，然後論及悟後進修的相見道位所觀七眞如，以及入地後的十地所修，乃至成佛時的四智圓明一切種智境界，皆是可修可證之法，流傳至今依舊可證，顯示佛法眞是義學而非玄談，淺深次第皆所論及之第一義諦妙義。已於 2021 年三月下旬起開講，由 平實導師詳解。每逢週二晚上開講，第一至第六講堂都可同時聽聞，歡迎菩薩種性學人，攜眷共同參與此殊勝法會現場聞法，不限制聽講資格。本會學員憑上課證進入第一至第四講堂聽講，會外學人請以身分證件換證進入聽講（此爲大樓管理處安全管理規定之要求，敬請諒解）；第五及第六講堂（B1、B2）對外開放，不需出示任何證件，請由大樓側門直接進入。

第二講堂　台北市承德路三段 267 號十樓。

禪淨班：週一晚班。

進階班：週三晚班、週四晚班、週五晚班、週六早班、週六下午班。禪淨班結業後轉入共修。

解深密經詳解：平實導師講解。每週二 18.50~20.50 影像音聲即時傳輸

第三講堂　台北市承德路三段 277 號五樓。

禪淨班：週六下午班。

進階班：週一晚班、週三晚班、週四晚班、週五晚班。

解深密經詳解：平實導師講解。每週二 18.50~20.50 影像音聲即時傳輸

第四講堂　台北市承德路三段 267 號二樓。

進階班：週一晚班、週三晚班、週四晚班（禪淨班結業後轉入共修）。

解深密經詳解：平實導師講解。每週二 18.50~20.50 影像音聲即時傳輸

第五、第六講堂

念佛班 每週日晚上，第六講堂共修（B2），一切求生極樂世界的三寶弟子皆可參加，不限制共修資格。

進階班：週一晚班、週三晚班、週四晚班。

解深密經詳解：平實導師講解。每週二 18.50~20.50 影像音聲即時傳輸。第五、第六講堂爲**開放式講堂**，不需以身分證件換證即可進入聽講，台北市承德路三段 267 號地下一樓、地下二樓。每逢週二晚上講經時段開放給會外人士自由聽經，請由大樓側面梯階逕行進入聽講。**聽講者請尊重講者的着作權及肖像權，請勿錄音錄影，以免違法；若有錄音錄影被查獲者，將依法處理**。

正覺祖師堂 大溪區美華里信義路 650 巷坑底 5 之 6 號（台 3 號省道 34 公里處 妙法寺對面斜坡道進入）電話 03-3886110 傳眞 03-3881692 本堂供奉 克勤圓悟大師，專供會員每年四月、十月各三次精進禪三共修，兼作本會出家菩薩掛單常住之用。開放參訪日期請參見本會公告。教內共修團體或道場，得另申請其餘時間作團體參訪，務請事先與常住確定日期，以便安排常住菩薩接引導覽，亦免妨礙常住菩薩之日常作息及修行。

桃園正覺講堂（第一、第二講堂）：桃園市介壽路 286、288 號 10 樓（陽明運動公園對面）電話：03-3749363（請於共修時聯繫，或與台北聯繫）

禪淨班：週一晚班（1）、週一晚班（2）、週三晚班、週四晚班、週五晚班。

進階班：週四晚班、週五晚班、週六上午班。

增上班：雙週六晚班（增上重播班）。

解深密經詳解：平實導師講解。每週二晚上，以台北正覺講堂所錄 DVD 放映；歡迎會外學人共同聽講，不需出示身分證件。

新竹正覺講堂 新竹市東光路 55 號二樓之一 電話 03-5724297（晚上）

第一講堂：

禪淨班：週五晚班。

進階班：週三晚班、週四晚班、週六上午班。由禪淨班結業後轉入共修

增上班：單週六晚班。雙週六晚班（重播班）。

解深密經詳解：平實導師講解。每週二晚上，以台北正覺講堂所錄 DVD 放映。歡迎會外學人共同聽講，不需出示身分證件。

第二講堂：

禪淨班：週一晚班、週三晚班、週四晚班、週六上午班。

解深密經詳解：每週二晚上與第一講堂同步播放講經 DVD。

第三、第四講堂：裝修完畢，即將開放。

台中正覺講堂 04-23816090（晚上）

第一講堂 台中市南屯區五權西路二段 666 號 13 樓之四（國泰世華銀行樓上。鄰近縣市經第一高速公路前來者，由五權西路交流道可以快速到達，大樓旁有停車場，對面有素食館）。

禪淨班：週四晚班、週五晚班。

進階班：週一晚班、週三晚班、週六上午班（由禪淨班結業後轉入共修）。

增上班：單週六晚班。雙週六晚班（重播班）。

解深密經詳解：平實導師講解。每週二晚上，以台北正覺講堂所錄 DVD 放映。歡迎會外學人共同聽講，不需出示身分證件。

第二講堂　台中市南屯區五權西路二段 666 號 4 樓

禪淨班：週一晚班、週三晚班。

第三講堂台中市南屯區五權西路二段 666 號 4 樓

禪淨班：週一晚班。

第四講堂台中市南屯區五權西路二段 666 號 4 樓。

進階班：週一晚班、週四晚班、週六上午班，由禪淨班結業後轉入共修

解深密經詳解：每週二晚上與第一講堂同步播放講經 DVD。

嘉義正覺講堂　嘉義市友愛路 288 號八樓之一　電話：05-2318228

第一講堂：

禪淨班：週四晚班、週五晚班、週六上午班。

進階班：週一晚班、週三晚班（由禪淨班結業後轉入共修）。

增上班：單週六晚班。雙週六晚班（重播班）。

解深密經詳解：平實導師講解。每週二晚上，以台北正覺講堂所錄 DVD 放映。歡迎會外學人共同聽講，不需出示身分證件。

第二講堂　嘉義市友愛路 288 號八樓之二。

第三講堂　嘉義市友愛路 288 號四樓之七。

禪淨班：週一晚班、週三晚班。

台南正覺講堂

第一講堂　台南市西門路四段 15 號 4 樓。06-2820541（晚上）

禪淨班：週一晚班、週三晚班、週四晚班、週五晚班、週六下午班。

增上班：單週六晚班。雙週六晚班（重播班）。

第二講堂　台南市西門路四段 15 號 3 樓。

解深密經詳解：每週二晚上與第三講堂同步播放講經 DVD。

第三講堂　台南市西門路四段 15 號 3 樓。

進階班：週一晚班、週三晚班、週四晚班、週五晚班（由禪淨班結業後轉入共修）。

解深密經詳解：平實導師講解。每週二晚上，以台北正覺講堂所錄 DVD 放映。歡迎會外學人共同聽講，不需出示身分證件。。

高雄正覺講堂　高雄市新興區中正三路 45 號五樓 07-2234248（晚上）

第一講堂（五樓）：

禪淨班：週一晚班、週三晚班、週四晚班、週五晚班、週六上午班。

增上班：單週六晚班。雙週六晚班（重播班）。

解深密經詳解：平實導師講解。每週二晚上，以台北正覺講堂所錄DVD 放映。歡迎會外學人共同聽講，不需出示身分證件。

第二講堂（四樓）：

進階班：週三晚班、週四晚班、週六上午班（由禪淨班結業後轉入共修）。

解深密經詳解：每週二晚上與第一講堂同步播放講經 DVD。

第三講堂（三樓）：

進階班：週四晚班（由禪淨班結業後轉入共修）。

香港正覺講堂

香港新界葵涌打磚坪街 93 號維京科技商業中心A 座 18 樓。

電話：(852) 23262231

英文地址：18/F, Tower A, Viking Technology & Business Centre, 93 Ta Chuen Ping Street, Kwai Chung, N.T., Hong Kong.

禪淨班：雙週六下午班、雙週日下午班、單週六下午班、單週日下午班

進階班：雙週五晚上班、雙週日早上班（由禪淨班結業後轉入共修）。

增上班：每月第一週週日，以台北增上班課程錄成 DVD 放映之。

增上重播班：每月第一週週六，以台北增上班課程錄成 DVD 放映之。

大法鼓經詳解：平實導師講解。每週六、日 19:00～21:00，以台北正覺講堂所錄 DVD 放映；歡迎會外學人共同聽講，不需出示身分證件。

美國洛杉磯正覺講堂　☆已遷移新址☆

825 S. Lemon Ave Diamond Bar, CA 91789 U.S.A.

Tel. (909) 595-5222（請於週六 9:00~18:00 之間聯繫）

Cell. (626) 454-0607

禪淨班：每逢週末 16：00~18：00 上課。

進階班：每逢週末上午 10：00~12：00 上課。

解深密經詳解：平實導師講解。每週六下午 13：30~15：30 以台北所錄DVD 放映。歡迎各界人士共享第一義諦無上法益，不需報名。

二、招生公告 本會台北講堂及全省各講堂、香港講堂，每逢四月、十月下旬開新班，每週共修一次（每次二小時。開課日起三個月內仍可插班）；但美國洛杉磯共修處之禪淨班得隨時插班共修。各班共修期間皆爲二年半，全程免費，欲參加者請向本會函索報名表（各共修處皆於共修時間方有人執事，非共修時間請勿電詢或前來洽詢、請書），或直接從本會官方網站(http://www.enlighten.org.tw/newsflash/class)或成佛之道網站下載報名表。共修期滿時，若經報名禪三審核通過者，可參加四天三夜之禪三精進共修，有機會明心、取證如來藏，發起般若實相智慧，成爲實義菩薩，脫離凡夫菩薩位。

三、新春禮佛祈福 農曆年假期間停止共修：自農曆新年前七天起停止共修與弘法，正月8日起回復共修、弘法事務。新春期間正月初一～初七9.00～17.00開放台北講堂、正月初一~初三開放新竹、台中、嘉義、台南、高雄講堂，以及大溪禪三道場（正覺祖師堂），方便會員供佛、祈福及會外人士請書。美國洛杉磯共修處之休假時間，請逕詢該共修處。

密宗四大派修雙身法，是外道性力派的邪法；又以生滅的識陰作為常住法，是常見外道，是假的藏傳佛教。

西藏覺囊巴以他空見弘揚第八識如來藏勝法，才是真藏傳佛教

佛教正覺同修會　弘法行事表 2021/04/21

1、**禪淨班**　以無相念佛及拜佛方式修習動中定力，實證一心不亂功夫。傳授解脫道正理及第一義諦佛法，以及參禪知見。共修期間：二年六個月。每逢四月、十月開新班，詳見招生公告表。

2、**進階班**　禪淨班畢業後得轉入此班，進修更深入的佛法，期能證悟明心。各地講堂各有多班，繼續深入佛法、增長定力，悟後得轉入增上班修學道種智，期能證得無生法忍。

3、**增上班 瑜伽師地論**詳解　詳解論中所言凡夫地至佛地等 17 師之修證境界與理論，從凡夫地、聲聞地……宣演到諸地所證無生法忍、一切種智之眞實正理。由平實導師開講，每逢一、三、五週之週末晚上開示，僅限已明心之會員參加。2003 年二月開講至今，預定 2021 年講畢。

4、**解深密經**詳解　本經所說妙法極爲甚深難解，非唯論及佛法中心主旨的八識心王及般若實證之標的，亦論及眞見道之後轉入相見道位中應該修學之法，即是七眞如之觀行內涵，然後始可入地。亦論及見道之後，如何與解脫及佛菩提智相應，兼論十地進修之道，末論如來法身及四智圓明的一切種智境界。如是眞見道、相見道、諸地修行之義，傳至今時仍然可證，顯示佛法眞是義學而非玄談或思想，有實證之標的與內容，非諸思惟研究者之所能到，乃是離言絕句之第八識第一義諦妙義。已於 2021 年三月下旬開講，由平實導師詳解。不限制聽講資格。

5、**精進禪三**　主三和尚：平實導師。於四天三夜中，以克勤圓悟大師及大慧宗杲之禪風，施設機鋒與小參、公案密意之開示，幫助會員剋期取證，親證不生不滅之眞實心——人人本有之如來藏。每年四月、十月各舉辦三個梯次；平實導師主持。僅限本會會員參加禪淨班共修期滿，報名審核通過者，方可參加。並選擇會中定力、慧力、福德三條件皆已具足之已明心會員，給以指引，令得眼見自己無形無相之佛性遍佈山河大地，眞實而無障礙，得以肉眼現觀世界身心悉皆如幻，具足成就如幻觀，圓滿十住菩薩之證境。

6、**阿含經**詳解　選擇重要之阿含部經典，依無餘涅槃之實際而加以詳解，令大眾得以現觀諸法緣起性空，亦復不墮斷滅見中，顯示經中所隱說之涅槃實際—如來藏—確實已於四阿含中隱說；令大眾得以聞後觀行，確實斷除我見乃至我執，證得**見到**眞現觀，乃至**身證**……等眞現觀；已得大乘或二乘見道者，亦可由此聞熏及聞後之觀行，除斷我所之貪著，成就慧解脫果。由平實導師詳解。不限制聽講資格。

7、**成唯識論**詳解　詳解一切種智眞實正理，詳細剖析一切種智之微細深妙廣大正理；並加以舉例說明，使已悟之會員深入體驗所證如來藏之微密行相；及證驗見分相分與所生一切法，皆由如來藏—阿賴耶識—直接或展轉而生，因此證知一切法無我，證知無餘涅槃之本際。將於增上班《瑜伽師地論》講畢後，由平實導師重講。僅限已明心之會員參加。

8、**精選如來藏系經典**詳解　精選如來藏系經典一部，詳細解說，以此完全印證會員所悟如來藏之眞實，得入不退轉住。另行擇期詳細解說之，由平實導師講解。僅限已明心之會員參加。

9、**禪門差別智**　藉禪宗公案之微細淆訛難知難解之處，加以宣說及剖析，以增進明心、見性之功德，啓發差別智，建立擇法眼。每月第一週日全天，由平實導師開示，僅限破參明心後，復又眼見佛性者參加（事冗暫停）。

10、**枯木禪**　先講智者大師的《小止觀》，後說《釋禪波羅蜜》，詳解四禪八定之修證理論與實修方法，細述一般學人修定之邪見與岔路，及對禪定證境之誤會，消除枉用功夫、浪費生命之現象。已悟般若者，可以藉此而實修初禪，進入大乘通教及聲聞教的三果心解脫境界，配合應有的大福德及後得無分別智、十無盡願，即可進入初地心中。親教師：平實導師。未來緣熟時將於正覺寺開講。不限制聽講資格。

註：本會例行年假，自 2004 年起，改爲每年農曆新年前七天開始停息弘法事務及共修課程，農曆正月 8 日回復所有共修及弘法事務。新春期間（每日 9.00~17.00）開放台北講堂，方便會員禮佛祈福及會外人士請書。大溪區的正覺祖師堂，開放參訪時間，詳見〈正覺電子報〉或成佛之道網站。本表得因時節因緣需要而隨時修改之，不另作通知。

佛教正覺同修會　贈閱書籍 目錄　2018/10/20

1.**無相念佛**　平實導師著　回郵 36 元
2.**念佛三昧修學次第**　平實導師述著　回郵 52 元
3.**正法眼藏—護法集**　平實導師述著　回郵 76 元
4.**真假開悟簡易辨正法＆佛子之省思**　平實導師著　回郵 26 元
5.**生命實相之辨正**　平實導師著　回郵 31 元
6.**如何契入念佛法門**（附：印順法師否定極樂世界）平實導師著　回郵 26 元
7.**平實書箋**—答元覽居士書　平實導師著　回郵 52 元
8.**三乘唯識**—如來藏系經律彙編　平實導師編　回郵 80 元
（精裝本　長 27 ㎝　寬 21 ㎝　高 7.5 ㎝　重 2.8 公斤）
9.**三時繫念全集**—修正本　回郵掛號 52 元（長 26.5 ㎝×寬 19 ㎝）
10.**明心與初地**　平實導師述　回郵 31 元
11.**邪見與佛法**　平實導師述著　回郵 36 元
12.**甘露法雨**　平實導師述　回郵 36 元
13.**我與無我**　平實導師述　回郵 36 元
14.**學佛之心態**—修正錯誤之學佛心態始能與正法相應 孫正德老師著 回郵52元
附錄：平實導師著**《略說八、九識並存…等之過失》**
15.**大乘無我觀**—《悟前與悟後》別說　平實導師述著　回郵 36 元
16.**佛教之危機**—中國台灣地區現代佛教之真相（附錄：公案拈提六則）
平實導師著　回郵 52 元
17.**燈 影**—燈下黑（覆「求教後學」來函等）　平實導師著　回郵 76 元
18.**護法與毀法**—覆上平居士與徐恒志居士網站毀法二文
張正圜老師著　回郵 76 元
19.**淨土聖道**—兼評**選擇本願念佛**　正德老師著　**由正覺同修會購贈** 回郵52元
20.**辨唯識性相**—對「紫蓮心海《辯唯識性相》書中否定阿賴耶識」之回應
正覺同修會 台南共修處法義組 著　回郵52元
21.**假如來藏**—對法蓮法師《如來藏與阿賴耶識》書中否定阿賴耶識之回應
正覺同修會 台南共修處法義組 著　回郵 76 元
22.**入不二門**—公案拈提集錦 第一輯（於平實導師公案拈提諸書中選錄約二十則，
合輯爲一冊流通之）平實導師著　回郵52元
23.**真假邪說**—西藏密宗索達吉喇嘛《破除邪說論》真是邪說
釋正安法師著　上、下冊回郵各 52 元
24.**真假開悟**—真如、如來藏、阿賴耶識間之關係　平實導師述著　回郵 76 元
25.**真假禪和**—辨正釋傳聖之謗法謬說　孫正德老師著　回郵 76 元
26.**眼見佛性**—駁慧廣法師**眼見佛性的含義**文中謬說
游正光老師著　回郵52元

27.**普門自在**—公案拈提集錦 第二輯（於平實導師公案拈提諸書中選錄約二十則，合輯爲一冊流通之）平實導師著　回郵 52 元

28.**印順法師的悲哀**—以現代禪的質疑為線索　恒毓博士著　回郵 52 元

29.**識蘊真義**—現觀識蘊內涵、取證初果、親斷三縛結之具體行門。
—依《成唯識論》及《惟識述記》正義，略顯安慧《大乘廣五蘊論》之邪謬
平實導師著　回郵 76 元

30.**正覺電子報** 各期紙版本　免附回郵　每次最多函索三期或三本。
（已無存書之較早各期，不另增印贈閱）

31.**現代人應有的宗教觀**　蔡正禮老師 著　回郵 31 元

32.**遠惑趣道**—正覺電子報般若信箱問答錄　第一輯　回郵 52 元

33.**遠惑趣道**—正覺電子報般若信箱問答錄　第二輯　回郵 52 元

34.**確保您的權益**—器官捐贈應注意自我保護　游正光老師 著　回郵 31 元

35.**正覺教團電視弘法三乘菩提 DVD 光碟（一）**

由正覺教團多位親教師共同講述錄製 DVD 8 片，MP3 一片，共 9 片。有二大講題：一爲「三乘菩提之意涵」，二爲「學佛的正知見」。內容精闢，深入淺出，精彩絕倫，幫助大眾快速建立三乘法道的正知見，免被外道邪見所誤導。有志修學三乘佛法之學人不可不看。（製作工本費 100 元，回郵 52 元）

36.**正覺教團電視弘法 DVD 專輯（二）**

總有二大講題：一爲「三乘菩提之念佛法門」，一爲「學佛正知見（第二篇）」，由正覺教團多位親教師輪番講述，內容詳細闡述如何修學念佛法門、實證念佛三昧，以及學佛應具有的正確知見，可以幫助發願往生西方極樂淨土之學人，得以把握往生，更可令學人快速建立三乘法道的正知見，免於被外道邪見所誤導。有志修學三乘佛法之學人不可不看。（一套 17 片，工本費 160 元。回郵 76 元）

37.**喇嘛性世界**—揭開假藏傳佛教譚崔瑜伽的面紗　張善思 等人合著
由正覺同修會購贈　回郵 52 元

38.**假藏傳佛教的神話**—性、謊言、喇嘛教　張正玄教授編著
由正覺同修會購贈　回郵 52 元

39.**隨 緣**—理隨緣與事隨緣　平實導師述　回郵 52 元。

40.**學佛的覺醒**　正枝居士 著　回郵 52 元

41.**導師之真實義**　蔡正禮老師 著　回郵 31 元

42.**淺談達賴喇嘛之雙身法**—兼論解讀「密續」之達文西密碼
吳明芷居士 著　回郵 31 元

43.**魔界轉世**　張正玄居士 著　回郵 31 元

44.**一貫道與開悟**　蔡正禮老師 著　回郵 31 元

45.**博愛**—愛盡天下女人　正覺教育基金會 編印　回郵 36 元

46.**意識虛妄經教彙編**—實證解脱道的關鍵經文　正覺同修會編印　回郵 36 元

47.**邪箭囈語**—破斥藏密外道多識仁波切《破魔金剛箭雨論》之邪說
陸正元老師著　上、下冊回郵各 52 元

48.**真假沙門**—依 佛聖教闡釋佛教僧寶之定義
蔡正禮老師著　俟正覺電子報連載後結集出版

49.**真假禪宗**—藉評論釋性廣《印順導師對變質禪法之批判
及對禪宗之肯定》以顯示真假禪宗
附論一：凡夫知見 無助於佛法之信解行證
附論二：世間與出世間一切法皆從如來藏實際而生而顯
余正偉老師著　俟正覺電子報連載後結集出版　回郵未定

★ 上列贈書之郵資，係台灣本島地區郵資，大陸、港、澳地區及外國地區，請另計酌增（大陸、港、澳、國外地區之郵票不許通用）。尚未出版之書，請勿先寄來郵資，以免增加作業煩擾。

★ 本目錄若有變動，唯於後印之書籍及「成佛之道」網站上修正公佈之，不另行個別通知。

函索書籍請寄：佛教正覺同修會　103 台北市承德路 3 段 277 號 9 樓
台灣地區函索書籍者請附寄郵票，無時間購買郵票者可以等值現金抵用，但不接受郵政劃撥、支票、匯票。大陸地區得以人民幣計算，國外地區請以美元計算（請勿寄來當地郵票，在台灣地區不能使用）。欲以掛號寄遞者，請另附掛號郵資。

親自索閱：正覺同修會各共修處。　★請於共修時間前往取書，餘時無人在道場，請勿前往索取；共修時間與地點，詳見書末正覺同修會共修現況表（以近期之共修現況表為準）。

註：正智出版社發售之局版書，請向各大書局購閱。若書局之書架上已經售出而無陳列者，請向書局櫃台指定洽購；若書局不便代購者，請於正覺同修會共修時間前往各共修處請購，正智出版社已派人於共修時間送書前往各共修處流通。 郵政劃撥購書及 大陸地區 購書，請詳別頁正智出版社發售書籍目錄最後頁之說明。

成佛之道 網站：http://www.a202.idv.tw　正覺同修會已出版之結緣書籍，多已登載於 成佛之道 網站，若住外國、或住處遙遠，不便取得正覺同修會贈閱書籍者，可以從本網站閱讀及下載。　書局版之《宗通與說通》亦已上網，台灣讀者可向書局洽購，售價 300 元。《狂密與真密》第一輯~第四輯，亦於 2003.5.1.全部於本網站登載完畢；台灣地區讀者請向書局洽購，每輯約 400 頁，售價 300 元（網站下載紙張費用較貴，容易散失，難以保存，亦較不精美）。

＊＊假藏傳佛教修雙身法，非佛教＊＊

正智出版社 籌募弘法基金發售書籍目錄 2020/11/14

1.**宗門正眼**—公案拈提 第一輯 重拈 平實導師著 500 元

因重寫內容大幅度增加故，字體必須改小，並增為 576 頁 主文 546 頁。比初版更精彩、更有內容。初版《禪門摩尼寶聚》之讀者，可寄回本公司免費調換新版書。免附回郵，亦無截止期限。（2007 年起，每冊附贈本公司精製公案拈提〈超意境〉CD 一片。市售價格 280 元，多購多贈。）

2.**禪淨圓融** 平實導師著 200 元（第一版舊書可換新版書。）

3.**真實如來藏** 平實導師著 400 元

4.**禪—悟前與悟後** 平實導師著 上、下冊，每冊 250 元

5.**宗門法眼**—公案拈提 第二輯 平實導師著 500 元
（2007 年起，每冊附贈本公司精製公案拈提〈超意境〉CD 一片）

6.**楞伽經詳解** 平實導師著 全套共 10 輯 每輯 250 元

7.**宗門道眼**—公案拈提 第三輯 平實導師著 500 元
（2007 年起，每冊附贈本公司精製公案拈提〈超意境〉CD 一片）

8.**宗門血脈**—公案拈提 第四輯 平實導師著 500 元
（2007 年起，每冊附贈本公司精製公案拈提〈超意境〉CD 一片）

9.**宗通與說通**—成佛之道 平實導師著 主文 381 頁 全書 400 頁售價 300 元

10.**宗門正道**—公案拈提 第五輯 平實導師著 500 元
（2007 年起，每冊附贈本公司精製公案拈提〈超意境〉CD 一片）

11.**狂密與真密 一～四輯** 平實導師著 西藏密宗是人間最邪淫的宗教，本質不是佛教，只是披著佛教外衣的印度教性力派流毒的喇嘛教。此書中將西藏密宗密傳之男女雙身合修樂空雙運所有祕密與修法，毫無保留完全公開，並將全部喇嘛們所不知道的部分也一併公開。內容比大辣出版社喧騰一時的《西藏慾經》更詳細。並且函蓋藏密的所有祕密及其錯誤的中觀見、如來藏見……等，藏密的所有法義都在書中詳述、分析、辨正。每輯主文三百餘頁 每輯全書約 400 頁 售價每輯 300 元

12.**宗門正義**—公案拈提 第六輯 平實導師著 500 元
（2007 年起，每冊附贈本公司精製公案拈提〈超意境〉CD 一片）

13.**心經密意**—心經與解脫道、佛菩提道、祖師公案之關係與密意 平實導師述 300 元

14.**宗門密意**—公案拈提 第七輯 平實導師著 500 元
（2007 年起，每冊附贈本公司精製公案拈提〈超意境〉CD 一片）

15.**淨土聖道**—兼評「選擇本願念佛」 正德老師著 200 元

16.**起信論講記** 平實導師述著 共六輯 每輯三百餘頁 售價各 250 元

17.**優婆塞戒經講記** 平實導師述著 共八輯 每輯三百餘頁 售價各 250 元

18.**真假活佛**—略論附佛外道盧勝彥之邪說（對前岳靈犀網站主張「盧勝彥是證悟者」之修正） 正犀居士（岳靈犀）著 流通價 140 元

19.**阿含正義**—唯識學探源 平實導師著 共七輯 每輯 300 元

20.**超意境** CD 以平實導師公案拈提書中超越意境之頌詞，加上曲風優美的旋律，錄成令人嚮往的超意境歌曲，其中包括正覺發願文及平實導師親自譜成的黃梅調歌曲一首。詞曲雋永，殊堪翫味，可供學禪者吟詠，有助於見道。內附設計精美的彩色小冊，解說每一首詞的背景本事。每片 280 元。【每購買公案拈提書籍一冊，即贈送一片。】

21.**菩薩底憂鬱** CD 將菩薩情懷及禪宗公案寫成新詞，並製作成超越意境的優美歌曲。 1.主題曲〈菩薩底憂鬱〉，描述地後菩薩能離三界生死而迴向繼續生在人間，但因尚未斷盡習氣種子而有極深沈之憂鬱，非三賢位菩薩及二乘聖者所知，此憂鬱在七地滿心位方才斷盡；本曲之詞中所說義理極深，昔來所未曾見；此曲係以優美的情歌風格寫詞及作曲，聞者得以激發嚮往諸地菩薩境界之大心，詞、曲都非常優美，難得一見；其中勝妙義理之解說，已印在附贈之彩色小冊中。 2.以各輯公案拈提中直示禪門入處之頌文，作成各種不同曲風之超意境歌曲，值得玩味、參究；聆聽公案拈提之優美歌曲時，請同時閱讀內附之印刷精美說明小冊，可以領會超越三界的證悟境界；未悟者可以因此引發求悟之意向及疑情，眞發菩提心而邁向求悟之途，乃至因此眞實悟入般若，成眞菩薩。 3.正覺總持咒新曲，總持佛法大意；總持咒之義理，已加以解說並印在隨附之小冊中。本 CD 共有十首歌曲，長達 63 分鐘。每盒各附贈二張購書優惠券。每片 280 元。

22.**禪意無限** CD 平實導師以公案拈提書中偈頌寫成不同風格曲子，與他人所寫不同風格曲子共同錄製出版，幫助參禪人進入禪門超越意識之境界。盒中附贈彩色印製的精美解說小冊，以供聆聽時閱讀，令參禪人得以發起參禪之疑情，即有機會證悟本來面目而發起實相智慧，實證大乘菩提般若，能如實證知般若經中的眞實意。本 CD 共有十首歌曲，長達 69 分鐘，每盒各附贈二張購書優惠券。每片 280 元。

23.**我的菩提路**第一輯 釋悟圓、釋善藏等人合著 售價 300 元

24.**我的菩提路**第二輯 郭正益等人合著 售價 300 元（停售，俟改版後另行發售）

25.**我的菩提路**第三輯 王美伶等人合著 售價 300 元

26.**我的菩提路**第四輯 陳晏平等人合著 售價 300 元

27.**我的菩提路**第五輯 林慈慧等人合著 售價 300 元

28.**我的菩提路**第六輯 劉惠莉等人合著 售價 300 元

29.**我的菩提路**第七輯 余正偉等人合著 售價 300 元 預定 2021/6/30 出版

30.**鈍鳥與靈龜**—考證後代凡夫對大慧宗杲禪師的無根誹謗。

平實導師著 共 458 頁 售價 350 元

31.**維摩詰經講記** 平實導師述 共六輯 每輯三百餘頁 售價各 250 元

32.**真假外道**—破劉東亮、杜大威、釋證嚴常見外道見 正光老師著 200 元

33.**勝鬘經講記**—兼論印順《勝鬘經講記》對於《勝鬘經》之誤解。

平實導師述 共六輯 每輯三百餘頁 售價250 元

34.**楞嚴經講記** 平實導師述 共**15**輯，每輯三百餘頁 售價300元

35.**明心與眼見佛性**—駁慧廣〈蕭氏「眼見佛性」與「明心」之非〉文中謬說
正光老師著 共448頁 售價300元

36.**見性與看話頭** 黃正倖老師 著，本書是禪宗參禪的方法論。
內文375頁，全書416頁，售價300元。

37.**達賴真面目**—玩盡天下女人 白正偉老師 等著 中英對照彩色精裝大本 800元

38.**喇嘛性世界**—揭開假藏傳佛教譚崔瑜伽的面紗 張善思 等人著 200元

39.**假藏傳佛教的神話**—性、謊言、喇嘛教 正玄教授編著 200元

40.**金剛經宗通** 平實導師述 共九輯 每輯售價250元。

41.**空行母**—性別、身分定位，以及藏傳佛教。
珍妮·坎貝爾著 呂艾倫 中譯 售價250元

42.**末代達賴**—性交教主的悲歌 張善思、呂艾倫、辛燕編著 售價250元

43.**霧峰無霧**—給哥哥的信 辨正釋印順對佛法的無量誤解
游宗明 老師著 售價250元

44.**霧峰無霧**—第二輯—救護佛子向正道 細說釋印順對佛法的各類誤解
游宗明 老師著 售價250元

45.**第七意識與第八意識？**—穿越時空「超意識」
平實導師述 每冊300元

46.**黯淡的達賴**—失去光彩的諾貝爾和平獎
正覺教育基金會編著 每冊250元

47.**童女迦葉考**—論呂凱文〈佛教輪迴思想的論述分析〉之謬。
平實導師 著 定價180元

48.**人間佛教**—實證者必定不悖三乘菩提
平實導師 述，定價400元

49.**實相經宗通** 平實導師述 共八輯 每輯250元

50.**真心告訴您(一)**—達賴喇嘛在幹什麼？
正覺教育基金會編著 售價250元

51.**中觀金鑑**—詳述應成派中觀的起源與其破法本質
孫正德老師著 分為上、中、下三冊，每冊250元

52.**藏傳佛教要義**—《狂密與真密》之簡體字版 平實導師 著 上、下冊
僅在大陸流通 每冊300元

53.**法華經講義** 平實導師述 共二十五輯 每輯300元
已於2015/05/31起開始出版，每二個月出版一輯

54.**西藏「活佛轉世」制度**—附佛、造神、世俗法
許正豐、張正玄老師合著 定價150元

55.**廣論三部曲** 郭正益老師著 定價150元

56.**真心告訴您(二)**—達賴喇嘛是佛教僧侶嗎？
—補祝達賴喇嘛八十大壽
正覺教育基金會編著 售價300元

57.**次法**—實證佛法前應有的條件
張善思居士著　分爲上、下二冊，每冊 250 元
58.**涅槃**—解說四種涅槃之實證及內涵　平實導師著 上、下冊 各 350 元
59.**山法**—西藏關於他空與佛藏之根本論
篤補巴・喜饒堅贊著　　傑弗里・霍普金斯英譯
張火慶教授、呂艾倫老師中譯　精裝大本 1200 元
60.**佛藏經講義**　平實導師述　2019 年 7 月 31 日開始出版　共 21 輯
每二個月出版一輯，每輯 300 元。
61.**假鋒虛焰金剛乘**—揭示顯密正理，兼破索達吉師徒《般若鋒兮金剛焰》
釋正安法師著 簡體字版 即將出版 售價未定
62.**廣論之平議**—宗喀巴《菩提道次第廣論》之平議　正雄居士著
約二或三輯　俟正覺電子報連載後結集出版　書價未定
63.**大法鼓經講義**　平實導師講述　《佛藏經講義》出版後發行，每輯 300 元
64.**不退轉法輪經講義**　平實導師講述　《大法鼓經講義》出版後發行
65.**八識規矩頌**詳解　○○居士 註解　出版日期另訂　書價未定。
66.**中觀正義**—註解平實導師《中論正義頌》。
○○法師（居士）著　出版日期未定　書價未定
67.**中論正義**—釋龍樹菩薩《中論》頌正理。
孫正德老師著　出版日期未定　書價未定
68.**中國佛教史**—依中國佛教正法史實而論。○○老師 著　書價未定。
69.**印度佛教史**—法義與考證。依法義史實評論印順《印度佛教思想史、佛教史地考論》之謬說　正偉老師著　出版日期未定　書價未定
70.**阿含經講記**—將選錄四阿含中數部重要經典全經講解之，講後整理出版。
平實導師述　約二輯　每輯 300 元　出版日期未定
71.**實積經講記**　平實導師述　每輯三百餘頁 優惠價 300 元 出版日期未定
72.**解深密經講義**　平實導師述 約四輯　將於重講後整理出版
73.**成唯識論略解**　平實導師著　五～六輯　每輯 300 元　出版日期未定
74.**修習止觀坐禪法要講記**　平實導師述　每輯三百餘頁
將於正覺寺建成後重講、以講記逐輯出版　出版日期未定
75.**無門關**—《無門關》公案拈提　平實導師著　出版日期未定
76.**中觀再論**—兼述印順《中觀今論》謬誤之平議。正光老師著 出版日期未定
77.**輪迴與超度**—佛教超度法會之真義。
○○法師（居士）著　出版日期未定　書價未定
78.**《釋摩訶衍論》平議**—對偽稱龍樹所造《釋摩訶衍論》之平議
○○法師（居士）著　出版日期未定　書價未定
79.**正覺發願文**註解—以真實大願為因 得證菩提
正德老師著　出版日期未定　書價未定
80.**正覺總持咒**—佛法之總持　正圜老師著　出版日期未定　書價未定
81.**三自性**—依四食、五蘊、十二因緣、十八界法，說三性三無性。
作者未定　出版日期未定

82.**道品**—從三自性說大小乘三十七道品　作者未定　出版日期未定
83.**大乘緣起觀**—依四聖諦七真如現觀十二緣起 作者未定　出版日期未定
84.**三德**—論解脫德、法身德、般若德。　作者未定　出版日期未定
85.**真假如來藏**—對印順《如來藏之研究》謬說之平議　作者未定 出版日期未定
86.**大乘道次第**　作者未定　出版日期未定　書價未定
87.**四緣**—依如來藏故有四緣。　作者未定　出版日期未定
88.**空之探究**—印順《空之探究》謬誤之平議　作者未定 出版日期未定
89.**十法義**—論阿含經中十法之正義　作者未定　出版日期未定
90.**外道見**—論述外道六十二見　作者未定　出版日期未定

正智出版社有限公司　書籍介紹

禪淨圓融：言淨土諸祖所未曾言，示諸宗祖師所未曾示；禪淨圓融，另闢成佛捷徑，兼顧自力他力，闡釋淨土門之速行易行道，亦同時揭櫫聖教門之速行易行道；令廣大淨土行者得免緩行難證之苦，亦令聖道門行者得以藉著淨土速行道而加快成佛之時劫。乃前無古人之超勝見地，非一般弘揚禪淨法門典籍也，先讀為快。平實導師著 200元。

宗門正眼—公案拈提第一輯：繼承克勤圜悟大師碧巖錄宗旨之禪門鉅作。先則舉示當代大法師之邪說，消弭當代禪門大師鄉愿之心態，摧破當今禪門「世俗禪」之妄談；次則旁通教法，表顯宗門正理；繼以道之次第，消弭古今狂禪；後藉言語及文字機鋒，直示宗門入處。悲智雙運，禪味十足，數百年來難得一睹之禪門鉅著也。平實導師著　500元（原初版書《禪門摩尼寶聚》，改版後補充為五百餘頁新書，總計多達二十四萬字，內容更精彩，並改名為《宗門正眼》，讀者原購初版《禪門摩尼寶聚》皆可寄回本公司免費換新，免附回郵，亦無截止期限）（2007年起，凡購買公案拈提第一輯至第七輯，每購一輯皆贈送本公司精製公案拈提〈超意境〉CD一片，市售價格280元，多購多贈）。

禪—悟前與悟後：本書能建立學人悟道之信心與正確知見，圓滿具足而有次第地詳述禪悟之功夫與禪悟之內容，指陳參禪中細微淆訛之處，能使學人明自真心、見自本性。若未能悟入，亦能以正確知見辨別古今中外一切大師究係真悟？或屬錯悟？便有能力揀擇，捨名師而選明師，後時必有悟道之緣。一旦悟道，遲者七次人天往返，便出三界，速者一生取辦。學人欲求開悟者，不可不讀。平實導師著。上、下冊共500元，單冊250元。

真實如來藏：如來藏眞實存在，乃宇宙萬有之本體，並非印順法師、達賴喇嘛等人所說之「唯有名相、無此心體」。如來藏是涅槃之本際，是一切有智之人竭盡心智、不斷探索而不能得之生命實相；是古今中外許多大師自以爲悟而當面錯過之生命實相。如來藏即是阿賴耶識，乃是一切有情本自具足、不生不滅之眞實心。當代中外大師於此書出版之前所未能言者，作者於本書中盡情流露、詳細闡釋。眞悟者讀之，必能增益悟境、智慧增上；錯悟者讀之，必能檢討自己之錯誤，免犯大妄語業；未悟者讀之，能知參禪之理路，亦能以之檢查一切名師是否眞悟。此書是一切哲學家、宗教家、學佛者及欲昇華心智之人必讀之鉅著。　平實導師著　售價400元。

宗門法眼—公案拈提第二輯：列舉實例，闡釋土城廣欽老和尚之悟處；並直示這位不識字的老和尚妙智橫生之根由，繼而剖析禪宗歷代大德之開悟公案，解析當代密宗高僧卡盧仁波切之錯悟證據，並例舉當代顯宗高僧、大居士之錯悟證據（凡健在者，爲免影響其名聞利養，皆隱其名）。藉辨正當代名師之邪見，向廣大佛子指陳禪悟之正道，彰顯宗門法眼。悲勇兼出，強捋虎鬚；慈智雙運，巧探驪龍；摩尼寶珠在手，直示宗門入處，禪味十足；若非大悟徹底，不能爲之。禪門精奇人物，允宜人手一冊，供作參究及悟後印證之圭臬。本書於2008年4月改版，增寫爲大約500頁篇幅，以利學人研讀參究時更易悟入宗門正法，以前所購初版首刷及初版二刷舊書，皆可免費換取新書。平實導師著　500元（2007年起，凡購買公案拈提第一輯至第七輯，每購一輯皆贈送本公司精製公案拈提〈超意境〉CD一片，市售價格280元，多購多贈）。

宗門道眼—公案拈提第三輯：繼宗門法眼之後，再以金剛之作略、慈悲之胸懷、犀利之筆觸，舉示寒山、拾得、布袋三大士之悟處，消弭當代錯悟者對於寒山大士……等之誤會及誹謗。　亦舉出民初以來與虛雲和尚齊名之蜀郡鹽亭袁煥仙夫子——南懷瑾老師之師，其「悟處」何在？並蒐羅許多眞悟祖師之證悟公案，顯示禪宗歷代祖師之睿智，指陳部分祖師、奧修及當代顯密大師之謬悟，作爲殷鑑，幫助禪子建立及修正參禪之方向及知見。假使讀者閱此書已，一時尚未能悟，亦可一面加功用行，一面以此宗門道眼辨別眞假善知識，避開錯誤之印證及歧路，可免大妄語業之長劫慘痛果報。欲修禪宗之禪者，務請細讀。平實導師著　售價500元（2007年起，凡購買公案拈提第一輯至第七輯，每購一輯皆贈送本公司精製公案拈提〈超意境〉CD一片，市售價格280元，多購多贈）。

楞伽經詳解：本經是禪宗見道者印證所悟眞僞之根本經典，亦是禪宗見道者悟後起修之依據經典；故達摩祖師於印證二祖慧可大師之後，將此經典連同佛鉢祖衣一併交付二祖，令其依此經典佛示金言、進入修道位，修學一切種智。由此可知此經對於眞悟之人修學佛道，是非常重要之一部經典。此經能破外道邪說，亦破佛門中錯悟名師之謬說，亦破禪宗部分祖師之狂禪：不讀經典、一向主張「一悟即成究竟佛」之謬執。並開示愚夫所行禪、觀察義禪、攀緣如禪、如來禪等差別，令行者對於三乘禪法差異有所分辨；亦糾正禪宗祖師古來對於如來禪之誤解，嗣後可免以訛傳訛之弊。此經亦是法相唯識宗之根本經典，禪者悟後欲修一切種智而入初地者，必須詳讀。平實導師著，全套共十輯，已全部出版完畢，每輯主文約320頁，每冊約352頁，定價250元。

宗門血脈—公案拈提第四輯：末法怪象—許多修行人自以爲悟，每將無念靈知認作眞實；崇尚二乘法諸師及其徒眾，則將外於如來藏之緣起性空—無因論之無常空、斷滅空、一切法空—錯認爲 佛所說之般若空性。這兩種現象已於當今海峽兩岸及美加地區顯密大師之中普遍存在；人人自以爲悟，心高氣壯，便敢寫書解釋祖師證悟之公案，大多出於意識思惟所得，言不及義，錯誤百出，因此誤導廣大佛子同陷大妄語之地獄業中而不能自知。彼等書中所說之悟處，其實處處違背第一義經典之聖言量。彼等諸人不論是否身披袈裟，都非佛法宗門血脈，或雖有禪宗法脈之傳承，亦只徒具形式；猶如螟蛉，非眞血脈，未悟得根本眞實故。禪子欲知佛、祖之眞血脈者，請讀此書，便知分曉。平實導師著，主文452頁，全書464頁，定價500元（2007年起，凡購買公案拈提第一輯至第七輯，每購一輯皆贈送本公司精製公案拈提〈超意境〉CD一片，市售價格280元，多購多贈）。

宗通與說通：古今中外，錯誤之人如麻似粟，每以常見外道所說之靈知心，認作眞心；或妄想虛空之勝性能量爲眞如，或錯認物質四大元素藉冥性（靈知心本體）能成就吾人色身及知覺，或認初禪至四禪中之了知心爲不生不滅之涅槃心。此等皆非通宗者之見地。復有錯悟之人一向主張「宗門與教門不相干」，此即尚未通達宗門之人也。其實宗門與教門互通不二，宗門所證者乃是眞如與佛性，教門所說者乃說宗門證悟之眞如佛性，故教門與宗門不二。本書作者以宗教二門互通之見地，細說「宗通與說通」，從初見道至悟後起修之道、細說分明；並將諸宗諸派在整體佛教中之地位與次第，加以明確之教判，學人讀之即可了知佛法之梗概也。欲擇明師學法之前，允宜先讀。平實導師著，主文共381頁，全書392頁，只售成本價300元。

宗門正道—公案拈提第五輯：修學大乘佛法有二果須證—解脫果及大菩提果。二乘人不證大菩提果，唯證解脫果；此果之智慧，名爲聲聞菩提、緣覺菩提。大乘佛子所證二果之菩提果爲佛菩提，故名大菩提果，其慧名爲一切種智—函蓋二乘解脫果。然此大乘二果修證，須經由禪宗之宗門證悟方能相應。而宗門證悟極難，自古已然；其所以難者，咎在古今佛教界普遍存在三種邪見：1.以修定認作佛法，2.以無因論之緣起性空—否定涅槃本際如來藏以後之一切法空作爲佛法，3.以常見外道邪見（離語言妄念之靈知性）作爲佛法。如是邪見，或因自身正見未立所致，或因邪師之邪教導所致，或因無始劫來虛妄熏習所致。若不破除此三種邪見，永劫不悟宗門眞義、不入大乘正道，唯能外門廣修菩薩行。平實導師於此書中，有極爲詳細之說明，有志佛子欲摧邪見、入於內門修菩薩行者，當閱此書。主文共496頁，全書512頁。售價500元（2007年起，凡購買公案拈提第一輯至第七輯，每購一輯皆贈送本公司精製公案拈提〈超意境〉CD一片，市售價格280元，多購多贈）。

狂密與眞密：密教之修學，皆由有相之觀行法門而入，其最終目標仍不離顯教經典所說第一義諦之修證；若離顯教第一義經典、或違背顯教第一義經典，即非佛教。西藏密教之觀行法，如灌頂、觀想、遷識法、寶瓶氣、大聖歡喜雙身修法、喜金剛、無上瑜伽、大樂光明、樂空雙運等，皆是印度教兩性生生不息思想之轉化，自始至終皆以如何能運用交合淫樂之法達到全身受樂爲其中心思想，純屬欲界五欲的貪愛，不能令人超出欲界輪迴，更不能令人斷除我見；何況大乘之明心與見性，更無論矣！故密宗之法絕非佛法也。而其明光大手印、大圓滿法教，又皆同以常見外道所說離語言妄念之無念靈知心錯認爲佛地之眞如，不能直指不生不滅之眞如。西藏密宗所有法王與徒衆，都尚未開頂門眼，不能辨別眞僞，以依人不依法、依密續不依經典故，不肯將其上師喇嘛所說對照第一義經典，純依密續之藏密祖師所說爲準，因此而誇大其證德與證量，動輒謂彼祖師上師爲究竟佛、爲地上菩薩；如今台海兩岸亦有自謂其師證量高於 釋迦文佛者，然觀其師所述，猶未見道，仍在觀行即佛階段，尚未到禪宗相似即佛、分證即佛階位，竟敢標榜爲究竟佛及地上法王，誑惑初機學人。凡此怪象皆是狂密，不同於眞密之修行者。近年狂密盛行，密宗行者被誤導者極衆，動輒自謂已證佛地眞如，自視爲究竟佛，陷於大妄語業中而不知自省，反謗顯宗眞修實證者之證量粗淺；或如義雲高與釋性圓…等人，於報紙上公然誹謗眞實證道者爲「騙子、無道人、人妖、癩蛤蟆…」等，造下誹謗大乘勝義僧之大惡業；或以外道法中有爲有作之甘露、魔術……等法，誑騙初機學人，狂言彼外道法爲眞佛法。如是怪象，在西藏密宗及附藏密之外道中，不一而足，舉之不盡，學人宜應愼思明辨，以免上當後又犯毀破菩薩戒之重罪。密宗學人若欲遠離邪知邪見者，請閱此書，即能了知密宗之邪謬，從此遠離邪見與邪修，轉入眞正之佛道。 平實導師著 共四輯 每輯約400頁（主文約340頁） 每輯售價300元。

宗門正義—公案拈提第六輯：佛教有六大危機，乃是藏密化、世俗化、膚淺化、學術化、宗門密意失傳、悟後進修諸地之次第混淆；其中尤以宗門密意之失傳，爲當代佛教最大之危機。由宗門密意失傳故，易令 世尊本懷普被錯解，易令 世尊正法被轉易爲外道法，以及加以淺化、世俗化，是故宗門密意之廣泛弘傳與具緣佛弟子，極爲重要。然而欲令宗門密意之廣泛弘傳予具緣之佛弟子者，必須同時配合錯誤知見之解析、普令佛弟子知之，然後輔以公案解析之直示入處，方能令具緣之佛弟子悟入。而此二者，皆須以公案拈提之方式爲之，方易成其功、竟其業，是故平實導師續作宗門正義一書，以利學人。　全書500餘頁，售價500元（2007年起，凡購買公案拈提第一輯至第七輯，每購一輯皆贈送本公司精製公案拈提〈超意境〉CD一片，市售價格280元，多購多贈）。

心經密意—心經與解脫道、佛菩提道、祖師公案之關係與密意。　二乘菩提所證之解脫道，實依第八識心之斷除煩惱障現行而立解脫之名；大乘菩提所證之佛菩提道，實依親證第八識如來藏之涅槃性、清淨自性、及其中道性而立般若之名；禪宗祖師公案所證之眞心，即是此第八識如來藏；是故三乘佛法所修所證之三乘菩提，皆依此如來藏心而立名也。此第八識心，即是《心經》所說之心也。證得此如來藏已，即能漸入大乘佛菩提道，亦可因證知此心而了知二乘無學所不能知之無餘涅槃本際，是故《心經》之密意，與三乘佛菩提之關係極爲密切、不可分割，三乘佛法皆依此心而立名故。今者平實導師以其所證解脫道之無生智及佛菩提之般若種智，將《心經》與解脫道、佛菩提道、祖師公案之關係與密意，以演講之方式，用淺顯之語句和盤托出，發前人所未言，呈三乘菩提之眞義，令人藉此《心經密意》一舉而窺三乘菩提之堂奧，迴異諸方言不及義之說；欲求眞實佛智者、不可不讀！主文317頁，連同跋文及序文…等共384頁，售價300元。

宗門密意—公案拈提第七輯：佛教之世俗化，將導致學人以信仰作爲學佛，則將以感應及世間法之庇祐，作爲學佛之主要目標，不能了知學佛之主要目標爲親證三乘菩提。大乘菩提則以般若實相智慧爲主要修習目標，以二乘菩提解脫道爲附帶修習之標的；是故學習大乘法者，應以禪宗之證悟爲要務，能親入大乘菩提之實相般若智慧中故，般若實相智慧非二乘聖人所能知故。此書則以台灣世俗化佛教之三大法師，說法似是而非之實例，配合眞悟祖師之公案解析，提示證悟般若之關節，令學人易得悟入。平實導師著，全書五百餘頁，售價500元（2007年起，凡購買公案拈提第一輯至第七輯，每購一輯皆贈送本公司精製公案拈提〈超意境〉CD一片，市售價格280元，多購多贈）。

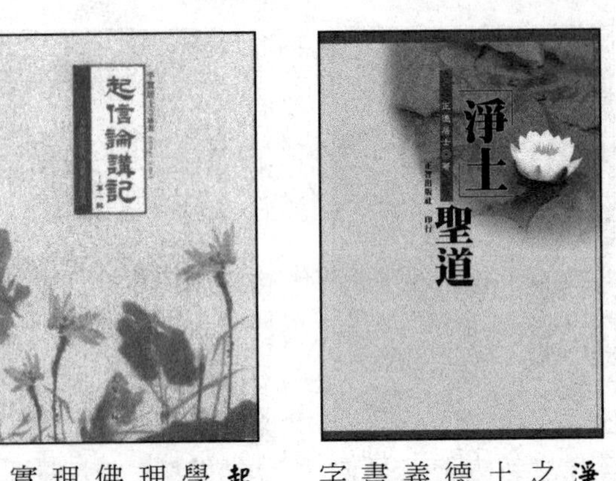

淨土聖道—兼評選擇本願念佛：佛法甚深極廣，般若玄微，非諸二乘聖僧所能知之，一切凡夫更無論矣！所謂一切證量皆歸淨土是也！是故大乘法中「聖道之淨土、淨土之聖道」，其義甚深，難可了知；乃至眞悟之人，初心亦難知也。今有正德老師眞實證悟後，復能深探淨土與聖道之緊密關係，憐憫衆生之誤會淨土實義，亦欲利益廣大淨土行人同入聖道，同獲淨土中之聖道門要義，乃振奮心神、書以成文，今得刊行天下。主文279頁，連同序文等共301頁，總有十一萬六千餘字，正德老師著，成本價200元。

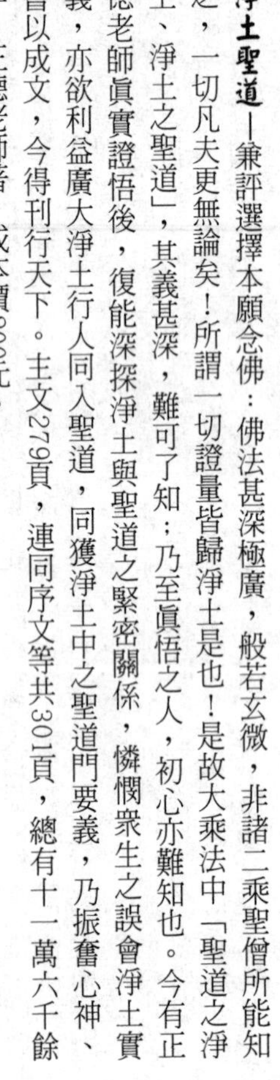

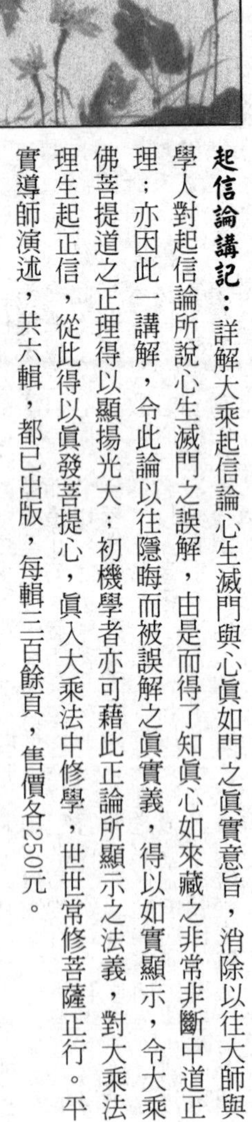

起信論講記：詳解大乘起信論心生滅門與心眞如門之眞實意旨，消除以往大師與學人對起信論所說心生滅門之誤解，由是而得了知眞心如來藏之非常非斷中道正理；亦因此一講解，令此論以往隱晦而被誤解之眞實義，得以如實顯示，令大乘佛菩提道之正理得以顯揚光大；初機學者亦可藉此正論所顯示之法義，對大乘法理生起正信，從此得以眞發菩提心，眞入大乘法中修學，世世常修菩薩正行。平實導師演述，共六輯，都已出版，每輯三百餘頁，售價各250元。

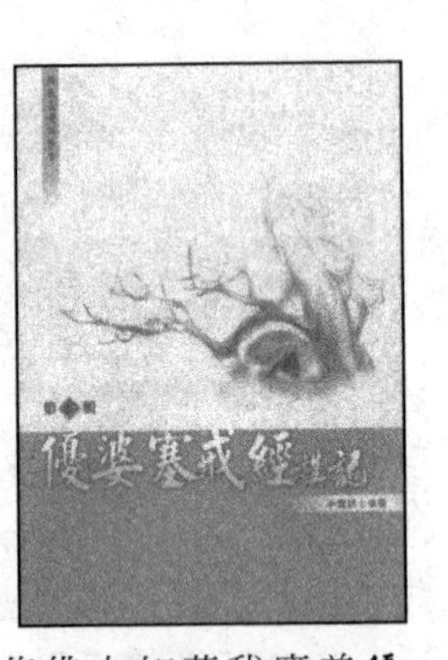

優婆塞戒經講記：本經詳述在家菩薩修學大乘佛法，應如何受持菩薩戒？對人間善行應如何看待？對三寶應如何護持？應如何正確地修集此世後世證法之福德？應如何修集後世「行菩薩道之資糧」？並詳述第一義諦之正義：五蘊非我非異我、自作自受、異作異受、不作不受……等深妙法義，乃是修學大乘佛法、行菩薩行之在家菩薩所應當了知者。出家菩薩今世或未來世登地已，捨報之後多數將如華嚴經中諸大菩薩，以在家菩薩身而修行菩薩行，故亦應以此經所述正理而修之，配合《楞伽經、解深密經、楞嚴經、華嚴經》等道次第正理，方得漸次成就佛道；故此經是一切大乘行者皆應證知之正法。平實導師講述，每輯三百餘頁，售價各250元；共八輯，已全部出版。

真假活佛—略論附佛外道盧勝彥之邪說：人人身中都有眞活佛，永生不滅而有大神用，但眾生都不了知，所以常被身外的西藏密宗假活佛籠罩欺瞞。本來就眞實存在的眞活佛，才是眞正的密宗無上密！諾那活佛因此而說禪宗是大密宗，但藏密的所有活佛都不知道、也不曾實證自身中的眞活佛。本書詳實宣示眞活佛的道理，舉證盧勝彥的「佛法」不是眞佛法，也顯示盧勝彥是假活佛，直接的闡釋第一義佛法見道的眞實正理。眞佛宗的所有上師與學人們，都應該詳細閱讀，包括盧勝彥個人在內。正犀居士著，優惠價140元。

阿含正義—唯識學探源：廣說四大部《阿含經》諸經中隱說之眞正義理，一一舉示佛陀本懷，令阿含時期初轉法輪根本經典之眞義，如實顯現於佛子眼前。並提示末法大師對於阿含眞義誤解之實例，一一比對之，證實唯識增上慧學確於原始佛法之阿含諸經中已隱覆密意而略說之，證實 世尊確於原始佛法中已曾密意而說第八識如來藏之總相；亦證實 世尊在四阿含中已說此藏識是名色十八界之因、之本—證明如來藏是能生萬法之根本心。佛子可據此修正以往受諸大師（譬如西藏密宗應成派中觀師：印順、昭慧、性廣、大願、達賴、宗喀巴、寂天、月稱、……等人）誤導之邪見，建立正見，轉入正道乃至親證初果而無困難；書中並詳說三果所證的心解脫，以及四果慧解脫的親證，都是如實可行的具體知見與行門。全書共七輯，已出版完畢。平實導師著，每輯三百餘頁，售價300元。

超意境CD：以平實導師公案拈提書中超越意境之頌詞，加上曲風優美的旋律，錄成令人嚮往的超意境歌曲，其中包括正覺發願文及平實導師親自譜成的黃梅調歌曲一首。詞曲雋永，殊堪翫味，可供學禪者吟詠，有助於見道。內附設計精美的彩色小冊，解說每一首詞的背景本事。每片280元。【每購買公案拈提書籍一冊，即贈送一片。】

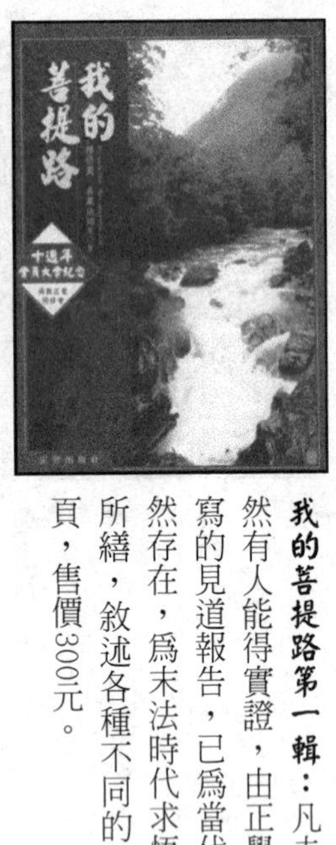

我的菩提路第一輯：凡夫及二乘聖人不能實證的佛菩提證悟，末法時代的今天仍然有人能得實證，由正覺同修會釋悟圓、釋善藏法師等二十餘位實證如來藏者所寫的見道報告，已爲當代學人見證宗門正法之絲縷不絕，證明大乘義學的法脈仍然存在，爲末法時代求悟般若之學人照耀出光明的坦途。由二十餘位大乘見道者所繕，敘述各種不同的學法、見道因緣與過程，參禪求悟者必讀。全書三百餘頁，售價300元。

我的菩提路第二輯：由郭正益老師等人合著，書中詳述彼等諸人歷經各處道場學法，一一修學而加以檢擇之不同過程以後，因閱讀正覺同修會、正智出版社書籍而發起抉擇分，轉入正覺同修會中修學；乃至學法及見道之過程，都一一詳述之。（本書暫停發售，俟改版重新發售流通。）

我的菩提路第三輯：由王美伶老師等人合著。自從正覺同修會成立以來，每年夏初、冬初都舉辦精進禪三共修，藉以助益會中同修們得以證悟明心發起般若實相智慧；凡已實證而被平實導師印證者，皆書具見道報告用以證明佛法之眞實可證而非玄學，證明佛法並非純屬思想、理論而無實質，是故每年都能有人證明正覺同修會的「實證佛教」主張並非虛語。特別是眼見佛性一法，自古以來中國禪宗祖師實證者極寡，較之明心開悟的證境更難令人信受；至2017年初，正覺同修會中的證悟明心者已近五百人，然而其中眼見佛性者至今唯十餘人爾，可謂難能可貴，是故明心後欲冀眼見佛性者實屬不易。黃正倖老師是懸絕七年無人見性後的第一人，她於2009年的見性報告刊於本書的第二輯中，爲大眾證明佛性確實可以眼見；其後七年之中求見性者都屬解悟佛性而無人眼見，幸而又經七年後的2016冬初，以及2017夏初的禪三，復有三人眼見佛性，希冀鼓舞四眾佛子求見佛性之大心，今則具載一則於書末，顯示求見佛性之事實經歷，供養現代佛教界欲得見性之四眾弟子。全書四百頁，售價300元，已於2017年6月30日發行。

我的菩提路第四輯：由陳晏平等人著。中國禪宗祖師往往有所謂「見性」之言，所言多屬看見如來藏具有能令人發起成佛之自性，並非《大般涅槃經》中 如來所說之眼見佛性。眼見佛性者，於親見佛性之時，即能於山河大地眼見自己佛性，亦能於他人身上眼見自己佛性及對方之佛性，如是境界無法爲尚未實證者解釋；勉強說之，縱使眞實明心證悟之人聞之，亦只能以自身明心之境界想像之，但不論如何想像多屬非量，能有正確之比量者亦是稀有，故說眼見佛性極爲困難。眼見佛性之人若所見極分明時，在所見佛性之境界下所眼見之山河大地、自己五蘊身心皆是虛幻，自有異於明心者之解脫功德受用，此後永不思證二乘涅槃，必定邁向成佛之道而進入第十住位中，已超第一阿僧祇劫三分有一，可謂之爲超劫精進也。今又有明心之後眼見佛性之人出於人間，將其明心及後來見性之報告，連同其餘證悟明心者之精彩報告一同收錄於此書中，供養眞求佛法實證之四眾佛子。全書380頁，售價300元，已於2018年6月30日發行。

我的菩提路第五輯：林慈慧老師等人著，本輯中所舉學人從相似正法中來到正覺同修會的過程，各人都有不同，發生的因緣亦是各有差別，然而都會指向同一個目標——證實生命實相的源底，確證自己生從何來、死往何去的事實，所以最後都證明佛法眞實而可親證，絕非玄學；本書將彼等諸人的始修及末後證悟之實例，羅列出來以供學人參考。本期亦有一位會裡的老師，是從1995年即開始追隨 平實導師修學，1997年明心後持續進修不斷，直到2017年眼見佛性之實例，足可證明《大般涅槃經》中世尊開示眼見佛性之法正眞無訛，第十住位的實證在末法時代的今天仍有可能，如今一併具載於書中以供學人參考，並供養現代佛教界欲得見性之四眾弟子。全書四百頁，售價300元，已於2019年12月31日發行。

我的菩提路第六輯：劉惠莉老師等人著，本輯中舉示劉老師明心多年以後的眼見佛性實錄，供末法時代學人了知明心之異於見性本質，足可證明《大般涅槃經》中世尊開示眼見佛性之法正眞無訛。亦列舉多篇學人從各道場來到正覺學法之不同過程，以及如何發覺邪見之異於正法的所在，最後終能在正覺禪三中悟入的實況，以證明佛教正法仍在末法時代的人間繼續弘揚的事實，鼓舞一切眞實學法的菩薩大眾思之：我等諸人亦可有因緣證悟，絕非空想白思。約四百頁，售價300元，已於2020年6月30日發行。

鈍鳥與靈龜：鈍鳥及靈龜二物，被宗門證悟者說爲二種人：前者是精修禪定而無智慧者，也是以定爲禪的愚癡禪人；後者是或有禪定、或無禪定的宗門證悟者，凡已證悟者皆是靈龜。但後者被人虛造事實，用以嘲笑大慧宗杲禪師，說他雖是靈龜，卻不免被天童禪師預記「患背」痛苦而亡：「鈍鳥離巢易，靈龜脫殼難。」藉以貶低大慧宗杲的證量。同時將天童禪師實證如來藏的證量，曲解爲意識境界的離念靈知。自從大慧禪師入滅以後，錯悟凡夫對他的不實毀謗就一直存在著，不曾止息，並且捏造的假事實也隨著年月的增加而越來越多，終至編成「鈍鳥與靈龜」的假公案、假故事。本書是考證大慧與天童之間的不朽情誼，顯現這件假公案的虛妄不實；更見大慧宗杲面對惡勢力時的正直不阿，亦顯示大慧對天童禪師的至情深義，將使後人對大慧宗杲的誣謗至此而止，不再有人誤犯毀謗賢聖的惡業。書中亦舉證宗門的所悟確以第八識如來藏爲標的，詳讀之後必可改正以前被錯悟大師誤導的參禪知見，日後必定有助於實證禪宗的開悟境界，得階大乘眞見道位中，即是實證般若之賢聖。全書459頁，售價350元。

維摩詰經講記：本經係 世尊在世時，由等覺菩薩維摩詰居士藉疾病而演說之大乘菩提無上妙義，所說函蓋甚廣，然極簡略，是故今時諸方大師與學人讀之悉皆錯解，何況能知其中隱含之深妙正義，是故普遍無法爲人解說；若強爲人說，則成依文解義而有諸多過失。今由平實導師公開宣講之後，詳實解釋其中密意，令維摩詰菩薩所說大乘不可思議解脫之深妙正法得以正確宣流於人間，利益當代學人及與諸方大師。書中詳實演述大乘佛法深妙不共二乘之智慧境界，顯示諸法之中絕待之實相境界，建立大乘菩薩妙道於永遠不敗不壞之地，以此成就護法偉功，欲冀永利娑婆人天。已經宣講圓滿整理成書流通，以利諸方大師及諸學人。全書共六輯，每輯三百餘頁，售價各250元。

真假外道：本書具體舉證佛門中的常見外道知見實例，並加以教證及理證上的辨正，幫助讀者輕鬆而快速的了知常見外道的錯誤知見，進而遠離佛門內外的常見外道知見，因此即能改正修學方向而快速實證佛法。游正光老師著。成本價200元。

勝鬘經講記：如來藏爲三乘菩提之所依，若離如來藏心體及其含藏之一切種子，即無三界有情及一切世間法，亦無二乘菩提緣起性空之出世間法；本經詳說無始無明、一念無明皆依如來藏而有之正理，藉著詳解煩惱障與所知障間之關係，令學人深入了知二乘菩提與佛菩提相異之妙理；聞後即可了知佛菩提之特勝處及三乘修道之方向與原理，邁向攝受正法而速成佛道的境界中。平實導師講述，共六輯，每輯三百餘頁，售價各250元。

楞嚴經講記：楞嚴經係密教部之重要經典，亦是顯教中普受重視之經典；經中宣說明心與見性之內涵極爲詳細，將一切法都會歸如來藏及佛性—妙眞如性；亦闡釋佛菩提道修學過程中之種種魔境，以及外道誤會涅槃之狀況，旁及三界世間之起源。然因言句深澀難解，法義亦復深妙寬廣，學人讀之普難通達，是故讀者大多誤會，不能如實理解佛所說之明心與見性內涵，亦因是故多有悟錯之人引爲開悟之證言，成就大妄語罪。今由平實導師詳細講解之後，整理成文，以易讀易懂之語體文刊行天下，以利學人。全書十五輯，全部出版完畢。每輯三百餘頁，售價每輯300元。

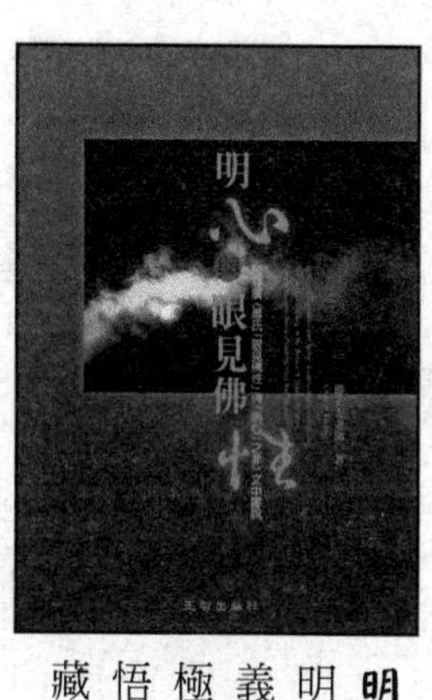

明心與眼見佛性：本書細述明心與眼見佛性之異同，同時顯示了中國禪宗破初參明心與重關眼見佛性二關之間的關聯；書中又藉法義辨正而旁述其他許多勝妙法義，讀後必能遠離佛門長久以來積非成是的錯誤知見，令讀者在佛法的實證上有極大助益。也藉慧廣法師的謬論來教導佛門學人回歸正知正見，遠離古今禪門錯悟者所墮的意識境界，非唯有助於斷我見，也對未來的開悟明心實證第八識如來藏有所助益，是故學禪者都應細讀之。游正光老師著　共448頁　售價300元。

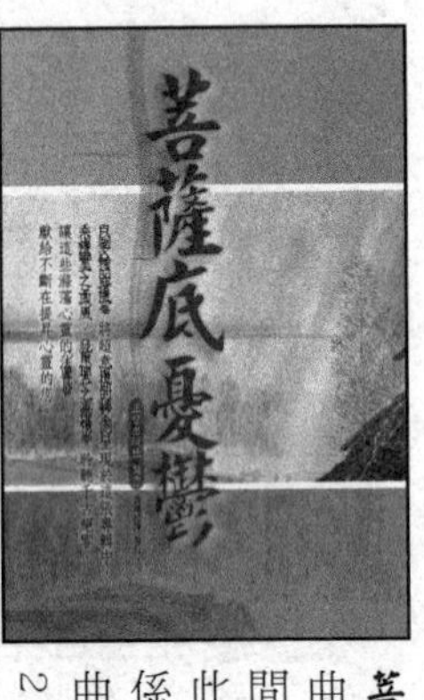

菩薩底憂鬱CD：將菩薩情懷及禪宗公案寫成新詞，並製作成超越意境的優美歌曲。1.主題曲〈菩薩底憂鬱〉，描述地後菩薩能離三界生死而迴向繼續生在人間，但因尚未斷盡習氣種子而有極深沈之憂鬱，非三賢位菩薩及二乘聖者所知，此憂鬱在七地滿心位方才斷盡；本曲之詞中所說義理極深，昔來所未曾見；此曲係以優美的情歌風格寫詞及作曲，聞者得以激發嚮往諸地菩薩境界之大心，詞、曲都非常優美，難得一見；其中勝妙義理之解說，已印在附贈之彩色小冊中。2.以各輯公案拈提中直示禪門入處之頌文，作成各種不同曲風之超意境歌曲，值得玩味、參究；聆聽公案拈提之優美歌曲時，請同時閱讀內附之印刷精美說明小冊，可以領會超越三界的證悟境界；未悟者可以因此引發求悟之意向及疑情，眞發菩提心而邁向求悟之途，乃至因此眞實悟入般若，成眞菩薩。3.正覺總持咒新曲，總持佛法大意；總持咒之義理，已加以解說並印在隨附之小冊中。本CD共有十首歌曲，長達63分鐘，附贈二張購書優惠券。每片280元。

金剛經宗通：三界唯心，萬法唯識，是成佛之修證內容，是諸地菩薩之所修；般若則是成佛之道（實證三界唯心、萬法唯識）的入門，若未證悟實相般若，即無成佛之可能，必將永在外門廣行菩薩六度，永在凡夫位中。然而實相般若的發起，全賴實證萬法的實相；若欲證知萬法的眞相，則必須探究萬法之所從來，則須實證自心如來─金剛心如來藏，然後現觀這個金剛心的金剛性、眞實性、如如性、清淨性、涅槃性、能生萬法的自性性、本住性，名爲證眞如；進而現觀三界六道唯是此金剛心所成，人間萬法須藉八識心王和合運作方能現起。如是實證《華嚴經》的「三界唯心、萬法唯識」以後，由此等現觀而發起實相般若智慧，繼續進修第十住位的如幻觀、第十行位的陽焰觀、第十迴向位的如夢觀，再生起增上意樂而勇發十無盡願，方能滿足三賢位的實證，轉入初地；自知成佛之道而無偏倚，從此按部就班、次第進修乃至成佛。第八識自心如來是般若智慧之所依，般若智慧的修證則要從實證金剛心自心如來開始；《金剛經》則是解說自心如來之經典，是一切三賢位菩薩所應進修之實相般若經典。這一套書，是將平實導師宣講的《金剛經宗通》內容，整理成文字而流通之；書中所說義理，迥異古今諸家依文解義之說，指出大乘見道方向與理路，有益於禪宗學人求開悟見道，及轉入內門廣修六度萬行。已於2013年9月出版完畢，總共9輯，每輯約三百餘頁，售價各250元。

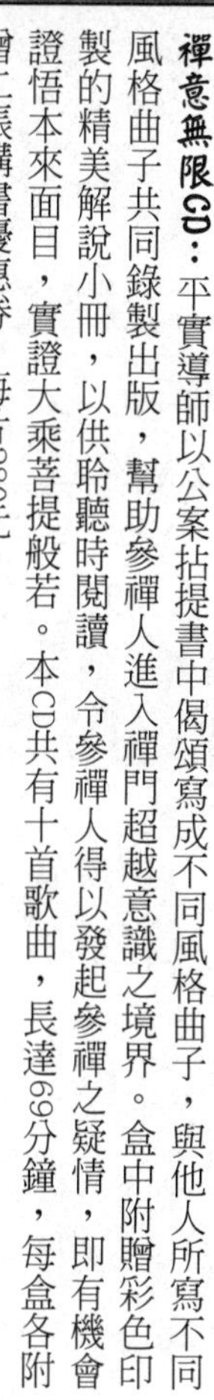

禪意無限CD：平實導師以公案拈提書中偈頌寫成不同風格曲子，與他人所寫不同風格曲子共同錄製出版，幫助參禪人進入禪門超越意識之境界。盒中附贈彩色印製的精美解說小冊，以供聆聽時閱讀，令參禪人得以發起參禪之疑情，即有機會證悟本來面目，實證大乘菩提般若。本CD共有十首歌曲，長達69分鐘，每盒各附贈二張購書優惠券。每片280元。

空行母—性別、身分定位，以及藏傳佛教：本書作者為蘇格蘭哲學家，因為嚮往佛教深妙的哲學內涵，於是進入當年盛行於歐美的假藏傳佛教密宗，擔任卡盧仁波切的翻譯工作多年以後，被邀請成為卡盧的空行母（又名佛母、明妃），開始了她在密宗裡的實修過程；後來發覺在密宗雙身法中的修行，其實無法使自己成佛，也發覺密宗對女性歧視而處處貶抑，並剝奪女性在雙身法中擔任一半角色時應有的身分定位。當她發覺自己只是雙身法中被喇嘛利用的工具，沒有獲得絲毫應有的尊重與基本定位時，發現了密宗的父權社會控制女性的本質；於是作者傷心地離開了卡盧仁波切與密宗，但是卻被恐嚇不許講出她在密宗裡的經歷，也不許她說出自己對密宗的教義與教制下對女性剝削的本質，否則將被咒殺死亡。後來她去加拿大定居，十餘年後方才擺脫這個恐嚇陰影，下定決心將親身經歷的實情及觀察到的事實寫下來並且出版，公諸於世。出版之後，她被流亡的達賴集團人士大力攻訐，誣指她為精神狀態失常、說謊……等。但有智之士並未被達賴集團的政治操作及各國政府政治運作吹捧達賴的表相所欺，使她的書銷售無阻而又再版。正智出版社鑑於作者此書是親身經歷的事實，所說具有針對「藏傳佛教」而作學術研究的價值，也有使人認清假藏傳佛教剝削佛母、明妃的男性本位實質，因此洽請作者同意中譯而出版於華人地區。珍妮·坎貝爾女士著，呂艾倫 中譯，每冊250元。

霧峰無霧—給哥哥的信 本書作者藉兄弟之間信件往來論義，略述佛法大義；並以多篇短文辨義，舉出釋印順對佛法的無量誤解證據，並一一給予簡單而清晰的辨正，令人一讀即知。久讀、多讀之後即能認清楚釋印順的六識論見解，與眞實佛法之牴觸是多麼嚴重；於是在久讀、多讀之後，於不知不覺之間提升了對佛法的極深入理解，正知正見就在不知不覺間建立起來了。當三乘佛法的正知見建立起來之後，對於三乘菩提的見道條件便將隨之具足，於是聲聞解脫道的見道也就水到渠成；接著大乘見道的因緣也將次第成熟，未來自然也會有親見大乘菩提之道的因緣，悟入大乘實相般若也將自然成功，自能通達般若系列諸經而成實義菩薩。作者居住於南投縣霧峰鄉，自喻見道之後不復再見霧峰之霧，故鄉原野美景一一明見，於是立此書名爲《霧峰無霧》；讀者若欲撥霧見月，可以此書爲緣。游宗明 老師著 已於2015年出版 售價250元。

霧峰無霧—第二輯—救護佛子向正道 本書作者藉釋印順著作中之各種錯謬法義提出辨正，以詳實的文義一一提出理論上及實證上之解析，列舉釋印順對佛法的無量誤解證據，藉此教導佛門大師與學人釐清佛法義理，遠離岐途轉入正道，然後知所進修，久之便能見道明心而入大乘勝義僧數。被釋印順誤導的大師與學人極多，很難救轉，是故作者大發悲心深入解說其錯謬之所在，佐以各種義理辨正而令讀者在不知不覺之間轉歸正道。如是久讀之後欲得斷身見、證初果，即不爲難事；乃至久之亦得大乘見道而得證眞如，脫離空有二邊而住中道，實相般若智慧生起，於佛法不再茫然，漸漸亦知悟後進修之道。屆此之時，對於大乘般若等深妙法之迷雲暗霧亦將一掃而空，生命及宇宙萬物之故鄉原野美景一一明見，是故本書仍名《霧峰無霧》，爲第二輯；讀者若欲撥雲見日、離霧見月，可以此書爲緣。游宗明 老師著 已於2019年出版 售價250元。

假藏傳佛教的神話—性、謊言、喇嘛教：本書編著者是由一首名爲「阿姊鼓」的歌曲爲緣起，展開了序幕，揭開假藏傳佛教—喇嘛教—的神秘面紗。其重點是蒐集、摘錄網路上質疑「喇嘛教」的帖子，以揭穿「假藏傳佛教的神話」爲主題，串聯成書，並附加彩色插圖以及說明，讓讀者們瞭解西藏密宗及相關人事如何被操作爲「神話」的過程，以及神話背後的眞相。作者：張正玄教授。售價200元。

達賴眞面目—玩盡天下女人：假使您不想戴綠帽子，請記得詳細閱讀此書；假使您不想讓好朋友戴綠帽子，請您將此書介紹給您的好朋友。假使您想保護家中的女性，也想要保護好朋友的女眷，請記得將此書送給家中的女性和好友的女眷都來閱讀。本書爲印刷精美的大本彩色中英對照精裝本，爲您揭開達賴喇嘛的眞面目，內容精彩不容錯過，爲利益社會大眾，特別以優惠價格嘉惠所有讀者。編著者：白志偉等。大開版雪銅紙彩色精裝本。售價800元。

童女迦葉考—論呂凱文〈佛教輪迴思想的論述分析〉之謬：童女迦葉是佛世率領五百大比丘遊行於人間的歷史事實，是以童貞行而依止菩薩戒弘化於人間的大菩薩，不依別解脫戒（聲聞戒）來弘化於人間。這是大乘佛教與聲聞佛教同時存在於佛世的歷史明證，證明大乘佛教不是從聲聞法中分裂出來的部派佛教的產物，卻是聲聞佛教分裂出來的部派佛教聲聞凡夫僧所不樂見的史實；於是古今聲聞法中的凡夫都欲加以扭曲而作詭說，更是末法時代高聲大呼「大乘非佛說」的六識論聲聞凡夫極力想要扭曲的佛教史實之一，於是想方設法扭曲迦葉菩薩爲聲聞僧，以及扭曲迦葉童女爲比丘僧等荒謬不實之論著便陸續出現，古時聲聞僧寫作的《分別功德論》是最具體之事例，現代之代表作則是呂凱文先生的〈佛教輪迴思想的論述分析〉論文。鑑於如是假藉學術考證以籠罩大眾之不實謬論，未來仍將繼續造作及流竄於佛教界，繼續扼殺大乘佛教學人法身慧命，必須舉證辨正之，遂成此書。平實導師 著，每冊180元。

末代達賴—性交教主的悲歌：簡介從藏傳僞佛教（喇嘛教）的修行核心—性力派男女雙修，探討達賴喇嘛及藏傳僞佛教的修行內涵。書中引用外國知名學者著作、世界各地新聞報導，包含：歷代達賴喇嘛的祕史、達賴六世修雙身法的事蹟，以及《時輪續》中的性交灌頂儀式……等；達賴喇嘛書中開示的雙修法、達賴喇嘛的黑暗政治手段；達賴喇嘛所領導的寺院爆發喇嘛性侵兒童；新聞報導《西藏生死書》作者索甲仁波切性侵女信徒、澳洲喇嘛秋達公開道歉、美國最大假藏傳佛教組織領導人邱陽創巴仁波切的性氾濫，等等事件背後眞相的揭露。作者：張善思、呂艾倫、辛燕。售價250元。

黯淡的達賴—失去光彩的諾貝爾和平獎：本書舉出很多證據與論述，詳述達賴喇嘛不爲世人所知的一面，顯示達賴喇嘛並不是眞正的和平使者，而是假借諾貝爾和平獎的光環來欺騙世人；透過本書的說明與舉證，讀者可以更清楚的瞭解，達賴喇嘛是結合暴力、黑暗、淫欲於喇嘛教裡的集團首領，其政治行爲與宗教主張，早已讓諾貝爾和平獎的光環染污了。本書由財團法人正覺教育基金會寫作、編輯，由正覺出版社印行，每冊250元。

第七意識與第八意識？—穿越時空「超意識」：「三界唯心，萬法唯識」是佛教中應該實證的聖教，也是《華嚴經》中明載而可以實證的法界實相。唯心者，三界一切境界、一切諸法唯是一心所成就，即是每一個有情的第八識如來藏，不是意識心。唯識者，即是人類各各都具足的八識心王——眼識、耳鼻舌身意識、意根、阿賴耶識，第八阿賴耶識又名如來藏，人類五陰相應的萬法，莫不由八識心王共同運作而成就，故說萬法唯識。依聖教量及現量、比量，都可以證明意識是二法因緣生，是由第八識藉意根與法塵二法爲因緣而出生，又是夜夜斷滅不存之生滅心，即無可能反過來出生第七識意根、第八識如來藏，當知不可能從生滅性的意識心中，細分出恆審思量的第七識意根，更無可能細分出恆而不審的第八識如來藏。本書是將演講內容整理成文字，細說如是內容，並已在〈正覺電子報〉連載完畢，今彙集成書以廣流通，欲幫助佛門有緣人斷除意識我見，跳脫於識陰之外而取證聲聞初果；嗣後修學禪宗時即得不墮外道神我之中，得以求證第八識金剛心而發起般若實智。平實導師 述，每冊300元。

中觀金鑑—詳述應成派中觀的起源與其破法本質：學佛人往往迷於中觀學派之不同學說，被應成派與自續派所迷惑；修學般若中觀二十年後自以爲實證般若中觀了，卻仍不曾入門，甫聞實證般若中觀者之所說，則茫無所知，迷惑不解；隨後信心盡失，不知如何實證佛法；凡此，皆因惑於這二派中觀學說所致。自續派中觀所說同於常見，以意識境界立爲第八識如來藏之境界，應成派所說則同於斷見，但又同立意識爲常住法，故亦具足斷常二見。今者孫正德老師有鑑於此，乃將起源於密宗的應成派中觀學說，追本溯源，詳考其來源之外，亦一一舉證其立論內容，詳加辨正，令密宗雙身法祖師以識陰境界而造之應成派中觀學說本質，詳細呈現於學人眼前，令其維護雙身法之目的無所遁形。若欲遠離密宗此二大派中觀謬說，欲於三乘菩提有所進道者，允宜具足閱讀並細加思惟，反覆讀之以後將可捨棄邪道返歸正道，則於般若之實證即有可能，證後自能現觀如來藏之中道境界而成就中觀。本書分上、中、下三冊，每冊250元，全部出版完畢。

人間佛教—實證者必定不悖三乘菩提：「大乘非佛說」的講法似乎流傳已久，卻只是日本人企圖擺脫中國正統佛教的影響，而在明治維新時期才開始提出來的說法；台灣佛教、大陸佛教的淺學無智之人，由於未曾實證佛法而迷信日本人錯誤的學術考證，錯認爲這些別有用心的日本佛學考證的講法爲天竺佛教的眞實歷史；甚至還有更激進的反對佛教者提出「釋迦牟尼佛並非眞實存在，只是後人捏造的假歷史人物」，竟然也有少數佛教徒願意跟著「學術」的假光環而信受不疑，亦導致部分台灣佛教界人士，造作了反對中國大乘佛教而推崇南洋小乘佛教的行爲，使台灣佛教的信仰者難以檢擇，亦導致一般大陸人士開始轉入基督教的盲目迷信中。在這些佛教及外教人士之中，也就有一分人根據此邪說而大聲主張「大乘非佛說」的謬論，這些人以「人間佛教」的名義來抵制中國正統佛教，公然宣稱中國的大乘佛教是由聲聞部派佛教的凡夫僧所創造出來的。這樣的說法流傳於台灣及大陸佛教界凡夫僧之中已久，卻非眞正的佛教歷史中曾經發生過的事，只是繼承六識論的聲聞法中凡夫僧，以及別有居心的日本佛教界，依自己的意識境界立場，純憑臆想而編造出來的妄想說法，卻已經影響許多無智之凡夫僧俗信受不移。本書則是從佛教的經藏法義實質及實證的現量內涵本質立論，證明大乘佛法本是佛說，是從《阿含正義》尚未說過的不同面向來討論「人間佛教」的議題，證明「大乘眞佛說」。閱讀本書可以斷除六識論邪見，迴入三乘菩提正道發起實證的因緣；也能斷除禪宗學人學禪時普遍存在之錯誤知見，對於建立參禪時的正知見有很深的著墨。平實導師 述，內文488頁，全書528頁，定價400元。

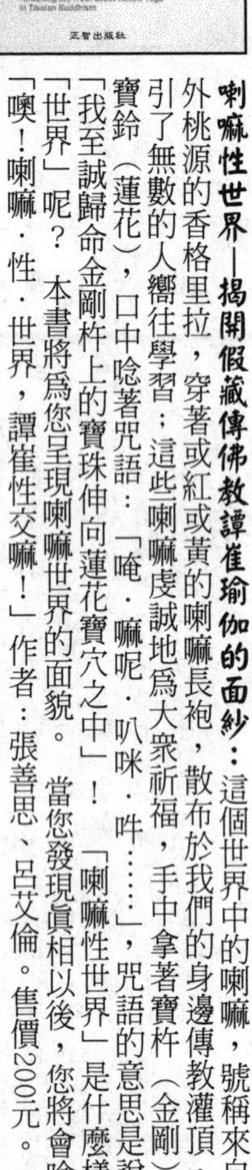

喇嘛性世界—揭開假藏傳佛教譚崔瑜伽的面紗：這個世界中的喇嘛，號稱來自世外桃源的香格里拉，穿著或紅或黃的喇嘛長袍，散布於我們的身邊傳教灌頂，吸引了無數的人嚮往學習；這些喇嘛虔誠地為大眾祈福，手中拿著寶杵（金剛）與寶鈴（蓮花），口中唸著咒語：「唵．嘛呢．叭咪．吽……」，咒語的意思是說：「我至誠歸命金剛杵上的寶珠伸向蓮花寶穴之中」！「喇嘛性世界」是什麼樣的「世界」呢？本書將為您呈現喇嘛世界的面貌。當您發現真相以後，您將會唸：「噢！喇嘛．性．世界，譚崔性交嘛！」作者：張善思、呂艾倫。售價200元。

見性與看話頭：黃正倖老師的《見性與看話頭》於《正覺電子報》連載完畢，今結集出版。書中詳說禪宗看話頭的詳細方法，並細說看話頭與眼見佛性的關係，以及眼見佛性者求見佛性前必須具備的條件。本書是禪宗實修者追求明心開悟時參禪的方法書，也是求見佛性者作功夫時必讀的方法書，內容兼顧眼見佛性的理論與實修之方法，是依實修之體驗配合理論而詳述，條理分明而且極為詳實、周全、深入。本書內文375頁，全書416頁，售價300元。

實相經宗通：學佛之目的在於實證一切法界背後之實相，禪宗稱之為本來面目或本地風光，佛菩提道中稱之為實相法界；此實相法界即是金剛藏，又名佛法之祕密藏，即是能生有情五陰、十八界及宇宙萬有（山河大地、諸天、三惡道世間）的第八識如來藏，又名阿賴耶識心，即是禪宗祖師所說的真如心，此心即是三界萬有背後的實相。證得此第八識心時，自能瞭解般若諸經中隱說的種種密意，即得發起實相般若—實相智慧。每見學佛人修學佛法二十年後仍對實相般若茫然無知，亦不知如何入門，茫無所趣；更因不知三乘菩提的互異互同，是故越是久學者對佛法越覺茫然，都肇因於尚未瞭解佛法的全貌，亦未瞭解佛法的修證內容即是第八識心所致。本書對於修學佛法者所應實證的實相境界提出明確解析，並提示趣入佛菩提道的入手處，有心親證實相般若的佛法實修者，宜詳讀之，於佛菩提道之實證即有下手處。平實導師述著，共八輯，已於2016年出版完畢，每輯成本價250元。

真心告訴您(一)—達賴喇嘛在幹什麼?這是一本報導篇章的選集，更是「破邪顯正」的暮鼓晨鐘。「破邪」是戳破假象，說明達賴喇嘛及其所率領的密宗四大派法王、喇嘛們，弘傳的佛法是仿冒的佛法；他們是假藏傳佛教，是坦特羅（譚崔性交）外道法和藏地崇奉鬼神的苯教混合成的「喇嘛教」，推廣的是以所謂「無上瑜伽」的男女雙身法冒充佛法的假佛教，詐財騙色誤導眾生，常常造成信徒家庭破碎、家中兒少失怙的嚴重後果。「顯正」是揭櫫眞相，指出眞正的藏傳佛教只有一個，就是覺囊巴，傳的是 釋迦牟尼佛演繹的第八識如來藏妙法，稱爲他空見大中觀。正覺教育基金會即以此古今輝映的如來藏正法正知見，在眞心新聞網中逐次報導出來，將箇中原委「眞心告訴您」，如今結集成書，與想要知道密宗眞相的您分享。售價250元。

法華經講義：此書爲平實導師始從2009/7/21演述至2014/1/14之講經錄音整理所成。世尊一代時教，總分五時三教，即是華嚴時、聲聞緣覺教、般若教、種智唯識教、法華時；依此五時三教區分爲藏、通、別、圓四教。本經是最後一時的圓教經典，圓滿收攝一切法教於本經中，是故最後的圓教聖訓中，特地指出無有三乘菩提，其實唯有一佛乘；皆因眾生愚迷故，方便區分爲三乘菩提以助眾生證道。世尊於此經中特地說明如來示現於人間的唯一大事因緣，便是爲有緣眾生「開、示、悟、入」諸佛的所知所見——第八識如來藏妙眞如心，並於諸品中隱說「妙法蓮花」如來藏心的密意。然因此經所說甚深難解，眞義隱晦，古來難得有人能窺堂奧；平實導師以知如是密意故，特爲末法佛門四眾演述《妙法蓮華經》中各品蘊含之密意，使古來未曾被古德註解出來的「此經」密意，如實顯示於當代學人眼前。乃至〈藥王菩薩本事品〉、〈妙音菩薩品〉、〈觀世音菩薩普門品〉、〈普賢菩薩勸發品〉中的微細密意，亦皆一併詳述之，可謂開前人所未曾言之密意，示前人所未見之妙法。最後乃至以〈法華大義〉而總其成，全經妙旨貫通始終，而依佛旨圓攝於一心如來藏妙心，厥爲曠古未有之大說也。平實導師述，共有25輯，已於2019/05/31出版完畢。每輯300元。

西藏「活佛轉世」制度—附佛、造神、世俗法：歷來關於喇嘛教活佛轉世的研究，多針對歷史及文化兩部分，於其所以成立的理論基礎，較少系統化的探討。尤其是此制度是否依據「佛法」而施設？是否合乎佛法眞實義？現有的文獻大多含糊其詞，或人云亦云，不曾有明確的闡釋與如實的見解。因此本文先從活佛轉世的由來，探索此制度的起源、背景與功能，並進而從活佛的尋訪與認證之過程，發掘活佛轉世的特徵，以確認「活佛轉世」在佛法中應具足何種果德。定價150元。

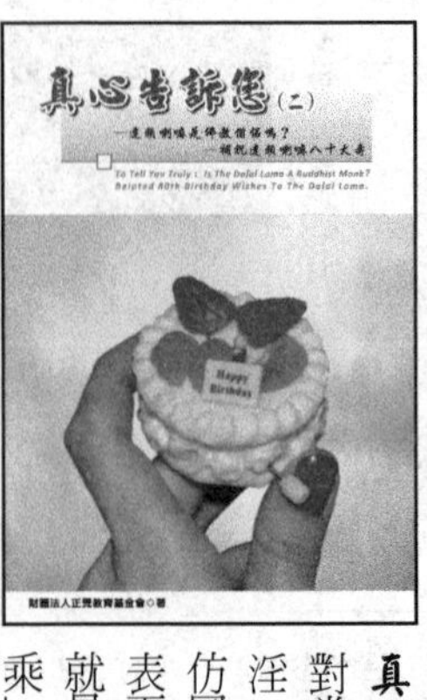

真心告訴您（二）—達賴喇嘛是佛教僧侶嗎？補祝達賴喇嘛八十大壽：這是一本針對當今達賴喇嘛所領導的喇嘛教，冒用佛教名相、於師徒間或師兄姊間，實修男女邪淫，而從佛法三乘菩提的現量與聖教量，揭發其謊言與邪術，證明達賴及其喇嘛教是仿冒佛教的外道，是「假藏傳佛教」。藏密四大派教義雖有「八識論」與「六識論」的表面差異，然其實修之內容，皆共許「無上瑜伽」四部灌頂爲究竟「成佛」之法門，也就是共以男女雙修之邪淫法爲「即身成佛」之密要，雖美其名曰「欲貪爲道」之「金剛乘」，並誇稱其成就超越於（應身佛）釋迦牟尼佛所傳之顯教般若乘之上；然詳考其理論，則或以意識離念時之粗細心爲第八識如來藏，或以中脈裡的明點爲第八識如來藏，或如宗喀巴與達賴堅決主張第六意識爲常恆不變之眞心者，分別墮於外道之常見與斷見中；全然違背 佛說能生五蘊之如來藏的實質。售價300元。

涅槃—解說四種涅槃之實證及內涵：眞正學佛之人，首要即是見道，由見道故方有涅槃之實證，證涅槃者方能出生死，但涅槃有四種：二乘聖者的有餘涅槃、無餘涅槃，以及大乘聖者的本來自性清淨涅槃、佛地的無住處涅槃。大乘聖者實證本來自性清淨涅槃，入地前再取證二乘涅槃，然後起惑潤生捨離二乘涅槃，繼續進修而在七地心前斷盡三界愛之習氣種子，依七地無生法忍之具足而證得念念入滅盡定；八地後進斷異熟生死，直至妙覺地下生人間成佛，具足四種涅槃，方是眞正成佛。此理古來少人言，以致誤會涅槃正理者比比皆是，今於此書中廣說四種涅槃、如何實證之理、實證前應有之條件，實屬本世紀佛教界極重要之著作，令人對涅槃有正確無訛之認識，然後可以依之實行而得實證。本書共有上下二冊，每冊各四百餘頁，對涅槃詳加解說，每冊各350元。

佛藏經講義：本經說明爲何佛菩提難以實證之原因，都因往昔無數阿僧祇劫前的邪見，引生此世求證時之業障而難以實證。即以諸法實相詳細解說，繼之以念佛品、念法品、念僧品，說明諸佛與法之實質；然後以淨戒品之說明，期待佛弟子四衆堅持清淨戒而轉化心性，並以往古品的實例說明，教導四衆務必滅除邪見轉入正見中，然後以了戒品的說明和囑累品的付囑，期望末法時代的佛門四衆弟子皆能清淨知見而得以實證。平實導師於此經中有極深入的解說，總共21輯，每輯300元，於2019/07/31開始發行。

我的菩提路第七輯：余正偉老師等人著，本輯中舉示余老師明心二十餘年以後的眼見佛性實錄，供末法時代學人了知明心異於見性之本質，並且舉示其見性後與平實導師互相討論眼見佛性之諸多疑訛處；除了證明《大般涅槃經》中 世尊開示眼見佛性之法正眞無訛以外，亦得一解明心後尚未見性者之所未知處，甚爲精彩。此外亦列舉多篇學人從各不同宗教進入正覺學法之不同過程，以及發覺諸方道場邪見之內容與過程，最終得於正覺精進禪三中悟入的實況，足供末法精進學人借鑑，以彼鑑己而生信心，得以投入了義正法中修學及實證。凡此，皆足以證明不唯明心所證之第七住位般若智慧及解脫功德仍可實證，乃至第十住位的實證與當場發起如幻觀之實證，於末法時代的今天皆仍有可能。本書約四百頁，售價300元，將於2021年6月30日發行。

大法鼓經講義：本經解說佛法的總成：法、非法。由開解法、非法二義，說明了義佛法與世間戲論法的差異，指出佛法實證之標的即是法——第八識如來藏；並顯示實證後的智慧，如實擊大法鼓、演深妙法，演說如來祕密教法，非二乘定性及諸凡夫所能得聞，唯有具足菩薩性者方能得聞。正聞之後即得依於 世尊大願而拔除邪見，入於正法而得實證；深解不了義經之方便說，亦能實解了義經所說之眞實義，得以證法——如來藏，而得發起根本無分別智，乃至進修而發起後得無分別智；並堅持布施及受持清淨戒而轉化心性，得以現觀眞我如來藏之各種層面。此爲第一義諦聖教，於末法最後餘四十年時，一切世間樂見離車童子將繼續護持此經所說正法。平實導師於此經中有極深入的解說，總共約六輯，每輯300元，於《佛藏經講義》出版完畢後開始發行，每二個月發行一輯。

解深密經講義：本經係 世尊晚年第三轉法輪，宣說地上菩薩所應熏修之唯識正義經典，經中所說義理乃是大乘一切種智增上慧學，以阿陀那識—如來藏—阿賴耶識爲主體。禪宗之證悟者，若欲修證初地無生法忍乃至八地無生法忍者，必須修學《楞伽經、解深密經》所說之八識心王一切種智；此二經所說正法，方是眞正成佛之道；印順法師否定第八識如來藏之後所說萬法緣起性空之法，是以誤會後之二乘解脫道取代大乘眞正成佛之道，尚且不符二乘解脫道正理，亦已墮於斷滅見中，不可謂爲成佛之道也。平實導師曾於本會郭故理事長往生時，於喪宅中從首七開始宣講，於每一七各宣講三小時，至第十七而快速略講圓滿，作爲郭老之往生佛事功德，迴向郭老早證八地、速返娑婆住持正法。茲爲今時後世學人故，將擇期重講《解深密經》，以淺顯之語句講畢後，將會整理成文，用供證悟者進道；亦令諸方未悟者，據此經中佛語正義，修正邪見，依之速能入道。平實導師述著，全書輯數未定，每輯三百餘頁，將於未來重講完畢後逐輯出版。

修習止觀坐禪法要講記：修學四禪八定之人，往往錯會禪定之修學知見，欲以無止盡之坐禪而證禪定境界，卻不知修除性障之行門才是修證四禪八定不可或缺之要素，故智者大師云「性障初禪」；性障不除，初禪永不現前，云何修證二禪等？又：行者學定，若唯知數息，而不解六妙門之方便善巧者，欲求一心入定，未到地定極難可得，智者大師名之爲「事障未來」：障礙未到地定之修證。又禪定之修證，不可違背二乘菩提及第一義法，否則縱使具足四禪八定，亦不能實證涅槃而出三界。此諸知見，智者大師於《修習止觀坐禪法要》中皆有闡釋。作者平實導師以其第一義之見地及禪定之實證證量，曾加以詳細解析。將俟正覺寺竣工啓用後重講，不限制聽講者資格；講後將以語體文整理出版。欲修習世間定及增上定之學者，宜細讀之。平實導師述著。

阿含經講記—小乘解脫道之修證：數百年來，南傳佛法所說證果之不實，所說解脫道之虛妄，所弘解脫道法義之世俗化，皆已少人知之；從南洋傳入台灣與大陸之後，所說法義虛謬之事，亦復少人知之；今時台灣全島印順系統之法師居士，多不知南傳佛法數百年來所說解脫道之義理已然偏斜、已然世俗化、已非眞正之二乘解脫正道，猶極力推崇與弘揚。彼等南傳佛法近代所謂之證果者皆非眞實證果者，譬如阿迦曼、葛印卡、帕奧禪師、一行禪師……等人，悉皆未斷我見故。近年更有台灣南部大願法師，高抬南傳佛法之二乘修證行門為「捷徑究竟解脫之道」者，然而南傳佛法縱使眞修實證，得成阿羅漢，至高唯是二乘菩提解脫之道，絕非究竟解脫，無餘涅槃中之實際尚未得證故，法界之實相尚未了知故，習氣種子待除故，一切種智未實證故，焉得謂為「究竟解脫」？即使南傳佛法近代眞有實證之阿羅漢，尚且不及三賢位中之七住明心菩薩本來自性清淨涅槃智慧境界，則不能知此賢位菩薩所證之無餘涅槃實際，仍非大乘佛法中之見道者，何況普未實證聲聞果乃至未斷我見之人？謬充證果已屬逾越，更何況是誤會二乘菩提之後，以未斷我見之凡夫知見所說之二乘菩提解脫偏斜法道，焉可高抬為「究竟解脫」？而且自稱「捷徑之道」？又妄言解脫之道即是成佛之道，完全否定般若實智、否定三乘菩提所依之如來藏心體，此理大大不通也！平實導師為令修學二乘菩提欲證解脫果者，普得迴入二乘菩提正見、正道中，是故選錄四阿含諸經中，對於二乘解脫道法義有具足圓滿說明之經典，預定未來十年內將會加以詳細講解，令學佛人得以了知二乘解脫道之修證理路與行門，庶免被人誤導之後，未證言證，梵行未立，干犯道禁自稱阿羅漢或成佛，成大妄語，欲升反墮。本書首重斷除我見，以助行者斷除我見而實證初果為著眼之目標，若能根據此書內容，配合平實導師所著《識蘊眞義》《阿含正義》內涵而作實地觀行，實證初果非為難事，行者可以藉此三書自行確認聲聞初果為實際可得現觀成就之事。此書中除依二乘經典所說加以宣示外，亦依斷除我見等之證量，及大乘法中道種智之證量，對於意識心之體性加以細述，令諸二乘學人必定得斷我見、常見，免除三縛結之繫縛。次則宣示斷除我執之理，欲令升進而得薄貪瞋痴，乃至斷五下分結…等。平實導師將擇期講述，然後整理成書。共二冊，每冊三百餘頁。每輯300元。

＊喇嘛教修外道雙身法，墮識陰境界，非佛教＊

＊弘揚如來藏他空見的覺囊派才是真正藏傳佛教＊

總經銷： 聯合發行股份有限公司

231 新北市新店區寶橋路 235 巷 6 弄 6 號 4F

Tel.02－2917-8022（代表號） Fax.02－2915-6275（代表號）

零售：1.**全台連鎖經銷書局：**

三民書局、誠品書局、何嘉仁書店

敦煌書店、紀伊國屋、金石堂書局、建宏書局

諾貝爾圖書城、墊腳石圖書文化廣場

2.**台北市：**佛化人生 **大安區**羅斯福路 3 段 325 號 6 樓之 4　台電大樓對面

3.**新北市：**春大地書店 **蘆洲區**中正路 117 號

4.**桃園市：**御書堂 **龍潭區**中正路 123 號

5.**新竹市：**大學書局 **東區**建功路 10 號

6.**台中市：**瑞成書局 **東區**雙十路 1 段 4 之 33 號

佛教詠春書局 **南屯區**永春東路 884 號

文春書店 **霧峰區**中正路 1087 號

7.**彰化市：**心泉佛教文化中心 南瑤路 286 號

8.**高雄市：**政大書城 **前鎮區**中華五路 789 號 2 樓（高雄夢時代店）

明儀書局 **三民區**明福街 2 號

青年書局 **苓雅區**青年一路 141 號

9.**台東市：**東普佛教文物流通處 博愛路 282 號

10.**其餘鄉鎮市經銷書局：**請電詢總經銷**聯合**公司。

11.**大陸地區請洽：**

香港：樂文書店

旺角店 :香港九龍旺角西洋菜街 62 號 3 樓

電話 :(852) 2390 3723 email: luckwinbooks@gmail.com

銅鑼灣店 :香港銅鑼灣駱克道 506 號 2 樓

電話 :(852) 2881 1150 email: luckwinbs@gmail.com

廈門：廈門外圖臺灣書店有限公司

地址：廈門市思明區湖濱南路809 號 廈門外圖書城3 樓 郵編：361004

電話：0592-5061658（臺灣地區請撥打 86-592-5061658）

E-mail：JKB118＠188.COM

12.**美國：世界日報圖書部：**紐約圖書部　電話 7187468889#6262

洛杉磯圖書部　電話 3232616972#202

13.**國內外地區網路購書：**

正智出版社 書香園地　http://books.enlighten.org.tw/

（書籍簡介、經銷書局可直接聯結下列網路書局購書）

三民 網路書局　http://www.sanmin.com.tw

誠品 網路書局　http://www.eslitebooks.com

博客來 網路書局　http://www.books.com.tw

金石堂 網路書局　http://www.kingstone.com.tw

聯合 網路書局　http:// www.nh.com.tw

附註：1.請儘量向各經銷書局購買：郵政劃撥需要八天才能寄到（本公司在您劃撥後第四天才能接到劃撥單，次日寄出後第二天您才能收到書籍，此六天中可能會遇到週休二日，是故共需八天才能收到書籍）若想要早日收到書籍者，請劃撥完畢後，將劃撥收據貼在紙上，旁邊寫上您的姓名、住址、郵區、電話、買書詳細內容，直接傳眞到本公司 02-28344822，並來電 02-28316727、28327495 確認是否已收到您的傳眞，即可提前收到書籍。 2.因台灣每月皆有五十餘種宗教類書籍上架，書局書架空間有限，故唯有新書方有機會上架，通常每次只能有一本新書上架；本公司出版新書，大多上架不久便已售出，若書局未再叫貨補充者，書架上即無新書陳列，則請直接向書局櫃台訂購。 3.若書局不便代購時，可於晚上共修時間向正覺同修會各共修處請購（共修時間及地點，詳閱**共修現況表**。每年例行年假期間請勿前往請書，年假期間請見共修現況表）。 4.郵購：郵政劃撥帳號 19068241。 5.正覺同修會會員購書都以八折計價（戶籍台北市者爲一般會員，外縣市爲護持會員）都可獲得優待，欲一次購買全部書籍者，可以考慮入會，節省書費。入會費一千元（第一年初加入時才需要繳），年費二千元。**6.尚未出版之書籍，請勿預先郵寄書款與本公司，謝謝您！** 7.若欲一次購齊本公司書籍，或同時取得正覺同修會贈閱之全部書籍者，請於正覺同修會共修時間，親到各共修處請購及索取；**台北市讀者**請洽：103 台北市承德路三段 267 號 10 樓（捷運淡水線 圓山站旁）請書時間：週一至週五爲 18.00~21.00，第一、三、五週週六爲 10.00~21.00，雙週之週六爲 10.00~18.00 請購處專線電話：25957295-分機 14（於請書時間方有人接聽）。

敬告大陸讀者：

大陸讀者購書、索書捷徑（尚未在大陸出版的書籍，以下二個途徑都可以購得，電子書另包括結緣書籍）：

1.廈門外國圖書公司：廈門市思明區湖濱南路 809 號 廈門外圖書城 3F
郵編：361004 電話：0592-5061658 網址：http://www.xibc.com.cn/

2.電子書：正智出版社有限公司及正覺同修會在台灣印行的各種局版書、結緣書，已有『**正覺電子書**』陸續上線中，提供讀者於手機、平板電腦上購書、下載、閱讀正智出版社、正覺同修會及正覺教育基金會所出版之電子書，詳細訊息敬請參閱『正覺電子書』專頁：http://books.enlighten.org.tw/ebook

關於平實導師的書訊，請上網查閱：
成佛之道 http://www.a202.idv.tw
正智出版社 書香園地 http://books.enlighten.org.tw/

★ 正智出版社有限公司售書之稅後盈餘，全部捐助財團法人正覺寺籌備處、佛教正覺同修會、正覺教育基金會，供作弘法及購建道場之用；懇請諸方大德支持，功德無量。

★ 聲 明 ★

本社於 2015/01/01 開始調整本目錄中部分書籍之售價，以因應各項成本的持續增加。

＊ 喇嘛教修外道雙身法、墮識陰境界，非佛教 ＊

＊ 弘揚如來藏他空見的覺囊派才是真正藏傳佛教 ＊

售後服務—換書啓事（免附回郵） 2017/12/05

《楞伽經詳解》第三輯初版免費調換新書啓事：茲因 平實導師弘法早期尚未回復往世全部證量，有些法義接受他人的說法，寫書當時並未察覺而有二處（同一種法義）跟著誤說，如今發現已將之修正。茲爲顧及讀者權益，已開始免費調換新書；敬請所有讀者將以前所購第三輯（不論第幾刷），攜回或寄回本公司免費換新；郵寄者之回郵由本公司負擔，不需寄來郵票。因此而造成讀者閱讀、以及換書的不便，在此向所有讀者致上萬分的歉意，祈請讀者大眾見諒！

《楞嚴經講記》第 14 輯初版首刷本免費調換新書啓事：本講記第 14 輯出版前因 平實導師諸事繁忙，未將之重新閱讀而只改正校對時發現的錯別字，故未能發覺十年前所說法義有部分錯誤，於第 15 輯付印前重閱時才發覺第 14 輯中有部分錯誤尚未改正。今已重新審閱修改並已重印完成，煩請所有讀者將以前所購第 14 輯初版首刷本，寄回本公司免費換新（初版二刷本無錯誤），本公司將於寄回新書時同時附上您寄書來換新時的郵資，並在此向所有讀者致上最誠懇的歉意。

《心經密意》初版書免費調換二版新書啓事：本書係演講錄音整理成書，講時因時間所限，省略部分段落未講。後於再版時補寫增加 13 頁，維持原價流通之。茲爲顧及初版讀者權益，自 2003/9/30 開始免費調換新書，原有初版一刷、二刷書籍，皆可寄來本公司換書。

《宗門法眼》已經增寫改版爲 464 頁新書，2008 年 6 月中旬出版。讀者原有初版之第一刷、第二刷書本，都可以寄回本公司免費調換改版新書。改版後之公案及錯悟事例維持不變，但將內容加以增說，較改版前更具有廣度與深度，將更能助益讀者參究實相。

換書者**免附回郵**，亦無截止期限；舊書請寄：111 台北郵政 73-151 號信箱 或 103 台北市承德路三段 267 號 10 樓 正智出版社有限公司。舊書若有塗鴨、殘缺、破損者，仍可換取新書；但缺頁之舊書至少應仍有五分之三頁數，方可換書。所有讀者不必顧念本公司是否有盈餘之問題，都請踴躍寄來換書；本公司成立之目的不是營利，只要能眞實利益學人，即已達到成立及運作之目的。若以郵寄方式換書者，免附回郵；並於寄回新書時，由本公司附上您寄來書籍時耗用的郵資。造成您不便之處，再次致上萬分的歉意。

正智出版社有限公司 啓

國家圖書館出版品預行編目(CIP)資料

佛藏經講義 / 平實導師述著. -- 初版.
-- 臺北市 : 正智, 2019.07　　面 ;　公分
ISBN 978-986-97233-8-1(第一輯;平裝)
ISBN 978-986-98038-1-6(第二輯;平裝)
ISBN 978-986-98038-5-4(第三輯;平裝)
ISBN 978-986-98038-8-5(第四輯;平裝)
ISBN 978-986-98038-9-2(第五輯;平裝)
ISBN 978-986-98891-3-1(第六輯;平裝)
ISBN 978-986-98891-5-5(第七輯;平裝)
ISBN 978-986-98891-9-3(第八輯;平裝)
ISBN 978-986-99558-0-5(第九輯;平裝)
ISBN 978-986-99558-3-6(第十輯;平裝)
ISBN 978-986-99558-5-0(第十一輯;平裝)
ISBN 978-986-99558-6-7(第十二輯;平裝)
ISBN 978-986-99558-9-8(第十三輯;平裝)
1. 經集部
221.733　　108011014

佛藏經講義——第十輯

著述者：平實導師
音文轉換：蔡正利 黃昇金
校對：章乃鈞 陳介源 孫淑貞 傅素嫻 王美伶
出版者：正智出版社有限公司
電話：○二 28327495 28316727（白天）
傳眞：○二 28344822
111 台北郵政 73-151 號信箱
郵政劃撥帳號：一九○六八二四一
正覺講堂：總機○二 25957295（夜間）
總經銷：聯合發行股份有限公司
231 新北市新店區寶橋路 235 巷 6 弄 6 號 4 樓
電話：○二 29178022（代表號）
傳眞：○二 29156275
初版首刷：二○二一年元月三十日 二千冊
初版五刷：二○二一年七月二十三日 二千冊
定價：三○○元